中国经济史探索

陈争平文集

启真馆 出品

清华经济史论丛
主编 李伯重 龙登高

陈争平

著

中国经济史探索

陈争平文集

ZHEJIANG UNIVERSITY PRESS
浙江大学出版社

图书在版编目（CIP）数据

中国经济史探索：陈争平文集/陈争平著 . —杭州：
浙江大学出版社，2012. 12
ISBN 978 – 7 – 308 – 10895 – 9

Ⅰ . ①中… Ⅱ . ①陈… Ⅲ. ①中国经济史 – 文集
Ⅳ. ①F129 – 53

中国版本图书馆 CIP 数据核字（2012）第 297348 号

中国经济史探索：陈争平文集

陈争平　著

责任编辑	王志毅
文字编辑	周元君　刘　逸
装帧设计	王小阳
出版发行	浙江大学出版社
	（杭州天目山路 148 号　邮政编码 310007）
	（网址：http：//www. zjupress. com）
排　　版	北京京鲁创业科贸有限公司
印　　刷	北京中科印刷有限公司
开　　本	635mm×965mm　1/16
印　　张	19. 75
字　　数	294 千
版 印 次	2012 年 12 月第 1 版　2012 年 12 月第 1 次印刷
书　　号	ISBN 978 – 7 – 308 – 10895 – 9
定　　价	48. 00 元

总　　序

　　清华大学经济史学科的重建始于 20 世纪末。在清华大学"振兴文科"的部署中，李伯重、陈争平、秦晖、高淑娟、龙登高、仲伟民等经济史学者相继被引进清华园，组成了一个特色鲜明的学术团队，并于 21 世纪之初，建立了清华大学中国经济史研究中心。晚近，耶鲁大学陈志武教授作为长江学者、国家"千人计划"优秀人才加盟清华，在清华建立"清华大学市场与社会研究中心"，推动经济史、金融史、社会史等基础理论的跨学科研究。在龙登高教授的主持下，经济史学科与人文社会科学学院、经济管理学院和公共管理学院合作创建"清华大学华商研究中心"，书写古今货殖列传。因此到了今日，清华大学的经济史学科已颇具规模，成为我国经济史研究的重镇之一。

　　清华经济史学科注重国际视野，立足学术前沿，在浙江大学出版社的积极支持下，主编有"社会经济史译丛"，将一批国际经济史学家的力作及时译成中文出版，反响良好。学科还与《中国社会科学报》合作开辟"海外学潭·经济史"专栏，介绍国际名家、名篇。

　　清华经济史学科创建的多种经济史研究与交流平台还包括"清华经济史论坛"，专门邀请国内外著名学者（特别是海外学人）来介绍其最新研究成果或国际学术动态；每年主办或合作主办国际学术研讨会；举办"清华—北大经济史沙龙"，随后南开大学、中国社会科学院经济研究所等加盟，四方联合展开学术交流与争鸣。

　　这些学术平台推进了清华经济史学科的学术研究与人才培养。为了集中体现学科成果，21 世纪之初出版的"清华大学中国经济史学丛书"，今简化为"清华经济史丛书"。除了继续推出清华经济史学者的力作之外，也将上述学术活动与平台的成果结集为书出版。为了重振清华经济史学科，发扬光大清华前贤的传统，丛书亦将清华园走出去的当代经济史大师的成果整理出版，这些成果包括 20 世纪国内经济史研究领军学人张荫麟、梁方仲、严中平、吴承明，在海外学界发展的何炳棣、杨联陞等，及在清华从事与经济史相关研究的大家如梁启超、张岱年等。此外，清华经济史培养出了一批又一批青年学者，这些后起之秀的出色成果，也将精选出版以展现学科发展的未来希望。

清华经济史论丛

2012 年 8 月

清华大学中国经济史学丛书
出版缘起

中国今日的经济奇迹是 20 世纪世界上所发生的最重大的事件之一。只有从历史的长期发展的角度出发，才能真正了解这个奇迹。因此中国经济史研究近几十年来也成了国际中国研究中的一个热门领域。

清华大学在中国经济史学的发展历程中具有一种特殊的地位。张荫麟、梁方仲、严中平、杨联陞、何炳棣、吴承明等几位在 20 世纪国际中国经济史坛上最著名的学者，都是清华大学培养出来的学生。因此可以说，清华大学与中国经济史学有一种特殊的缘分。近年来，清华大学引进了一批中国经济史研究人才，他们在中国经济史的研究和教学方面都取得了引人注目的成绩，并且积极活跃于国内外中国经济史坛，使得清华大学的中国经济史研究呈现出一派欣欣向荣的气象。近期成立的"清华大学中国经济史研究中心"，标志着这个学科的发展进入了一个新的阶段。

为了反映清华大学学者在中国经济史的研究与教学方面取得的最新成果，我们决定出版这套"清华大学中国经济史学丛书"。入选的著作都经过严格挑选，可以说代表了清华大学中国经济史学现今所达到的水平。这套丛书将继续出版下去，动态地反映清华大学中国经济史学所取得的成就，成为清华大学中国经济史学不断进步、走向辉煌的历史见证。我们相信，随着清华大学中国经济史学的发展，将有越来越多的精品出现在这套丛书中。同时我们也衷心希望广大读者对我们的工作给予宝贵的批评和指教，帮助我们做好这套丛书。

清华大学中国经济史研究中心

2002 年 5 月

自　序

　　按浙江大学出版社要求，"序"的内容包括作者的学术历程以及此书编排的相关说明。我想，关于学术历程还是我自己更了解，自己写"序"较好。

　　回顾我的学术历程，可以说尽管我遇上了好时代，但因本人强调独立思考，常常质疑老师或领导的观点，仍难以避免"跌撞成长"。曾有年轻同仁问我："您也曾走麦城？"我笑答："我是老麦城了。"时至浙江大学出版社筹备本文集，我刚好60岁，这按过去的说法是我已步入花甲之年，按现在大多数人的寿命情况也意味着我已步入人生之秋。我们那里农民把夏季的收获称之为"小熟"，把秋季的收获称之为"大熟"。可以说，这本文集是我"小熟"的作文选集。我期待着自己能再活一二十年，完成自己很想做的研究计划，能有学术上的"大熟"。

　　我将要完成的研究计划里包括写一部名为《黄海之滨大年轮：江苏沿海经济发展史》的专著，我本人的经济史探索历程似乎应从黄海之滨"大年轮"说起。1965年春节，我父亲从武进回南京与家人团聚。他询问了我的学习情况后，兴奋地讲起中央关于"四个现代化"的决定，并对我讲起了家史。作为一个老新四军战士、老党员，我父亲讲家史时却没有追随当时流行的批判地主资本家剥削压迫的风气，而是告诉我：祖父出生于崇明县农家，年轻时因家贫地少生计困难曾过江到实业家张謇创办的通海垦牧公司做工，通过参加苏北盐垦事业使家庭生活得到了改善。这是我生平第一次听说张謇和通海垦牧公司。父亲认为张謇虽然是资本家，但他兴办的近代盐垦事业为中国增添了近 1 000 万亩的耕地，利国利民，他是中国农业现代化的先驱。父亲的这番话，对我以后研究张謇，研究大生系统企业史产生了很大影响。20 世纪 70 年代我在苏北农村当知青时，曾参加地方政府因海岸线的东移而组织的修筑新海堤工程，当时所围之滩涂都是"潮上带"。在我们所筑新堤的西面，有近代我祖父他们修筑的"张公堤"；再向西，还有宋代写下"先天下之忧而忧，后天下之乐而乐"名句的范仲淹主持兴建的"范公堤"。当年我在新海堤上曾浮想联翩：我所站立之处，不仅是海陆之交，也是天人之际；"范公堤"、"张公堤"以及我们所筑新海堤，就像黄海之滨一道道巨大"年轮"，标记着苏北沿海一次又一次的沧桑之变，标记着一代又一代中国人的奋斗史；我瞭望堤外那茫茫一大片延伸到天际的滩涂，憧憬着把它们都变成祖国的良田，向往着黄海之滨能经过我们的努力再增添一道更壮丽的"年轮"。我从那时起就开始留心近代通海垦牧公司及苏北盐垦事业的发展历史，后来又扩展为江苏沿海经济发展史的研究计划。当我在大学读书读到司马迁"究天人之际，通古今之变，成一家之言"名句时，心里曾激起强烈的"共鸣"。我在经济史探索中主张在多样化发展中注重历史连续性，主张对现实生活中重大社会经济问题做历史的追溯，在近现代史探索中强调现代化史观，这思想根苗都来源于父亲的教导以及当年我自己在黄海之滨的"悟道"。

　　1982 年，我本来想考其他专业的研究生，但是由于前几年曾留心苏北盐垦事业的发展史，又读了吴承明先生的《中国资本主义发展述略》和其他老一辈学者所撰写的有关中国经济史的论著，就下决心改考中国社科院经济所吴承明老师门下的经济史专业研究生。那年考研我过了笔试关却受挫于面试。① 为了排解受挫的郁闷，我与几位同学一起去普陀山旅游，没想到因此写就我的第一份经济调查报告。我们将返程时遇台风封岛，不得不滞留在普陀山。滞留期间我发现一位

---

① 我自己回想可能是吴老师不满我对其中两个问题的答复。吴老师问我"有没有通读二十四史"，我直截了当回答"没有"；又问我如何评价"亚细亚生产方式"，我答曰："亚细亚生产方式是马克思提出的，但他自己后来也不用了，我对所谓亚细亚生产方式不感兴趣，我的兴趣在近代。"

前两天曾交谈过的普济寺僧人在小饭馆里吃肉丝面，我笑他为"当代济公"。他却答曰"和尚是人不是神"，并说普济寺也要搞改革，又对我讲了普济寺这几十年的一些变化，还主动告诉我改革后他的经济收入增加情况。受到他的启发，我在岛上到处找其他僧人询问他们各自的收支情况。尽管遭到一些僧人白眼，我还是调查到一些实情：改革开放前普陀山僧人经济上主要依靠佛教协会（实际上是国家财政）定期补助，改革开放后寺庙增加了其他的经济来源，僧人收入都有所增加；然而与当时"世俗"社会企事业单位相似，同一寺庙内僧人们收入大致平均，不同寺庙间僧人收入差距较大；普陀山还有在山腰结庐独修的僧人，其生活在改革后仍然主要依靠佛教协会补助，没有其他"外快"。据此我写成一普陀山僧人经济收入调查报告，因为其中也包括新中国成立前后及改革前后的比较，也可以算是我最早的一篇经济史习作。此稿曾誊写两份，连原稿先后投过三家杂志社，但都无回音。

1983 年，我再次报考中国社科院经济所经济史专业的研究生，结果被调剂到南开大学经济所参加面试，过关后即在南开就读。我的硕士生导师聂宝璋是中国社科院经济所研究员，南开大学兼职教授。我们在南开的基础课学习主要由刘佛丁老师关照，而专业课学习则由聂宝璋、刘佛丁负责。在南开学习期间，聂先生一再要求我们精读严中平、吴承明和汪敬虞先生等前辈学者所撰写经济史论著，并要求我通读《筹办夷务始末》①，他请北京经济学院（首都经济贸易大学前身）瞿宁武先生给我们讲外国经济史课，而瞿先生每次讲完课都要开列一大堆书（包括英文原著）要我们读。聂先生还介绍我到上海拜访郑友揆先生。郑先生对我说做近代经济史研究一定要弄清金银比价和银钱比价变化。郑先生推荐必读之书方式别具一格，他不推荐书而是推荐作者，他要我把 H.B.Morse 写的书，不管有没有译成中文，都找来读。聂先生要求我们每周从天津到北京选修吴承明等先生开设的"前资本主义政治经济学"研究生课程。对吴老讲的第一课，我印

① 当时我对通读《筹办夷务始末》有抵触情绪，后来才意识到先生的良苦用心：要研究清后期统治阶层对千古变局的不同认识和应对，《筹办夷务始末》是必读的珍贵史料。

象较深的是关于"时间上广义"和"空间上广义"的阐述,结合严老讲的"破四就"(即不要就中国论中国,不要就近代论近代,不要就经济论经济,不要就事论事),大大开拓了我的视野。吴老讲课时多次强调要尽可能用计量方法,他同时也告诫学计量研究是一项小心谨慎、刻苦用功的工作,统计是经济史计量研究的基础。

当时赞扬农村承包制改革渐成学界主流,经济史界也有人在跟风歌颂小农经济,而我却认为小农经济并非农业现代化正途,又认为"匹夫有责",试写了两篇论文,因怕老师骂(我感觉当时老师要求我们"厚积"而不急于"薄发"),我用的是笔名,也不敢让同学知道,但这两篇用地下工作方式写的论文投稿后也都无回音。当时国内热议"三峡工程"和"南水北调",天津人(包括我在南开的师友们)则期待"引滦入津"。我到处搜寻相关资料,研究结果认为调水得不偿失,不如迁厂迁人,必要的话应当迁都,镇江可以作为中国的经济都城。我曾上书国务院汇报这一研究结果,也无回音。

在我攻读博士生阶段,我的导师张国辉和吴承明、汪敬虞先生组成我的博士生指导老师小组,我曾总结这三位老师治学特点为:张老忌"满"(人不要自满,话不要说满)、吴老求"新"、汪老讲"透"。他们在我的博士生课程学习和论文写作等方面给予教导,使我终生受益。三位老师都主张经济史专业的博士生专业基础课应当精读一些经济学名著:张老推荐读马歇尔的《经济学原理》;汪老推荐读严中平的《中国棉纺织史稿》,并且希望阅读时要注意几种版本的比较;吴老则推荐读熊彼特的《经济分析史》。读了三位老师推荐的名著,又分别和三位老师一起讨论,受益很大。我向吴老汇报近代经济史专业课学习心得时,吴老建议我以后在近代经济史计量研究方面多努力。根据吴老建议,我的博士论文选题主要在近代经济史计量研究范围内,再做具体选择时我选了近代中国国际收支研究。但是吴老不赞成我选近代中国国际收支研究,他认为国际收支研究涉及面广,难做;认为我对旧中国海关关册较熟悉,硕士论文又是做近代天津口岸与华北对外贸易的,建议我继续选口岸与外贸的题目。汪敬虞、彭泽益、聂宝璋先生也不赞成我的选题。我在张老支持下还是把博士论文选题定为"1895—1930年中国国际收支研究""。论文临答辩时,因为有四位先生都曾不赞成我的选题，而且论文中一些观点与吴老不同，我心里很紧张，特别怕过不了吴老这一关。答辩时吴老说："近代中国国际收支早就应该研究，但一直没人做，现在陈争平做了，而且做得很好。"吴老这番话被我牢牢记住，听了吴老的话我心里感到有底气了，很感激吴老的及时鼓励。吴老也问了一些问题，并建议我把研究对象下限延至1936年。会后，我即按照吴老及其他老师的建议，把原论文稿增改为《1895—1936年中国国际收支研究》一书。此书于2000年获中国社科院第三届优秀成果奖一等奖。

我在博士生毕业后参加了汪敬虞老师主编的《中国近代经济史，1895—1927》这一国家社科基金重点项目的研究工作，领导要求我除了写好自己的一章外，还要协助汪老做好全课题组协调工作。但实际情况是汪老不仅教我写文章，还手把手地教我审改文章，使我受益极大。等到我们这一项目研究工作结束后，吴老即召我谈，要求我集中精力拿出一部自己的"金字塔式著作"流传后世。这是我第一次听到"金字塔式著作"，觉得高不可攀，有些惶恐。吴老则在《经济研究》发表书评把汪老主编的《中国近代经济史，1895—1927》称之为"金字塔式著作"，因为汪老主编的这部书是我参与并协助汪老编写的，所以我对"金字塔式著作"也不感到高不可攀了。从吴老提议出发，我筹划了一个最终成果包括两库一丛书的中国长期经济统计研究大项目，这一计划正在进行中，如能完成可以为中国经济史学的计量研究打下坚实的基础，可实现吴老关于"金字塔式著作"流传后世的期望。同时我还结合外贸史与广义货币史的研究，及现代化理论探讨，并着手撰写江苏沿海经济发展史专著。按汪老要求，我还参加了中国社科院经济所若干经济史重点研究项目团队工作。

本书分为三编。第一编"中外经济关系史研究"所收论文中的《1895—1936年中国进出口贸易值的修正及贸易平衡分析》、《1912—1936年中国进出口商品结构变化考略》、《近代中国对外贸易条件刍议》、《1895—1930年中国国际收支发展趋势及主要特征》、《1895—1936年中国国际收支与近代化中的资金供给》、《民初盐务改革及洋会办丁恩》等六篇，主要内容都是我在攻读研究生阶段拟就，以后修改发表。《不平等条约下近代关税制度的形成及其对中国经济的影响》、

《清代货币战争刍议》则是近几年写成，从不同角度讨论了中外经济关系史其他有关问题。第二编"企业、企业家及工商社团研究"中《从"大生"模式看张謇在企业制度方面的历史贡献》、《张謇与中国近代两次经济立法高潮》、《试论清末民初中国产业民营化的两条途径》、《近代苏北盐垦事业与农村社会组织创新》等集中讨论近代著名企业家张謇在发展民族经济方面的历史贡献，及张謇所创大生企业集团的发展历史；《近代工商社团的经济管理功能及其现实意义》主要讨论中国近代工商社团的历史作用及现实意义。第三编"经济史研究概论"中除《天津与南通：近代中国港城发展的两类典型》是我研究生阶段的旧作外，其余都是近几年写成，都与我在清华大学给研究生讲课内容有关。《经济史研究若干基本问题探讨》是在答清华大学研究生问基础上整理而成。《中国近代民族工业"白银时代"的组织调整》、《近代中国货币、物价与 GDP 估算》、《近代中国手织业的三次抗争》、《近代中国铁路建设对北方市场的影响》等则是研究生们感兴趣的一些专题。2011 年上半年我再次上书国务院，就耕地红线等问题提建议。《新世纪农业现代化新路径探讨》、《东方尼德兰——中国现代化新增长点》是在其中两个建议基础上写成，曾分别在中科院第 9、10 期中国现代化研究论坛等学术会议上发表。本来欲将《近世中国广义货币刍议》、《新世纪经济史学：在多样化发展中注重历史连续性》等论文列入，因篇幅限制而割舍。

陈争平

2012 年 8 月于清华园

目　　录

第三编　经济史研究概论

第一编　中外经济关系史研究

1895—1936 年中国进出口贸易值的修正及贸易平衡分析

进出口贸易值的准确程度对中外经济关系研究的影响极大。1895—1936 年是中国近代经济发展的重要时期，关于这一时期中国进出口贸易值，不少论著往往直接引用海关《关册》的统计。但是也有一些学者对《关册》的统计值提出质疑，比如郑友揆先生就曾认为，由于种种缘故"以致关册上所载之进出口值，与实际之贸易值相差甚远"[①]。因此，哲美森（G.Jamieson）、雷麦（G.F.Remer）、郑友揆、姚贤镐、肖梁林等中外学者都曾对近代中国海关《关册》某些年份进出口值作了修正。但由于各人所用修正方法不同，他们所得之值彼此差异也很大。[②]本文作者根据多方面的资料，比较了各家所用方法，对其中合理的加以推广，对其不足之处加以修改、补充。本文对 1985—1936 年中国进出口贸易值进行了较为系统的修正，以期有助于进一步开展这一时期中外经济关系史的研究。

一、海关的统计

为慎重起见，我们应该先对这一时期中国海关贸易统计记载方法作一历史考察。

（一）海关贸易统计记值方法

1904 年以前海关当局单纯从税收意义上来统计记载进出口贸易

---

① 郑友揆：《我国近十年贸易平衡之研究》，《社会科学杂志》6 卷，1935 年 4 期。
② 详见陈争平博士学位论文《1895—1930 年中国国际收支问题初探》，第二章，附录。

值，对于各种进出口商品的价值，都按该商品在各口岸的市价记载，然后进行全国汇总。"进口各货之值，不但包括该货之原价、运费，即离岸之各种费用，如起运费、货栈费、进口税及出售时之佣金等亦包括在内；而出口各货除该货之市价、于该货未离岸前之包装费、堆栈费、出口税额及收买时之佣金等都不包括在内。"因而人们在研究进出口贸易平衡问题，或以某一货物进出口值相比较时，"进口货值必嫌太高，出口货之值必嫌太低"[①]。

海关当局从 1889 年始，也注意到了这一点，在 1889—1903 各年贸易报告之末，附上了把进口总值减至起岸价，出口总值增至离岸价的修正值。海关的修正公式为：

进口起岸价 =（市价 −进口税及厘金）×［1–7%（杂费）］

出口离岸价 =市价 ×［1 +8%（杂费）］+出口总额[②]

1904 年以后海关贸易统计中各项进口商品值改用起岸价记载，各项出口商品值以离岸价记载。海关这时对商品市价折算为起岸价或离岸价的具体方法如下：

进口货，除一些重要商品的起岸价由海关造册处每年年终时决定并提供给各关外，一般进口货起岸价，北方各口岸按照该货上海市价扣除 12%（5% 税加上 7% 杂费），南方沿海及珠江各口岸按照香港市价（《海关税务纪要》一书称："按照广东市价"）扣除 12%，在某些情况下则按各口岸当地市价扣除 12%。

出口货，各货离岸价按市价加 8% 杂费，再加出口税。[③]海关上述方法沿用至 1932 年，此后海关公布的出口值，又不再加上出口税（1929 年开始没有加上出口附税）。

（二）海关造册方法

1931 年以前，海关编制进出口贸易统计的组织方法（或造册方法），是采用"分工总汇制"：由各关自行计算进出口值，总税务司造

① 郑友揆：《中国的对外贸易和工业发展，1840 —1948》，上海社会科学院出版社，1984 年，第 304、307 页。

② 根据《中国海关报告》1889 年，附表所列。

③ 第二历史档案馆：海关档案，全宗号 179，卷号 336，第 96 页；盛俊：《海关税务纪要》，1919 年，第 251 页，财政部。

册处（又译为"统计科"）不过"加以审查、汇编而已"。①各关编制统计的具体方法大致如下：出口货中，从值纳税之各货值，由各关估验员负责估验货价；从量纳税之货，各关编制出口统计时，仅载各货出口数量，而不载该出口货之价值。及至年终之时，各关乃根据总署统计科所分发之"出口货估价单"上所载各出口货之各地平均价值，乘以出口货之量，而得其出口值记载入册。"因之，出口货从值纳税者，因出口商多有少报逃税之事，固有少估之弊。而从量税纳之货，因出口估价单上所载各货之价格，皆为各地首三季各货之成本值，或据各大商行所报之货价，皆较批售市价为低。"至于免税之出口货，海关对于此类货价"更无严格审查之必要"②。我国出口货从量纲税者及免税者占绝大部分③，其价值都比从价纳税更容易被低估。对于进口货值，除了走私进口外，海关的统计一般"较出口统计为精确"。主要因为"进口货值精确与否，对于税收之影响较大。海关方面对于进口值之审查，极为认真；不仅根据进口发票及合同，有时且向进口商行翻进口薄内所载实价。故进口值，实少伪报等情事"④。

　　1932年后海关造册改用"集中机算制"，出口各货。无论是从价纳税还是从量纳税，其价值都以出口报单所载之货值为根据。各报单经总署税则科审查后，即交造册处统计造册。由于1931年7月修正出口税则后，出口税率增大，"商人少报逃税之程度，较前更甚，总署税则科方面，为体察出口起见，审查出口报单时，又取宽容态度"，于是1932年后出口货少估之程度，比以前"反有过之而无不及"⑤。

　　从上述关于中国近代海关贸易统计方法的考察中，可以看出，海关对进出口的统计，特别是对出口贸易的统计。确实存在缺陷，需要进行修正。为了更全面反映贸易收支情况，这种修正还包括对走私货值的估计，对海关未加统计的陆路边境贸易值的估计及民船进出口值等。

① 郑友揆：《中国的对外贸易和工业发展，1840—1948》，1984年，第304、307页。
②④⑤ 郑友揆：《我国近十年贸易平衡之研究》，《社会科学杂志》6卷，1935年4月期。
③ 黄序鹓：《海关通志》，第五章；姚贤镐：《中国近代对外贸易史资料》（第三册），中华书局，1962年，第797页。

二、市价改为起岸价（进口）或离岸价（出口）

（一）1903 年前

在这个问题上海关当局已作了修正。但是对海关的修正，有人提出不同意见。分歧主要在于进口及出口商品各自杂费如何计算。1889 年海关造册处根据上海一家洋行提供的数据，将进口商品的杂费开支定为占进口货值的 7%，出口商品的杂费开支定为占出口值的 8%。以后直至1903 年海关每年都是沿用 1889 年所定的比例进行修正。哲美森（英国驻沪总领事）在给英国外交部的报告中对此提出了异议，他说："详细核对了我所能获得的一切资料，我认为，4%，已足以应付一切杂费开支。"[1]雷麦也认为把进出口杂费定为 7% 和 8%，"数字太大了"，他所采取的修正方法，只是"在出口货值上加上出口税，从进口货值上减去进口税"[2]，至于杂费开支，干脆不管它。后来研究 19 世纪后期中国贸易平衡及贸易增长的学者多直接引用海关的数据或用海关的 7% 和 8% 比例来修正 1889 年以前的贸易。据笔者所知，只有周广远在其对 1894 年前中国对外贸易平衡估计时采用了哲美森的比例[3]。周的修正公式和修正结果，被严中平主编的《中国近代经济史》一书所吸收。[4]

笔者认为，雷麦的作法实际上是把进出口货的杂费都视为零，其得出的关于 19 世纪后期中国对外贸易平衡的数值，显然比海关和哲美森的两种估计距离实际更远。海关统计科和哲美森，按雷麦说法，都是"处于能够知道这事情（即进出口杂费开支）地位的"。关于他们的两种估计，笔者认为，首先，海关仅是根据一家洋行提供的资料，是否普遍适用，实在令人怀疑；哲美森自称是"详细核对了所能得到的

---

[1]　G.Jamieson, Report on the Balance of between China and Foreign Countries and on The Effect of the Fall in Silver on Price of Commeroderies in China and on the Volume of Exports, *Commercial Report*, 1894.

[2]　里默：《中国对外贸易》，1958 年，第 153、154 页。

[3]　周广远：《1870—1894 年中国对外贸易平衡和金银进出口估计》，《中国经济史研究》，1986 年 4 期。

[4]　严中平等：《中国近代经济史，1840—1894》（第一卷），人民出版社，1989 年，第1226—1227 页。

一切材料"而作出的估计，虽然他没有进一步提供据以估计的材料详情，但与海关所据以估计的材料相比，哲美森的似乎较为可靠一些。其次，从估计数值本身来看，海关的 7% 和 8% 的比例，哲美森和雷麦都认为偏高，周广远在其文章也用了一些资料对海关的估计作了批评，认为其值偏高，另外，从作出估计的时间来看，海关是在 1889 年，以后只是沿用 1889 年的比例，距我们所要研究的 1895 年以后，比哲美森的 1893 年的更远，因而在相隔时间里发生变化的可能性也就更大。因此，本文也采用与周广远同样的选择，"这并不是因为哲美森的估计正确无误，而是我们还找不到更好的办法，又无法对杂费作出新的估计"。

将 1895—1903 年海关贸易统计里的进出口值由市价改为起岸价和离岸价，本文的修正公式如下：

进口起岸价 =（市价 − 进口税及厘金）[1−4%（杂费）]

出口离岸价 = 市价 × [1 + 4%（杂费）] + 出口税额

（二）1904 年后

如前所述，1904 年以后海关对进出口商品值已分别改用起岸价或离岸价统计记载。其具体折算方法，前面也已作了介绍。笔者认为，海关对于进口商品在折算起岸价时不再按实收税扣除，而是统一扣除 5% 税额的作法欠妥。因为随着物价不断上涨，19 世纪末我国实际进口税率已减低到大约平均为值百抽三[1]，以至 1902 年修改税则时提出要"切实值百抽五"。当时的修正税是按 1897、1898、1899 三年平均市价的 5% 制定从量征税率，这种从量税率一直沿用到 1918年。税则刚修正不久，由于 1899—1912 年物价激增，1902 年海关报告中又指出，新税则下的实际税率又回到 1896 年旧税则下的大致水平。[2] 此后进口物价长期上涨，1913 年前各年实收进口税率多在 3% —4% 左右，都不是 5%[3]，而海关计算起岸价进却扣去 5% 税，必然多扣了。

———————

①②　《关册》1901 年，Ⅰ，第 2 页；1902 年，Ⅰ，第 1 页；里默：《中国对外贸易》，1958年，第 88、89 页。

③　根据孙敏编：《南开经济指数资料汇编》，中国社会科学出版社，1988 年，第 377、378 页有关数据计算。

至于杂费开支，距哲美森1893年估计4%比例已时隔十多年，是否仍有效，也值得讨论。

出口方面，这一时期丝、茶所占比重不断下降，而较为笨重价廉的豆类、胡麻、花生、生棉、蛋类、煤炭等，所占出口的比重不断增加，很有可能使得装运、货栈等杂费开支占货值的平均比例比过去增大，不能再沿用以前的杂费比例了。据郑友揆先生说，他们后来对上海出口商行的调查结果表明，出口货杂费开支，后来的确约占货值8%，由此看来，这一时期以后海关的出口离岸价较可信。只是1929年后还需加上一些出口税。[1]

进口方面，商品结构也发生类似变化。过去占进口比重大，体积小价值高的鸦片，在这一时期进口量不断下降；而机器、车辆、钢铁、五金、化工产品等较笨重的商品进口比重不断上升，这也使得杂费开支占货值比例增大。不过相对来讲，由于棉纺织品所占进口比重较大，这种笨重货物比重增大的现象，在程度上进口不及出口。结合前面关于进口实际税率的讨论，我们认为海关在折算进口货起岸价时所扣除的12%比例偏高，似应在10%左右。本文即按此比例对海关进口起岸价进行修正。

1902年的税则，一直沿用到1918年，经中国政府一再争取，西方国家才同意中国于1919年再次修改税则。据海关计算，1916年所征进口税（从量税），"实仅值百抽二两六钱六分"[2]。由此可见，海关折算进口起岸价时按值百抽五扣除进口税，确实过高。上述关于海关进口起岸价的修正，大概可以沿用至1919年。

到了1920—1930年，由于报关进口的主要商品，体积小价值大的鸦片已基本消失，而金属、矿砂、棉花、木材、机器等笨重物品的比重继续增大，同时"栈租等项费用都较以前增加"[3]，因而杂费开支进口货值比例增大；再加上1919年后实行新税则，进口实收税率也有所变化。因此，上述对于海关进口起岸价的修正方法已不适用于1920年以后，在这以后，我们采用海关统计值。具体各年修正值可见表1。

① 郑友揆：《我国近十年贸易平衡之研究》，《社会科学杂志》6卷，1935年4期。
② 漆运钧等：《修改进口税则纪事》，1920年，附录四，表十。
③ S.F.莱特：《中国关税沿革史》，生活·读书·新知三联书店，1958年，第443页。

表1　中国进出口贸易收支（1895—1936）

（单位：百万关两）

年份	出口							进口					
	A 关册出口值	B 本文离岸价	C 低估与差数	D 边贸出超	E 内地运费	M 民船出口	F=B+C+D+E+M 修正后出口值	G 关册进口值	H 本文起岸价	I 起私进口	L 民船进口	J=H+I+L 修正后进口值	K=F−J 贸易平衡
1895	143.3	154.9	7.7	8.8	1.5		172.9	171.7	155.1	3.5		158.6	14.3
1896	131.1	14□.7	7.1	7.9	1.3		158.0	202.6	183.4	3.5		186.9	−28.9
1897	163.5	175.2	8.8	9.3	1.7		195.0	202.8	183.6	3.5		187.1	7.9
1898	159.0	170.8	8.5	6.7	1.6		187.6	209.6	190.5	3.5		194.0	−6.4
1899	195.8	209.8	10.5	9.2	1.9		231.4	264.7	241.4	3.5		244.9	−13.5
1900	159.0	170.4	8.5	18.2	2.0		199.4	211.1	191.8	3.5		235.3	−36.2
1901	169.7	18□.3	9.7	18.6	1.9		211.5	268.3	245.4	3.5		248.9	−37.4
1902	214.2	227.6	11.4	19.8	2.4		261.2	315.4	310.4	3.5		313.9	−52.7
1903	21 464	236.2	11.8	15.4	2.8		266.2	326.7	316.8	8.5		325.3	−59.1
1904	239.5	239.5	12.0	20.8	3.4		275.7	344.1	351.1	8.5		359.6	−83.6
1905	227.9	227.9	11.4	13.0	3.3		255.6	447.1	456.2	8.5		464.7	−209.1
1906	236.5	236.5	11.8	6.9	3.4		258.6	410.3	418.7	8.5		427.2	−168.6
1907	264.4	264.4	13.2	25.2	3.9		306.7	416.4	424.9	8.5		433.4	−126.7
1908	276.7	276.7	13.8	34.3	4.2		329.0	394.5	402.6	8.5		411.1	−82.1

续表

| 年份 | 出口 | | | | | | | 进口 | | | | | |
	A 关册出口值	B 本文离岸价	C 低估与差数	D 边贸出超	E 内地运费	M 民船出口	F=B+C+D+E+M 修正后出口值	G 关册进口值	H 本文起岸价	I 起私进口	L 民船进口	J=H+I+L 修正后进口值	K=F-J 贸易平衡
1909	339.0	339.0	17.0	12.9	5.3	0.4	374.6	418.2	426.7	5.5	0.1	432.3	-57.7
1910	380.8	380.8	19.0	15.7	5.6	0.3	421.4	463.0	472.4	5.5	0.1	478.0	-56.6
1911	377.3	377.3	18.9	10.4	5.7	0.3	412.6	471.5	481.1	5.5	0.2	486.8	-74.2
1912	370.5	370.5	18.5	7.0	6.1	0.3	402.4	473.1	482.8	7.0	0.2	490.0	-87.6
1913	403.3	403.3	20.2	11.1	6.3	0.2	441.1	570.2	581.8	7.0	0.1	588.9	-147.8
1914	356.2	356.2	35.6	13.4	5.6	0.3	411.1	569.2	588.6	6.8	0.1	595.5	-184.4
1915	418.9	418.9	41.9	13.4	7.2	0.3	481.7	454.5	470.0	6.8	0.1	476.9	4.8
1916	481.8	481.8	48.2	15.7	7.4	0.3	553.4	516.4	531.5	6.8	0.2	538.5	14.9
1917	462.9	462.9	46.3	12.9	6.4	0.3	528.8	549.5	568.2	6.8	0.4	575.4	-46.6
1918	485.9	485.9	48.6		6.1	0.3	540.9	554.9	573.8	12.7	0.4	586.9	-38.3
1919	630.8	630.8	63.1	3.3	7.9	0.5	705.6	647.0	669.1	12.7	0.4	682.2	23.4
1920	541.6	541.6	65.0	6.7	5.9	0.6	619.8	762.3	762.3	15.4	0.3	778.0	-158.2
1921	601.3	601.3	72.2	6.7	7.0	1.0	688.2	906.1	906.1	15.4	0.9	922.4	-234.2

续表

年份	出口							进口					
	A	B	C	D	E	M	$F=B+C+D+E+M$	G	H	I	L	$J=H+I+L$	$K=F-J$
	关册出口值	本文离岸价	低估与差数	边贸出超	内地运费	民船出口	修正后出口值	关册进口值	本文起岸价	起私进口	民船进口	修正后进口值	贸易平衡
1922	654.9	654.9	78.6	6.7	6.8	0.9	747.9	945.1	945.1	15.4	0.8	961.3	−213.4
1923	752.9	752.9	90.3	6.7	8.0	0.8	857.9	923.4	923.4	15.4	0.7	939.5	−80.8
1924	771.8	771.8	92.6	4.9	8.0	0.6	877.9	1 018.2	1 018.2	15.4	1.0	1 034.6	−156.6
1925	776.4	776.4	93.2	3.2	9.3	0.6	882.7	947.9	947.9	15.4	0.6	963.9	−81.2
1926	864.3	864.3	103.7	3.2	11.6	0.5	983.3	1 124.2	1 124.2	15.4	0.7	1 040.3	−57.0
1927	918.6	918.6	110.2	3.2	14.6	0.4	1 047.0	1 012.9	1 012.9	15.4	0.9	1 029.2	17.8
1928	991.4	991.4	119.0	3.2	15.0	0.4	1 129.0	1 196.0	1 196.0	15.4	0.5	1 211.9	−82.9
1929	1 015.7	1 022.9	152.3	1.3	16.0	0.2	1 192.7	1 265.8	1 265.8	29.8	0.3	1 295.9	−103.2
1930	894.8	901.3	196.9	1.3	33.5	0.1	1 133.1	1 309.8	1 309.8	26.0	0.2	1 336.0	−202.9
1931	909.5	913.5	154.6		55.4	0.0	1 123.5	1 433.5	1 433.5	25.9	19.6*	1 478.7	−355.2
1932	492.6	511.4	69.0		81.0		661.4	1 049.2	1 049.2	28.5	19.3*	1 097.0	−435.6
1933	392.7	403.1	55.4		19.6		482.7	863.6	863.7	59.3	19.3*	942.3	−459.6
1934	343.5	357.5	55.0		21.8		434.3	660.9	660.9	65.7	19.3*	745.9	−311.6

续表

| 年份 | 出口 | | | | | | | 进口 | | | | | |
	A 关册出口值	B 本文离岸价	C 低估与差数	D 边贸出超	E 内地运费	M 民船出口	$F=B+C+D+E+M$ 修正后出口值	G 关册进口值	H 本文起岸价	I 起私进口	L 民船进口	$J=H+I+L$ 修正后进口值	$K=F-J$ 贸易平衡
1935	369.6	384.0	51.7		18.9		454.6	590.0	590.0	80.8	4.5*	675.3	−229.7
1936	453.0	470.6	63.4		23.7		557.7	604.3	604.3	231.1	12.8*	848.2	−290.5

资料来源：①M、L栏为海关进出口值中未记载的民船对外贸易值，引自杨端六等：《六十五年来中国国际贸易统计》第153页，1929年后引自《关册》。②E栏为货物从长江及珠江口岸到境内岸的运杂费，据肖梁林 (Hsiao, Liang-Lin), China's Foreing Trade Statistics, 1974, 第268页计算。③其余见本文论述。

注：* 陆路边贸入超值。1932年6月后东北各口未计入。

三、出口值低估问题及与国外实收额之差数

（一）出口值低估率

从前述海关贸易统计的造册方法中，我们可以看出，当时我国的出口值是很容易被海关低估的，海关自己也注意到了这一问题。1906年海关造册处税务司马士（H.B.Morse）在《海关造册处通告》里就这样说道："商人们以及其他关心海关贸易统计的人们都认为，海关总是把出品值给低估了。"①但是海关似乎没有什么措施来纠正，以致到1919年施氏（C.S.See）所著《中国对外贸易》一书中又提及中国出口值少估的问题。而后来穆拉克夫（A.V.Marakueff）第一个对中国出口值少估量进行了估算，他估计中国出口值少估10%左右。孟塔古（Montagu）认为1925年中国出口贸易代估值约为原值的16%。嗣后，日本三井银行国外营业部长土屋计左右提出1931年中国出口值少估约达20%。雷麦则认为中国出口值少估比例1920—1928年为5%，1929年为7.5%，1930年为10%。②郑友揆先生详细审核了海关造册方法和以往各家有关意见，又将占我国出口值比重较大的生丝、大豆、棉花等20余种出口商品之1925—1934年市价进行了系统的比较，得出结论："我国出口货之少报值，1925—1929年为15%左右，1930年以后增至20%之巨，此种增减趋势，与上述海关造册之情形颇相吻合。"郑先生并将上述少报之比例询问上海各大出口商行，"亦谓颇相近似"。他仍然采取稳健态度，将1925—1929年低估率降为10%，1930年以后为12%。③在以往各家估计中，郑友揆的估计较为可靠。他后来的研究认为，1914年前各年低估率推测5%，而1915—1930年为10%。④

关于19世纪有关物价资料难以寻求，我们不能像郑友揆先生那样进行系统的比较，但是我们可以推论：既然如郑先生所说，出口值

---

①　第二历史档案馆藏海关档案，全宗号179，卷号336，第137页。

②　C.F.雷麦：《外人在华投资》，商务印书馆，1950年，第140页。

③　郑友揆：《我国近十年贸易平衡之研究》，《社会科学杂志》6卷，1935年4期。

④　郑友揆：《中国的对外贸易和工业发展，1840—1948》，1984年，第125页。

低估源于海关造册方法，而海关于 1930 年以前几十年都采用如前所说“分工总汇制”造册，那么在 19 世纪后期这种出口值低估的情况也会存在。雷麦将 1902—1928 年出口值低估率都定为 5%，说明他也认为这种出口值低估情况可以前推。我们再将雷麦及郑友揆的估计（同为 5%）前推至 1894 年。

对于二三十年代出口值低估率，各家的估计差距较大。我们认为，出口值低估率来源于海关造册方法，同时也受出口物价变动影响。1914 年以后由于欧洲战争对中国原料求需求增加，中国绒毛、生皮、棉花等出口货价格迅速上涨，[①]其他主要出口商品如生丝、茶叶等价格也上涨较快。[②]到了 20 年代，出口物价总的来讲仍然继续上升，至 1931 年时财政部长宋子文曾指出当时出口物价已是数十年前的三倍左右。[③]海关关员统计出口值时却“仍多墨守数十年前之行市”[④]。物价上涨幅度越大，出口值被海关低估的比例也就越大。本期出口物价上涨快，出口值低估率应比前两期要大。本文估计 1914—1919 年为 8%，20 年代时采用郑友揆的比例，为 10%，1930 年后为 12%。

（二）我国出口值与国外实收额之差数

这一问题是郑友揆先生在研究我国 1925—1934 年国际贸易平衡时提出来的。当时我国实行银本位制，出口货在国外实际收额大多“以国际间之金币市价为准”。我国出口货以农产品及原料为主，生产者为农民，他们“不知国外市价及金银汇价等信息，更无组织及资本以经营直接出口事业，出口贸易乃不得不赖诸出口商家（包括国人之出口商行，洋行及买办等人）代为经营”[⑤]。郑友揆先生考察了 1925 年以后 9 年间我国出口货国内市价及其国外价格的变化，以及世界银行的变化，发现两种情况：第一，当银价及物价变动的结果，

---

① O.D.Rasmussen：《天津历史资料》，1964 年 2 期，第 160 页；《南开经济指数资料汇编》，1988 年，第 59—69 页。

② 许道夫：《中国近代农业生产及贸易统计资料》，上海人民出版社，1983 年，第 246、278 页。

③④ 转引自土屋计左右：《中华民国的国际贷借》，《东亚杂志》，昭和七年九月。

⑤ 郑友揆：《我国近十年贸易平衡之研究》，《社会科学杂志》6 卷，1935 年 4 期。

国外物价远超过国内物价时，出口商见生产者不谙国外行情，多以过去市价向生产者收买土货。经过相当时日，待出口商相互竞买，国内出口物价方逐渐上升。在这段时滞期间，我国出口货值与国外实际收额有较大差数。第二，如国外物价或汇价不利于出口货之时，出品商皆以新的较低的价格收买土货，国内市价随即降低。此时我国出口值与国外实际收额差数较小，但不会降过一个最低限。如果国外物价涨、银价跌；或国外物价涨速度超过银价上涨速度银价猛跌，其速甚于国外物价之跌，则上述第一种情况就会出现。

上述差数，为我国对金本位国的贸易情形。而占我国出口贸易较大比重的香港仍为用银地区。我国统计香港出口值与香港统计由华进口值之间并无很大差额。①

1925 年以后我国出口贸易性质与出口组织情况是 19 世纪后期 20 世纪早期这类情况的历史延续，所以上述郑先生的分析，同样适用于 20 世纪早期。从郑的分析中，可以看出上述差数的大小，与国外物价、银价及香港地区占我国出口比重这三个变量有关。郑友揆的论证可以用数学语言表达如下：设

P_i 为第 i 年国外物价环比指数 × 100

C_i 为第 i 年世界银价环比指数 × 100

H_i 为第 i 年香港占中国出口比重

R_i 为第 i 中国出口值与国外实收额之差数

则 $M_i = P_i - C_i$，这里 M 指代的是 P（国外物价环比指数）$- C$（世界银价环比指数）。 那么

当 $P_i < C_i$ 时，$M_i = 0$，R_i 收敛于某一极低值

当 $P_i > C_i$ 时，R_i 是 M_i 的递增函数，是 H_i 的递减函数

即 $R = R\ (M, H)$

$\partial R / \partial M > 0$，$\partial R / \partial H < 0$

郑友揆先生计算结果为，1925—1928 年 H 值为 10%—20%，年均 M 值为 3.5 时，R 值（即差数）为 2%；1929、1930 年 M 值分别为 8 和 19，H 值为 17%，所以 R 值分别为 5% 和 10%。

---

① 郑友揆：《我国近十年贸易平衡之研究》，《社会科学杂志》6 卷，1935 年 4 期。

我们根据海关关册计算，1895—1899 年 H 值都在 40% 以上，另外我国周围主要邻国如俄国、日本、印度等尚未（或正准备）改用金本位制，加上它们的比重，则差数必然比 2% 小很多，可谓不足道；1903—1913 这 11 年中仅有 4 年属于上述第一情况，而且这一时期 H 值也很高，所以这一时期差数也很小，可以略而不计。

1914—1919 年 H 值由 26.5% 降至 20.8%，又据有关数据算得这 6 年平均 M 值为 4.7，参照郑友揆先生的计算结果，可以推算 1914—1919 年平均差数也在 2% 左右。1920—1924 年平均值的值都介于前后两个时期之间，据此，差数也可估为 2%。至于 1925 年以后的差数，我们用郑先生提供的数值，即除了 1929 年为 5%，1930 年为 10%，1931 年为 5%，1934 年为 4% 以外，其余年份均为 2%。[1]1936 年也据郑先生关于 1935 年数值的推算方法，参照国外物价指数上升情况，推算为 2%。

四、走 私 贸 易

（一）毒品走私进口

走私商品值的估计，是研究中国国际收支不可忽略的一个问题。不过，在 19 世纪后期因进出口商品税率很低，一般商品走私活动尚不及 20 世纪 30 年代之盛。从有关资料来看，当时中国走私贸易中心在香港，走私商品主要是鸦片。鸦片价值大，体积又小，便于携带私运。[2]英国殖民当局虽然"清楚地知道这种走私和贸易的存在"，但是"也了解它所带给香港的利益"。他们不仅不愿阻止这种非法活动，反而"阻挠中国方面实行管制"[3]。"这种走私贸易之所以猖獗，完全是因为它能够据有一个坐落在该海岸 2 英里（约 3.2 公里）以内的英国自由港为基地。"英国殖民当局还将"在殖民地和它的领海内

---

① 郑友揆：《我国近十年贸易平衡之研究》，《社会科学杂志》6 卷，1935 年 4 期；郑友揆：《1935 年我国国际贸易平衡值之修正》，《社会科学杂志》8 卷，1937 年 2 期。
② 马士：《中华帝国对外关系史》（第二卷），生活·读书·新知三联书店，1958 年，第 351 页。
③ 莱特：《中国关税沿革史》，生活·读书·新知三联书店，1958 年，第四章。

煎制鸦片和批售及零售煎制鸦片的独占权"公开拍卖，从中获取"相当大的收入来源"——1895—1900 年每年实得 37.2 万元，1904 年以后每年都在 100 万元以上，1914 年达 37.15 万元。而鸦片包税人为使他从殖民地当局手中买进的专利权有利可图，"就非把分派给他提取的生鸦片总数的 75% 顺利走私到中国不可"①。

关于 1895—1899 年走私鸦片价值的估计，有两种材料可供参考。一种是 1909 年国际鸦片调查团的报告，它认为 1887 年以后每年约有 5 000 担外国鸦片进入中国。②另一种见于 1989 年出版的《上海对外贸易，1840—1949》一书的推算，它将海关记载的 1895—1900 年香港口岸的外国（主要是印度）鸦片到货数量，扣除向中国海关报关输入中国内地的数量及香港本地消费量等，推算这几年平均每年向中国走私鸦片 6 044 担。③

这两项材料表明，1895—1899 年外国鸦片走私进口量每年至少在 5 000 担以上。不过，国际鸦片调查团的估算缺少分析，失于粗略，而《上海对外贸易》虽然细致，但它也把中国各口岸运到其他地区的 1 900 担鸦片作了扣除④，这实在是一个失误。假设印度鸦片 20 000 担，其中本港消费及报关转输往内陆 14 000 担，所剩 6 000 担可以视为内陆走私量，至于报关输往中国而又转运至其他国家和地区，与这 6 000 担之数无关，不应再从 6 000 担中扣除。我们对此失误作了更正，算得 1895—1900 年平均每年走私进口鸦片 6 360 担（据有的学者估计，香港进口之鸦片转运往美洲等地之数，大体与澳门地区、越南等处向中国走私鸦片之数相抵⑤，所以我们可以把香港鸦片统计中多余的每年 6 360 担视为中国走私进口鸦片量）。

据《关册》有关数据计算，1895—1899 年报关进口鸦片平均市价为每担 580 关两，将报关进口市价扣除 4% 杂费（约每担 550 关两），即为走私进口鸦片之起岸价，由此得出这几年平均每年走私鸦

① S.F.莱特：《中国关税沿革史》，1958 年，第四章，第 307 页。
② 姚贤镐：《中国近代对外贸易史资料》（第二册），第 858 页。
③④ 《上海对外贸易，1840—1949》（上），1989 年，第 192—193 页。
⑤ 周广远：《1870—1894 年中国对外贸易平衡和金银进出口估计》，《中国经济史研究》，1986 年 4 期。

片值约为 3 500 万关两。

其他走私进口商品诸如食盐、硫黄之类，数值比走私鸦片小得多，而且中国古玩、书画等也有被私运出口的①，假设这两部分货值大致相抵，则可用鸦片走私进口值代表全部走私贸易值。

1900—1913 年鸦片走私进口出现两种趋向：一方面，从 1908 年英驻印度殖民当局迫于国际舆论压力限制印度鸦片对华输出以后，鸦片走私进口数量有所减少②；另一方面，由于鸦片到货减少，华洋烟贩囤积居奇，竞相哄抬，鸦片售价狂涨。1908 年平均每担 708 关两，1912 年升为 2 175 关两（1916 年又增为 6 870 关两，为 1908 年的 9.7 倍）③。因而走私进口货值可能比过去增大。考虑到这一时期也常有关于土烟出口事例发生④，两相抵消，本期走私进口值仍估为350 万关两。

1912 年海牙"国际禁烟会议"要求各国应会同防止鸦片、吗啡等"走私运入或运出中国"⑤。但是华南鸦片走私尚未停息⑥，中国北方吗啡等毒品走私进口却日益猖獗，其罪魁是利用世界大战加紧侵华的日本帝国主义。

日本政府在国内严厉禁止吸食鸦片，对外却借助鸦片来毒害和掠夺中国人民。虽然日本也是海牙禁烟公约签约国，但是日本帝国主义先是在台湾实行鸦片专卖，由殖民当局操纵和推行鸦片贸易，从中牟取暴利，并以此加强对台湾的统治；后来日本人又打算把台湾的鸦片制度推向整个中国。⑦他们建立了上至日本国内政要及台湾总督府、关东厅等殖民地官厅高级官僚，下至由受治外法权保护的日本浪人组成的鸦片走私机构。这一机构从英美等国进口吗啡等，送到关东租借地的大连，再分往东北、华北一带，或将进口毒品在神户、大阪等地改装，混入杂货中输往上海。除大连、上海以外，青岛、厦门也成日

① 转引自土屋计左右：《中华民国的国际贷借》，《东亚杂志》，昭和七年九月。
②③ 《上海对外贸易，1840—1949》（上），1989 年，第 192—193 页。
④ 可见第二历史档案馆藏，海关档案，全宗号 679，卷号 20437。
⑤ 马士等：《远东国际关系史》（下），商务印书馆，1975 年，第 526 页。
⑥ 《关册》，1919 年，I，第 6 页；1920 年，I，第 8 页。
⑦ 山田豪一：《1910 年前后日本对华走私鸦片吗啡的秘密组织的形成》，《国外中国近代史研究》，第 12 辑。

本人向中国走私毒品的基地。[①]

除从欧美进口吗啡外，日本人自己也生产吗啡运往中国。仅"星制药"一家公司1915—1918年从生产输华吗啡中获利润即在280万日元以上。而日本关东都督府（1919年改称关东厅）在1915—1918年贩卖鸦片的收入共达1247万元；日本青岛军政署的鸦片收益每年在300万日元以上。[②]

当时因限制印度鸦片进口而使中国鸦片价格猛涨，许多人改吸吗啡，我们可从有关资料推断当时吗啡走私进口值，再由此估计各年总的走私进口值。1914—1917年日本从欧美进口吗啡共168万盎司，本国生产约22万盎司，总计190万盎司。其国内用于医疗的吗啡消费量每年不超过3200盎司，四年最多用去1.7万盎司，余下188万盎司中估计有180万盎司向中国走私，价值约1051万关两（按1914、1915年《关册》载"吗啡"单价计），年均约45万盎司，价值263万关两。假设华南原先的鸦片走私贸易值有所下降，由350万关两降至240万关两，则总的毒品走私进口值年均约有500万关两。这一估计可能只低不高，因为日本在华走私贩毒活动之猖獗，曾遭到国际舆论的强烈谴责，说明其走私货值可能达到或超过以前香港鸦片走私的水平；再从上述日本关东厅的鸦片收入，日本制药商的收入等可推断毒品走私量的情况。[③]

到了20年代，中国军阀混战加剧，禁烟体制进一步被破坏，尽管烟价比过去下跌，毒品走私活动仍很活跃，每年仅被查获的外国鸦片及其他毒品都达整千整万两，而未能查获者，"当不止10倍于此数"[④]。郑友揆先生曾根据多种材料的分析，估计1925—1931年我国鸦片走私进口值年约1600万元（约合1027万关两）；1932—1934年间，年约600万元（约合385万关两），1935年650万元（约合417

---

①②③　山田豪一：《1910年前后日本对华走私鸦片吗啡的秘密组织的形成》，《国外中国近代史研究》，第12辑；江口圭一：《抗日战争时期的鸦片侵略》，《国外中国近代史研究》，第19辑。

④　于恩德：《中国禁烟法令变迁史》，1934年，第182—183页；《关册》，1920年，I，第8页；1921年，I，第15页；1923年，I，第19页；1925年，I，第44页。

万关两）。[①]根据郑文和上文分析，并根据海关查获毒品数 1925 年与前五年各年查获数大致相似，我们可将此估计值前推至整个 20 年代。1918、1919 两年海关查获毒品数在前后两期数值之间[②]；未被查获数也因之取前后两期的中间值，为 764 万关两。再参照郑先生关于 1935 年走私毒品值的估计方法，推算 1935 年此项数值约为 400 万关两。[③]民国初期报关进口鸦片值大幅度下降，以致某些关于当时中国对外贸易的论述中忽略了"毒品进口"这一项内容。实际上述资料表明，每年鸦片、吗啡等毒品走私进口值数额颇大，已成为中国国际收支研究不容忽略的问题。

（二）军火走私进口

1900 年以前，清朝中央政府对各地军阀进口军火的控制较强，军火进口一般都经海关记载，走私进口即使有，其数也不大。《辛丑条约》签订后，因《条约》第五款禁止中国进口军火和军用器材，部分军火改由走私途径进入中国。据马士估计 1903 年军火走私进口值约 500 万关两[④]。后来上述禁令虽已失效，但是在清末民初动乱时期军火走私更加活跃，广东沿海成为军火走私中心。[⑤]仅 1909 年 1—9 月经各海关查报进口军火值共约 67 万关两[⑥]，海关总署统计科估计该年全国军火进口值约 200 万关两[⑦]，但是该年《关册》中却无"军火进口"统计。清末其他年份有关军火走私的档案资料也很多[⑧]，但是由于这些资料是零散的残缺不全的，要估算各年末

① 郑友揆：《我国近十年贸易平衡之研究》，《社会科学杂志》6 卷，1935 年 4 期；郑友揆：《1935 年我国国际贸易平衡值之修正》，《社会科学杂志》8 卷，1937 年 2 期。

② 于恩德：《中国禁烟法令变迁史》，1934 年，第 182—183 页；《关册》，1920 年，I，第 8 页；1921 年，I，第 15 页；1923 年，I，第 19 页；1925 年，I，第 44 页。

③ 东亚研究所：《支那的贸易收支》，1941 年。估计 1934—1936 年各年鸦片走私进口值都是 1 270 万元（约合 815 万关两）。

④ H.B.Morse, "An Inquiry into the Commercial Liabilities and Asserts of China in International Trade", 1904, p.7.

⑤ 第二历史档案馆藏海关档案，全宗号 679，卷号 20419。

⑥ 第一历史档案馆藏，清朝税务处档，全宗号 491，卷号 3、14、15、18、20、21 等。

⑦ 《中国海关报告册》，1909 年，I，第 52 页。

⑧ 第一历史档案卫官藏，清朝税务处档，全宗号 491，卷号 3、14、15、18、20、21 等。

记入《关册》的军火进口总值，仍须沿用前人的估计，即马士关于
1903 年的估计及 1905—1911 年海关报告之末的估计（1905—1908
年各年约 500 万关两，1909—1911 年各年约 200 万关两）。①

北洋军阀统治时期，国内连年战争，各地军阀拥兵割据，军火走
私进口值不在少数。1912 后军火走私进口值魏格尔（R.S.Wagel）
估计约 350 万关两，孔士（A.G.Coons）估计 1920—1923 年均约
300 万关两。②在第一次世界大战期间，军火走私进口值苦无资料可
据。③现据报关进口军械军火值来推算，1911—1913 年平均报关进口
351.8 万关两。1914—1917 年因欧洲战争，各国输华值减少了 3/4
多，走私进口值可能也有所减少。但因其往往通过非正常途径，减少
幅度恐怕没有报关进口大，估计约 1/2 左右。参考魏格尔对 1912 年
的估计，1914—1917 年估计年约 180 万关两。1918 年欧战停止以
后，剩余军火纷纷进入中国，走私进口值可能有所增加，但不至于像
报关进口那样，一下子增加 10 倍以上，估计超过战前 350 万关两的
水平。军火大量流入中国，助长了中国军阀的混战，西方国家担
心"经久的战争会窒息交通运输，货物周转也会缩减国外投资"，为
保护外人在华利益，英、美、法、西、葡、日等 11 国于 1919 年 5 月
签订《对华禁运军火协定》。此后军火"报关进口者仅由德、挪威、
波兰等国输入军火数值"，实际上当时世界主要军械制造商如英国的
Vickers，德国的克鲁伯，美国的 Bethlehem 和法国的 Schneirden 等
都向中国军阀提供军火。仅英国从 1923—1929 年对华军火贸易额就
达 10 930 万英镑④，以致一位外国学者认为"（西方）军火商和（中
国）军阀双双制造了中国的内战，并且支持中国内战的进行"。⑤据
郑友揆估计，1925—1929 年军火走私进口值，"每年至少在 800 万

---

① 见各该年《中国海关报告》。

② R.S.Wagel, "Finace in China", 1914, p.473；A.G.Coons, "The Foreign Public
Debts of China", 1903, p.182.

③ 第二历史档案馆藏海关档案（全宗号 179，卷号 338）中披露了这类军火走私活动大
量存在。但不是以用来推断各年走私军火值。

④ 陈安东（Antong, B.Chan）：《军阀与西方国家的军火贸易》，《近代史资料》，总 74 号。

⑤ 陈安东：《军阀与西方国家的军火贸易》，《近代史资料》，总 74 号。

元（约合 513 万关两）以上"。①我们可以把郑先生这一估计前推至
1918 年。

这样，1914—1917 年第一次世界大战期间，中国走私进口毒品
和军火值年约 680 万关两，而 1918、1919 两年均约 1 270 万关两，
1920—1928 年年均约 1 540 万关两。1929 年 5 月西方国家取消对
华"禁运军火公约"，1930 年后报关进口军火值猛增，郑先生估计走
私进口军火值下降，虽然各地方武装在反对中央的战争中仍需采用走
私途径进口军火，但其值"远不若 1929 年以前之巨"，1930—1934
年每年平均约 200 万元。②而 1935 年后中国政府"为避免外人耳目
起见"，《关册》中根本不记军火进口值，同时却从国外进口更多的
军火及军用物资，郑先生认为 1935 年中国未载于《关册》的军火
进口值至少在 3 500 万元。③另外，当时国民政府财政顾问 A. N. 杨
格（A. N. Young）估计 1936 年中国政府"未列入记录"的进口物
资（大多为军用）约 12 000 万元。④日本东亚研究所估计中国《关
册》未载之军火进口值 1934 年为 1 230 万元，1935 年为 2 310 万元，
1936 后为 6 720 万元。⑤根据对上述资料的比较，我们采用郑友揆与
杨格的数值。

（三）一般商品走私贸易

一般商品走私进口，1928 年以前已存在，但终因当时进口税率
很低，走私者冒险大而所得微，往往得不偿失，所以非法之进口值，
当不至过大。⑥前面我们曾假设这类数值可与中国古玩、翡翠、书
画、珍宝等走私出口值以及外国游人所带回的中国土产值相抵。郑友

①②　郑友揆：《我国近十年贸易平衡之研究》，《社会科学杂志》6 卷，1935 年 4 期。
③　郑友揆：《1935 年我国国际贸易平衡值之修正》，《社会科学杂志》8 卷，1937 年
2 期。
④　A. N. 杨格：《1927—1937 年中国财政经济情况》，1981 年，第 294 页。
⑤　东亚研究所：《支那的贸易收支》，1941 年，第一、二表。
⑥　蔡致通：《我国走私问题之检讨》，《中行月刊》12 卷，5 期；郑友揆：《我国近十年
贸易平衡之研究》，《社会科学杂志》6 卷，1935 年 4 期。

搽估计 1925—1928 年一般商品走私进口值年约 1 500 万元。[①]而土屋计左右估计这些年古玩等以及未报关中国土产出口值也有所增加，达 1 000 万关两左右（合 1 500 多万元）。[②]他们的估计大致相同，所以 1925—1928 年一般商品走私进口值与私运出口值相抵。郑友搽认为我国金刚石、宝石等走私进口值即可与古玩、古书画、翡翠等出口值相抵，但是我怀疑中国当时金刚石等走私进口值是否能以百万关两、千万关两计，是否能与中国古玩、珍宝等被偷运出国之值相抵。所以本文 1925 年后的进口值与郑的估计不同。

1929 年后中国进口税率提高，实际平均税率由 1928 年前的 3.5%—4% 增至 10%—15%，一般商品走私之风日益加炽。至 30 年代初期，原先以香港为中心的走私活动已延及全国沿海各地，日军侵占东北，威胁华北后，华北走私活动更为猖獗，远超香港。日本侵略势力不仅从经济上，更从政治上把华北走私作为促使华北"隶属于（日本）帝国势力之下"的重要手段[③]，用武力干扰中国海关缉私工作，庇护走私活动。关于各年一般商品走私进口值，有多种估计。郑友搽根据税率的变动及缉私查获值推断 1929—1931 年年均 3 800 万元，1932 年为 5 200 万元，1933、1935 各年为 10 000 万元，1934 年为 11 000 万元。[④]李卓敏估计走私值占报关进口值的比率[⑤]，1929 年为 3%，1930 年为 5%，1931 年为 8%，1932、1933 年为 10%，1934 年为 15%，1935 年为 25%。中国银行估计走私进口值 1933 年为 13 460 万元，1934 年为 15 450 万元，1935 年为 21 000 万元，1936 年为 20 000 万元。[⑥]谷春帆估计 1932 年走私进口值为 3 300 万元[⑦]。杨格估计

① 蔡致通：《我国走私问题之检讨》，《中行月刊》12 卷，5 期；郑友搽：《我国近十年贸易平衡之研究》，《社会科学杂志》6 卷，1935 年 4 期。

② 转引自土屋计左右：《中华民国的国际贷借》，《东亚杂志》，昭和七年九月。

③ 参见《日本驻平特务机关松室孝良上关东军密报》，《民国档案》，1987 年 4 期，第 31—35 页。

④ 郑友搽：《我国近十年贸易平衡之研究》，《社会科学杂志》6 卷，1935 年 4 期；郑友搽：《1935 年我国国际贸易平衡值之修正》，《社会科学杂志》8 卷，1937 年 2 期。

⑤ 李卓敏：《中国国际贸易统计评价》，转引自 A.N.杨格：《1927—1937 中国财政经济情况》，北京体育学院出版社，1981 年，第 365 页。

⑥ 见该行有关各年年报。

⑦ 谷春帆：《银行变迁与中国》，1935 年，第 76 页。

1936 年此值为 25 000 万元①。耿爱德（E.Kann）估计该项数值 1934 年为 11 000 万元，1935 年为 30 000 万元，1936 年为 25 000 万元。② 日本人的估计有：土屋计左右估计 1931 年该值为 4 700 万元③，东亚研究所估计 1934 年为 9 070 万元，1935 年为 9 570 万元，1936 年为 13 980 万元。④满铁调查部估计化北走私进口值 1935 年为 3 609 万元，1936 年为 8 121 万元。⑤此外日本支那驻屯军司令部、满铁天津事务所、满铁产业部、兴亚院华北联络部等都曾对华北日货走私值作了估计。⑥还有其他一些估计。

姚贤镐先生于 1948 年撰文比较了上述一些估计，认为关于 1935 年以后的走私进口值，满铁调查部的估计方法比较妥善，其值较为可靠。⑦但是这一估计仅考察了由关东租借地运出的走私货值。东亚研究所是在这一估计基础上再加上由台湾、香港运出的走私货值的估计。这两种日本人的估计都是从走私货运地角度进行考察的。而郑友揆的估计是根据中国海关缉私情况进行推断的，郑先生的估计值与东亚研究所估计值较为接近，1934 年的估计值与耿爱德的估计值相同。郑先生对自己的估计方法作了详尽说明。其他如李卓敏、中国银行等的估计缺乏这种进一步的说明。再参照中国海关及姚贤镐先生等关于抗战前华北走私活动的论述⑧，大致可以推断：1934 年前走私货值逐年增加；1935 年由于缉私工作加强等原因，走私货值较上年略减；1935 年底冀东伪组织成立，再加日军的作用，使 1936 年走私活动极为猖獗⑨，此时不仅人造丝、白糖等高税物品，其他"凡百物

---

① A.N.杨格：《1927—1937 年中国财政经济情况》，1981 年，第 294 页。

② E.Kann, "Finance and Comerce"，1935 年 3 月 20 日；1936 年 4 月 1 日；1937 年 7 月 5 日。

③ 转引自土屋计左右：《中华民国的国际贷借》，《东亚杂志》，昭和七年九月。

④ 东亚研究所：《支那的贸易收支》，1941 年，第 66—68 页。

⑤⑥⑦ 姚贤镐：《1934—1937 年日本对华北的走私政策》，《社会科学杂志》10 卷，1948 年 1 期。

⑧ 可见《海关税务司梅乐和关于战前华北走私经过情形节略》，《民国档案》，1987 年 4 期，第 35—38 页；姚贤镐：《1934—1937 年日本对华北的走私政策》，《社会科学杂志》10 卷，1948 年 1 期。

⑨ 可见中村隆英：《日本对华北的经济侵略》，《国外中国近代史研究》，第 14 辑，其他多种资料。

品，莫不以此冀东之罅隙入，经由北宁路运至天津日租界存贮，再行转运各地行销"、1936 年走私货值较前两年增加了一倍多。[1]以此对照前述各种估计，我们关于 1935 年以前各年选用郑友揆的较为审慎的估计值，1936 年采用中国银行的估计值。

综上所述，各年走私贸易（入超）值估计为：1903 年前主要是毒品走私进口，（假设其他商品走私进口值与走私出口值相抵）年均350 万关两。1903 年后再加军火走私进口值，两项合计，1903 —1908年年均 850 万关两，1909 —1911 年年均 550 万关两，1912、1913 年年均 700 万关两，1914 —1917 年年均 680 万关两，1918、1919 年年均 1 270 万关两，1920—1928 年年均 1 540 万关两。1929 年后除上述两项外，再加一般商品走私进口超过走私出口的估计值，三项合计，1929 年约 2 980 年万关两，1930 年约 2 600 万关两，1931 年约 2 594万关两，1932 年约 2 851 万关两，1935 年约 8 081 万关两。1936 年由于军火进口与一般商品走私进口都大大增加，再加毒品走私进口，合为 23 116 万关两，约占报关进口值的 38%。

五、陆路边境贸易

（一）1913 年前

我国陆路边境贸易历史久远，"丝绸之路"贸易即是其中一著名例子。清中期以后我国陆路边境贸易，是以经蒙古、新疆对俄国贸易为主。中国对俄国出口茶叶、丝绸等，换取俄国的毛皮、呢制品等。当时北方的恰克图（又称为"买卖城"）与南方的广州遥相呼应，成为一陆一海的中国两大外贸中心。自 19 世纪末，西南陆疆的龙州、蒙自、思茅、腾越先后设关，继而东北的安东、龙井村等地也相继设关后，蒙古、新疆未报关之以与俄贸易值就更加可以代表所有未受海关管辖陆路边境贸易值。

马士曾推断 1903 年海关《关册》未载的中国陆路边境贸易出超

---

[1] 可见《海关税务司梅乐和关于战前华北走私经过情形节略》，《民国档案》，1987 年 4期，第 35 —38 页；姚贤镐：《1934 —1937 年日本对华北的走私政策》，《社会科学杂志》10 卷，1948 年 1 期。

额为 400 万关两①。但他后来进一步对照俄国贸易统计时，发现这项贸易远比他的推测为大。他将 1903 年中俄两侧贸易统计相比较，中国海关未记载的从俄进口值近 1 460 万关两，向俄国出口值则有 3 000 万关两，中俄陆路贸易出超净值达 1 540 万关两。②马士关于 1903 年的第二次估计，显然比第一次估计更有根据。马士后来又估计 1906 年陆路贸易出超值为 2 000 万关两。③

自马士以后，一些研究中国对外贸易平衡的中外学者都试图估计这种海关未统计的陆路边境贸易值，1909 年海关统计科曾估计该年陆路边境出超值为 260 万关两④，魏格尔、施氏各自估计 1912、1913 年每年该项数值为 400 万关两⑤。他们的估计值过低，又缺乏进一步说明。孔士根据中俄两方各自的贸易统计对比，估计 1913 年陆路边境出超应为 1 100 万关两，1920—1923 年年均为 670 万关两。⑥

马士、孔士运用的方法较为可靠，郑友揆在估计 1925 年以后的陆路边贸值时也用了同样方法。本文也用此法估计 1895—1913 年陆路边贸值，详见表 2。

从表 2 中可以看出中国对俄贸易每年有大量出超，这是因为 19 世纪后期，中国茶叶、生丝等商品对俄国出口迅速增加，而俄国毛织品等对华出口却在英国货竞争下大为缩减，造成中国对俄贸易出超越来越大，"对于中国收支来说，对俄贸易是极为有利的，俄国是它积蓄黄金和外汇的一个来源。"⑦中俄陆路边贸出超，在 1895—1899 年间每年平均 838 万关两，而 1900—1913 年年均 1 638 万关两，这是研究中国对外贸易收支时必须计入的一个重要因素。

海关还曾估计 1902—1911 年未报关出口的商品仅茶叶一项每年

---

① 马士（H.B.Morse）：《中国在国际贸易中的债务与资产报告》，上海，1904 年。

② 《关册》，1905 年，I，第 6—7 页。

③ 马士："China and the Far East"，1910 年，第 107 页；转引自郑友揆：《我国近十年贸易平衡之研究》，《社会科学杂志》6 卷，1935 年 4 期。

④ 《关册》，1909 年，I，第 52 页。

⑤ R.S.Wagel，"Finace in China"，1914，p.473；C.S.See，"The Foreign Trade of China"，1919，p.334.

⑥ A.G.Coons，"The Foreign Public Debts of China"，1903，p.182.

⑦ 米·伊·斯拉德科夫斯基：《19 世纪下半中的俄中经济关系》，《国外中国近代史研究》，第 13 辑。

至少有15万担之多①，价值300万—1000万关两。这可与表2有关年份数据相佐证。

表2 陆路边境贸易

（单位：百万关两）

| 年份 | 俄国贸易统计 | | 中国贸易统计 | | 陆路边境贸易 | | |
| | A | B | C | D | E＝A－C | F＝B－D | G＝E－F |
	由华进口	对华出口	对俄出口	由俄出口	出口	进口	出超
1895	27.1	3.2	16.7	1.8	10.4	1.6	8.8
1896	25.6	3.8	15.9	2.0	9.7	1.8	7.9
1897	27.9	4.3	17.5	3.2	10.4	1.1	9.3
1898	28.2	4.2	19.0	1.7	9.2	2.5	6.7
1899	31.4	5.6	19.9	3.3	11.5	2.2	9.2
1900	32.8	5.0	13.6	4.0	19.2	1.0	18.2
1901	32.9	7.1	10.2	3.0	22.7	4.1	18.6
1902	37.1	6.4	12.0	1.1	25.1	5.3	19.8
1903	44.5	17.5	14.2	2.6	30.3	14.9	15.4
1904	38.4	17.0	5.1	4.5	33.3	12.5	20.8
1905	42.9	22.5	9.4	2.0	33.5	20.5	13.0
1906	62.5	37.4	18.8	0.6	43.7	36.8	6.9
1907	58.4	16.9	17.2	0.9	41.2	16.0	25.2
1908	73.3	18.1	29.6	8.7	43.7	9.4	34.3
1909	60.7	17.8	45.4	15.4	15.3	2.4	12.9
1910	61.7	15.6	46.0	16.0	15.7	—	15.7
1911	64.1	20.3	50.4	17.3	13.4	3.0	10.4
1912	52.4	21.4	45.2	21.2	7.2	0.2	7.0
1913	56		44.9	22.2	11.1	—	11.1

资料来源：A、B《苏联和主要资本主义国家经济历史统计集》，1989年，第129—130页有关数据折算。C、D《关册》有关数据折为离岸价和起岸价。

---

① 班思德：《最近百年中国对外贸易史》，1931年，第228页。

（二）1914 年以后

第一次世界大战爆发后，俄国中央地区对中国的出口几乎完全停止，同时远东地区由于与中部地区交通阻断而增加了对中国食品及原料的需求，这样，按照俄国贸易统计，从 1913 年到 1916 年，俄对华出口下降了 40%，而从华进口值增长了 100%。[1]这样按俄方统计，对华贸易逆差为 5 550 万关两。按中方统计中俄贸易顺差仅 3 980 万关两，相差的 1 570 万关两为陆路边境贸易出超值。1914、1915 两年取 1913、1916 两年的平均值。

1917 年十月革命以后，由于俄国国内战争影响，中俄陆路边贸值大大降低[2]，陆路边贸几无出超可言。1919 年后中俄陆路边贸逐渐恢复。据孔士估计 1920—1923 年年均陆路边贸出超值达 1 000 万元（合 667 万关两），郑友揆估计 1925—1928 年陆路贸易出超年约 500 万元（合 321 万关两），1929—1930 年年约 200 万元（合 128 万关两）。[3]据此，我们估计 1924 年出超值取前后两值的平均数 494 万关两，1917 年取 1916 年的 10/12，为 1 291 万关两，1918 年苏联从中国进口商品值一千多万卢布，折合成海关两，低于中国海关统计值，[4]1919 年暂估计为 1920—1923 年平均值的 1/2，为 333 万关两。

1930 年土西铁路（Turkestan Siberian Railroad）筑成，以及苏联第一个五年计划成功后，苏联积极经营对蒙古、新疆的贸易，俄国商品从陆路大量涌入中国，所以从 1931—1934 年中国陆路边贸出现年均约 3 000 万元的入超，1935 年入超值降为 700 万元。[5]1936 年入超约 2 000 万元。[6]

---

① 罗曼诺娃（T.H.Pauahana）：《19 世纪至 20 世纪初俄中远东地区经济关系》（俄文本），1989 年，第 115 页。

② 《关册》1917 年，Ⅰ，第 19 页；1918 年，Ⅰ，第 19、33 页。

③⑤ 郑友揆：《我国近十年贸易平衡之研究》，《社会科学杂志》6 卷，1935 年 4 期；郑友揆：《1935 我国国际贸易平衡值之修正》，《社会科学杂志》8 卷，1937 年 2 期。

④ 《（俄国）统计年鉴，1918—1920 年》（俄文本），ⅩⅤ，第 164 页。

⑥ 据《中苏贸易史资料》，1991 年，第 436、442 页；斯拉德科夫斯基：《1928—1936 年的苏中贸易》，《国外中国近代史研究》，第 19 辑。

六、贸易平衡分析

综合以上各方面对进出口贸易值的修正，再加上内地口岸至边境口岸的运杂费及海关统计中未计入的民船（帆船）进出口贸易值，本文试编1895—1936年中国进出口贸易收支表，参见表1。

我们从表1中可以发现：甲午战争后短短几年间，随着外国资本的大肆入侵，中国对外贸易也出现了明显变化。一是对外贸易迅速扩大，从年均出口值来看，1895—1899年年比甲午战争前1891—1894年增长了35.9%，年均增长速度更是前20年的2.8倍；进口增长更快，年均进口值1895—1899年增长了49%。[⑥]第二个变化是在甲午战争前中国对外贸易平衡基本上保持顺差，到甲午战争后第二年（1896年）开始出现逆差；从1895—1899五年平均贸易平衡看，虽然逆差值不大，但已成为此后中国对外贸易平衡趋于恶化的开端。如果再结合商品结构的变化，1894年进口商品比重中，鸦片占20.57%，棉布占32.14%；而到1899年鸦片的比重下降为13.52%，棉布则上升为39.08%，[⑦]表明旧贸易格局在起变化，西方资本主义国家越来越多地对华输出近代工业品，其货值已逐步抵上并超过从中国输入农产品的货值。这种变化，到20世纪以后，更见明显。

1900年以后，一方面进出口贸易继续迅速增长，另一方面贸易逆差进一步增加，1903—1913年年均逆差值是1895—1899年年均逆差值的近20倍。这说明随着外国资本主义商品的大量入侵，中国对外贸易平衡状况迅速恶化。

1914—1919年，由于第一次世界大战的影响，西洋货物对华进口减少，而欧洲对华棉花、皮毛等原料需求增加，因而这一时期出口增长快于进口，贸易逆差虽然仍旧存在，但程度有所减轻。

1920年以后，进口贸易的增长很快又超过了出口贸易。1920—1930年年均值与1891—1894年年均值相比，出口增长了5.64倍，

---

⑥ 甲午战争前有关数值，可见陈争平博士学位论文。在作甲午战争前后贸易增长纵向比较时，本应扣除台湾部分，但甲午战争前台南与打狗两口岸的贸易值加在一起只占全国比重1%，影响很小，所以本文不再另行处理。

⑦ 见各年《关册》。

进口增长了 7.03 倍。另外，从表 2 明显可以看出，这一时期贸易逆差值越来越大，1920—1930 年年均逆差值达 12 000 多万关两，而 1931—1936 年年均逆差值更达 34 500 万关两，是 1895—1899 年年均逆差值的 65 倍多。贸易逆差最高的 1932 年一年逆差就近 46 000 万关两。1895—1936 年累计贸易逆差额近 50 亿关两，如何弥补这样巨大的逆差，已成为当时非常引人关心的问题。

1912—1936 年中国进出口商品结构变化考略

有关民国时期世界经济与中国经济互动的研究，需要将这一时期中国进出口商品结构变化作为一重要内容来考察。本文拟通过对 1912—1936 年中国主要进出口商品贸易的消长及其影响因素的具体分析，对这数十年中国进出口商品结构变化的分析，来考察这一时期中外经济关系的发展变化及其对中国经济的影响。

一、主要进口商品及进口商品结构的变化

民国年间，中国进口贸易呈现出商品多样化发展趋势，原先的大宗洋货年进口量值各有消长，进口商品结构也随之发生了较大变化。1901—1936 年间中国主要进口商品量（值）变动情况可参见表 1。

表 1　十二项主要进口商品量（值）变化①

	1901—1903 年	1909—1911 年	1919—1921 年	1929—1931 年	1936 年
鸦片（公担）	32 003	22 596	126	478	—
棉布（千元）	92 945	116 532	221 208	208 586	12 090
棉纱（公担）	1 503 766	1 320 197	807 249	89 611	6 006
棉花（公担）	113 482	72 571	524 116	2 141 764	406 904
染料等*（千元）	6 455	15 789	34 752	51 102	41 193
煤油（千升）	386 178	685 173	717 287	752 055	395 301
机器等*（千元）	2 271	12 565	53 734	72 138	59 981

注：* "染料等"包括染料、颜料、油漆类；"机器等"包括机器及工具。

---

① 据严中平等：《中国近代经济史统计资料选辑》，科学出版社，1955 年，表 16 改编。

鸦片原是 19 世纪外国侵略势力向中国输入的最大宗商品，直至 19 世纪 80 年代它始终占据中国进口商品的第一位，但是从上表可以看出，民国年间鸦片报关进口量、值大幅度减少，这与 1912 年海牙"国际禁烟会议"要求各国应会同防止鸦片、吗啡等"运入或运出中国"①有关，更主要的原因是土产鸦片替代作用的增强。

清末民初，棉布曾多年占据洋货进口值的首位，其所占全部进口值的比重往往在 30% 以上；棉纱年进口量在第一次世界大战前也都在百万担以上，甚至高达 270 多万担。第一次世界大战爆发后，棉纱年进口量明显减少，出口量则跳跃性地上升，到 1927 年棉纱已由入超变成出超，与此相应相随的则是中国国内棉纺织业（包括外资在华工厂）的较快发展。棉布进口值在 20 年代以前仍有所增长，到了 20 年代出现了进口下降、出口上升的趋势，所占进口值比重已呈明显下降趋势，1936 年棉布只占进口值的 1.9%（参见表2）。不过，由于日本棉布在中国的大力推销，以及英国棉布等竞争，直到 1936 年中国仍有棉布入超。

表2　中国主要进口商品所占比重变化②

(单位：%)

	1894 年	1913 年	1921 年	1929 年	1936 年
棉制品	32.2	19.3	23.6	14.2	1.9
棉纱	13.1	12.7	7.4	1.6	0.2
杂项纺织品	2.5	2.1	2.1	6.8	3.2
煤油	4.9	4.3	6.3	5.2	4.2
米	6.0	3.1	4.4	5.4	2.9
面粉	0.7	1.8	0.4	2.6	0.5
棉花	0.3	0.5	3.9	5.7	3.8
糖	5.9	6.2	7.7	8.3	2.1
纸张		1.3	1.7	2.4	4.3
纸烟	0.1	2.2	2.8	2.1	0.1
烟叶		0.6	1.6	5.1	1.7
鸦片	20.6	8.1	0.0	0.0	0.0

---

① 西·甫·里默著，卿汝楫译：《中国对外贸易》，生活·读书·新知三联书店，1958 年，第 116 页；马士等著，姚曾廙译：《远东国际关系史》，商务印书馆，1975 年，第 526 页。
② 据《上海对外贸易，1840—1949》（上）表 195，及有关年份《关册》编制。

	1894 年	1913 年	1921 年	1929 年	1936 年
木材	0.8	1.1	1.2	1.6	3.2
染料颜料类	1.5	3.1	3.3	2.2	3.3
机器	0.7	1.5	6.3	1.8	6.2
车辆		0.6	2.5	0.9	5.4
电气料及装置		0.5	1.6	1.4	2.0
金属及矿砂	4.6	5.2	6.7	5.4	11.4
煤	2.0	1.7	1.5	1.9	1.1
合计占总进口值	95.9	75.9	85.0	74.6	67.5

　　民国年间，随着外国对华资本输出的扩大，以及中国新式工业、交通业的发展，煤油和汽油的进口逐年增加，1920 年时煤油进口值约 5 432 万关两，汽油进口值 134 万关两；到 1928 年，两项合计已逾 7 000 多万关两。机器、车辆、化学产品、电器材料、染料、钢铁及其他金属等生产资料成倍或数倍增长。这六项商品占进口净值的比重，1913 年为 11.6%，1936 年时达到 33.7%。

　　随着国内轻纺工业的发展，棉花、烟叶、小麦等农产原料的进口数量大幅度增长。1920 年后棉花进口猛增，开始由出超转为入超。棉花进口主要来自美国，其他依次为印度、埃及等国。1921 年棉花进口量已增至 168 万担，价值 3 586 万关两。1926 年棉花进口量已增至 274 万多担，价值几近 1 亿关两，入超值达 0.64 亿关两；1931 年棉花进口量高达 465 万担，价值 1.79 亿关两，入超值达 1.52 亿关两。[①]从 1922 年开始，外粮大量进入中国，面粉及粮食总的贸易都由出超转为入超，1923—1927 年粮食进口净值年均约 12 239 万关两，其占商品进口净值的比重达到 12% 左右，这五年间粮食入超量年均 3 842 万担；1929 年后世界经济大危机爆发，大量外粮向中国市场倾销，1932 年中国稻米入超 3 832 万担，小麦（含进口面粉折合数）入超 4 617 万担。[②]作为一个农业大国，入超如此之多的棉花和粮食，

---

①　萧梁林：《中国对外贸易统计》（*China's Foreign Trade Statistics，1864—1949*），1974 年，第 39、86 页。

②　据许道夫：《中国近代农业生产及贸易统计资料》，上海人民出版社，1983 年，第 146 页，有关数据计算。

必然对本国农业产生了极大的冲击。

表 2 反映了自 1894—1936 年中国主要进口商品价值所占总进口值比重的变化。从中可以看出，过去占进口比重最大的鸦片，在民国年间虽然仍有鸦片报关进口，但其所占比重已经微不足道了；棉纺织品自 19 世纪 80 年代以来，一直占据进口商品的首位，但是到了第一次世界大战以后，其所占比重已呈明显下降趋势。如果将棉布与棉纱分开考察，则棉纱所占比重下降更快。煤油、汽油等液体燃料所占商品进口值的比重，一直处于第三、四位；粮食、棉花及烟叶等农产原料在商品进口值中所占比重呈上升趋势，机器、车辆、化学产品、电器材料、染料、钢铁及其他金属等生产资料进口的比重也在不断提高。进口商品结构的上述变化在一定程度上反映了这一时期中国境内资本主义经济的发展。

二、主要出口商品及出口商品结构的变化

1903—1936 年间中国主要出口商品量变动情况可参见表 3。

表 3　主要出口商品量变化①

（单位：千担）

	1903 年	1913 年	1917 年	1921 年	1928 年	1936 年
茶	1 519	1 442	45	430	926	373
生丝	211	317	302	276	435	38
豆类	2 615	10 326	10 433	11 836	40 391	1 875
豆饼	3 404	11 818	15 513	22 282	21 352	214
花生	157	1 115	361	1 214	1 465	749
棉花	760	739	832	609	1 112	368
棉纱	1	28	26	350	90	
植物油	421	1 213	2 756	2 030	2 368	1 959
猪鬃	40	53	64	44	67	87

---

① 据严中平等：《中国近代经济史统计资料选辑》表 16，萧梁林：《中国对外贸易统计》，杨端六等：《六十五年来中国国际贸易统计》，（中央研究院社会调查所 1931 年印行）有关数据改编。出口花生分有壳、无壳两种，本处按 1∶0.7 的比值将前者折算，与后者合计。

续表

	1903 年	1913 年	1917 年	1921 年	1928 年	1936 年
牛皮	242	498	477	217	420	241
羊毛	193	280	339	463	486	266
锡	42	139	196	103	118	41

中国自古以来就以出口丝绸而闻名世界，到 20 世纪初期，中国生丝出口基本上呈持续增长趋势。但是在另一方面，华丝由于质量难以保证，在与日丝的国际竞争中连连受挫。1908 年日丝的出口量已多于中国近 3 万担，中国原有的世界第一生丝出口大国的地位从此被日本所夺。到 1925 年日丝出口量已是华丝的 2.6 倍。①民国初年，在中国出口商品中，生丝虽然仍高居榜首，其地位已然岌岌可危。1928 年中国生丝出口 43.5 万担多，价值在 15 975 万关两；1929 年，生丝出口量略有减少，但价值却达到 16 420 万关两。世界经济大危机爆发后，中国生丝出口严重受挫，至 1934 年跌入谷底，出口值为 2 898 万关两，仅是 1929 年的 17.6%。1935 年后华丝出口值略有回升。

中国出口的丝制品大致包括绸缎、茧绸、丝绣货、丝带、丝线及丝类杂货等，其中以绸缎为出口之大宗，1895—1930 年间其出口值也大致呈持续增长趋势。不过，中国一些地方丝织业在织造方法上仍然保守落后，在与国外机器丝织业的竞争中仍处下风，以曾经有很高声誉的南京缎为例，因其样式陈旧，其出口量从 1923 年的 8 244 担，下降到 1927 年的 2 363 担，减少了近 6 000 担，1929 年时更少，只有 227 担，到 30 年代时已趋于消失。②

华茶曾经长期独占世界茶叶市场，但是到了 19 世纪后半叶时它在国际市场上也遇到了强有力的竞争。英国饮用之茶从前曾经几乎全来自中国，但到 1913 年时来自于印度和锡兰者已占 95%。20 世纪初华茶仍占美国进口茶叶数量的一半左右，以后每况愈下，到 1927 年时华茶只占美国茶叶进口量的 11.1%。③民国初年，华茶在俄国市场

---

① 朱斯煌主编：《民国经济史》，1948 年，第 319—320 页。
② 《海关 1922—1931 年十年报告》（卷 1），第 625 页。
③ 何炳贤：《中国的国际贸易》，商务印书馆，1937 年，第 98—99 页。

上还能保持一定的销路，至 1915 年时其销量已增加到 116 万担，俄国成为华茶的最大销场。1918 — 1920 年间华茶输俄数量曾大大减少，其后华茶对苏联的出口又逐渐恢复。[①]总的来讲，由于在英、美等大市场国际竞争中华茶失败，中国茶叶出口贸易在走下坡路。1895年时华茶出口量尚有 186 万担多，1920 年已降至不到 31 万担，以后虽有所恢复，每年也不过数十万担而已，茶叶占中国出口总值的比重也比清末有较大下降，至 1936 年这一比重为 4.3%（见表 4）。

表 4　中国主要出口商品所占比重变化[②]

（单位：%）

	1894 年	1913 年	1921 年	1928 年	1936 年
丝	33.3	20.7	20.2	16.2	6.3
绸缎	6.6	5.2	5.0	2.4	1.5
茶	24.9	8.4	2.1	3.7	4.3
豆及豆饼	1.9	12.0	13.9	20.5	1.4
皮及皮制品	2.7	6.0	2.9	5.4	5.7
毛类	1.8	1.7	2.2	2.6	2.8
猪鬃	0.4	1.1	0.7	1.0	3.6
蛋品		0.9	2.2	4.4	5.1
籽仁及油	1.2	7.8	6.3	5.8	18.7
煤		1.6	1.9	2.9	1.6
矿砂及金属		3.3	2.9	2.1	7.7
棉花	5.7	4.0	2.7	3.4	4.0
棉纱及棉制品	0.1	0.6	1.2	3.8	3.0
合计占总出口值	78.6	73.3	64.2	74.2	60.0

　　20 世纪初，以黄豆为主的豆类成为中国农产品中出口增长特别迅速的品种，芝麻、花生、菜籽、棉籽、胡麻籽等植物籽实也逐渐成为中国大宗出口商品，豆饼也成为中国出口贸易的重要商品。这一时期豆油、花生油、棉籽油、菜籽油、芝麻油、茶油、桐油等植物油出口增长也很快。1913 年，豆与豆饼两项合计占出口总值的 12%，超过了

①　孟宪章等：《中苏贸易史资料》，中国对外经济贸易出版社，1991 年，第 314、363 — 366、456 — 460 页。
②　据《关册》及郑友揆：《中国的对外贸易和工业发展，1840 — 1948》，表 43 — 44 计算编制。

茶叶；1929 年两项出口值合计 21 750 万关两，占出口总值的 21.4%。九一八事变后中国豆类出口锐减，至 1936 年豆及豆饼只占出口总值的 1.4%。第一次世界大战前中国芝麻多运往荷兰、德国，战时对英国、意大利的出口激增，战后日本成为最大的消费国。花生运往国外多用以榨油，少量供制作糖果，有些年份出口值也达 1 000 万关两以上。菜籽每年出口约六七十万担，值二三百万关两，多运往日本，20年代里因印度菜籽的竞争，出口减少。花生油出口值 1910 年时为 257万关两，1926 年时已达 1 077 万关两。桐油主要产于华中，为油漆工业中的重要原料，世界大战结束后欧美对中国桐油的需求大大增加，桐油出口值 1913 年时为 375 万关两，至 1927 年时已达 2 197 万关两，1936 年增至 4 710 万关两。1936 年，这几项籽实及油合计已占出口总值的 18.7%，成为中国出口商品大宗。

民国年间，蛋类、蛋粉出口增长也较快，是在 1908 年以后。1913 年时蛋类及蛋制品出口值共计 261 万关两，1926 年已达 3 817 万关两，1929 年达 5 000 万关两以上。中国所产猪鬃，因强韧而富于弹力，且不大受干湿冷热影响，外人多用于制刷，清末民初时其出口量也在不断增长。其出口值 1894 年不到 57 万关两，1913 年时已增至443 万多关两，1926 年时达 1 047 万关两，1936 年时更达 1 624 万关两，已成为中国主要出口商品之一。

清末民初世界市场上对中国的煤、铁、钨、锑、锡等矿产品的需求不断增加，第一次世界大战的爆发更是刺激了中国矿产品的大量出口，矿产品在中国出口贸易中占有了越来越重要的地位。中国输出的煤和生铁绝大部分也是运往日本。中国的锡、锑、钨等特种矿产在进入 20 世纪后出口也有所增加。锡锭块出口量在 20 世纪最初几年每年出口数万担，1910 年后增加到每年 10 万多担，最高年份为第一次世界大战期间的 1917 年近 20 万担。锑的出口量，由 1905 年的 5 万多担增至 1917 年的近 60 万担，其后虽有所下降，每年仍保持在二三十万担左右，约值数百万关两，约占全世界供应总额的 40% 以上。钨砂的出口在 20 年代海关始有统计，1926 年出口量约 117 担，值 167 万关两。锑、钨等主要向工业发达国家如美国、英国、德国等出口。1928 年，中国矿砂和金属占出口总值的 2.1%，1936 年这一比重已增为 7.7%。

表 4 反映了 1894—1936 年中国主要出口商品各自占出口总值比重的变化：原先丝、茶两项合计占出口总值比重的一半以上，到 1936 年两项合计已不到 11%。与此同时，随着资本主义世界经济的发展，对中国农牧矿产品需求的扩大，过去的一些小商品，如皮类、毛类、猪鬃、豆类、豆饼、籽仁及植物油等，逐渐发展成为大宗出口商品。还有一些新的出口资源，例如蛋粉、锑、钨一类的特种矿产等，被不断发掘出来，出口日益扩大；原先出口值集中于少数几项商品的情况已有很大改变，出口值已分散在更多的品种上，反映了出口贸易也呈多样化发展的趋势。

三、从进出口商品结构看中外经济关系

20 世纪初叶，中国已被动地卷入资本主义世界市场体系之中，中外经济关系日益紧密，民国建立后这种关系进一步加强。

在进口贸易方面，由于第一次世界大战前及战后主要资本主义国家工业的迅速发展，使西方工业品生产成本进一步降低，品种更加丰富多样；同时由于清末民初中国生产和流通的发展，以及城乡社会消费时尚在商品经济发展的大潮和"欧风美雨"的侵蚀下发生的变化，从而对舶来品产生了种种新的需求，引起进口商品新品种的不断增加及进口商品结构的变化。

出口贸易方面，在清末民初国际竞争日益加剧的形势下，中国传统的出口商品如生丝、茶叶等，生产组织落后，技术发展迟缓，在国际市场竞争中越来越处于不利的地位；同时，由于世界资本主义生产的发展，对中国的豆类、棉花、芝麻、植物油、牛皮、羊毛、猪鬃等农产品及矿产原料的需求大大增加，也导致中国出口商品品种的增加和出口商品结构的很大变化。

这一时期世界政治经济局势的动荡，如第一次世界大战，还有 30 年代初世界经济大危机等，都对中国进出口贸易，进而对中国社会经济产生了巨大影响。1931 年日本帝国主义发动九一八事变，侵占中国东北，更是对中国政治经济产生极为严重的影响。我们在上述关于棉纺织品、豆类及豆制品、矿产品等讨论中也有所反映。

表5   A.各年进口商品分类比重①

(单位：%)

年份	生产资料			消费资料	
	机器及大工具	原料	建筑用品等	消费品原料	直接消费资料
1893	0.6	—	7.8	13.0	78.6
1910	1.5	0.1	16.0	17.0	65.4
1920	3.2	0.2	25.1	16.9	54.6
1930	3.7	1.9	21.3	17.3	55.8
1936	6.1	2.7	35.6	13.0	42.5

B.各年出口商品分类比重

(单位：%)

年份	原料			半制品		制成品	
	农产品	矿产品（手工）	矿产品（机采）	手工	机器	手工	机器
1893	15.6	—	—	28.4	0.1	53.4	2.5
1910	39.1	0.2	0.5	13.1	11.9	28.3	6.9
1920	36.4	0.9	2.8	8.2	12.3	31.2	8.2
1930	45.1	1.2	3.4	3.5	12.2	27.1	7.5
1936	44.1	2.6	1.6	6.7	5.6	32.4	7.1

　　民国年间，中国进出口贸易的商品结构虽然发生了不少变化，但是进口以直接消费资料为主，出口以农产品原料及手工制品、半制品为主这一反映殖民地性质贸易的基本格局仍存。我们从表5可以看出，1936年进口商品中消费资料仍占55.5%（其中直接消费资料占42.5%），说明进口仍以消费资料为主体；生产资料比重由1893年的8.4%增加到44.4%，反映了这一时期国内工业的发展，而这又是与外国资本输入互相关联的。②出口商品以农产品原料及手工制品、半制品为主的基本格局也未变。民国时期，机制品出口比重有所增加，反映了这一时期国内新式工业（包括外资工厂）的发展。

---

① 严中平等：《中国近代经济史统计资料选辑》，第72—73页。

② 许涤新、吴承明等：《中国资本主义发展史》，人民出版社，2005年，第525页。

近代中国对外贸易条件刍议

对外贸易条件（terms of trade）是表示一定时期内一国进出口价格相对变化趋势，从而表明该国在国际市场上商品交换条件好转或恶化的重要指标，它与"比较利益"两者被认为是关于国际贸易的两个最基本的问题。随着研究的进展，学者们又将"贸易条件"概念扩展为净易货贸易条件（net barter terms of trade）、总易货贸易条件（gross barter terms of trade）、收入贸易条件（income terms of trade）、单一生产要素贸易条件（single factorial terms of trade）、双重生产要素贸易条件（double factorial terms of trade）等。[1]它们之间既相互联系，又有不同的统计测度方法和理论意义。

以往学者们分析战前中国贸易条件时，多数仅限于分析净易货贸易条件（进出口贸易比价）。笔者认为，进出口贸易比价对于分析对外贸易条件来说固然重要，但是仅此还不够，还应结合其他有关贸易条件的概念来分析近代中国对外贸易与经济发展的关系。本文拟在这方面做一些尝试。

一、关于净易货贸易条件和总易货贸易条件

净易货贸易条件，亦称进出口贸易比价，在统计上是以"出口物价指数/进口物价指数"来测度。总易货贸易条件则是以"进口物量

---

[1] Peter Newman etal.ed., *The New Palgrave Dictionary of Economics*, 1987, Palgrave Macmillan Vol.4, pp.623－624.

指数/出口物量指数"来测度。20 世纪 30 年代，由何廉领导的南开大学研究团队在历年海关关册统计数据基础上，经过繁杂的计算，编制了一套 1867—1936 年中国进口物价、出口物价、进口物量、出口物量及物物交易率指数。①何廉认为中国自 1867 年以后 60 年来总易货贸易条件"渐趋有利"，净易货贸易条件的变迁趋势与前者"大略相似，唯其程度，则不若前者之甚"。②南开这一套指数几经修改，所以前后发表的数据有较大出入，正如王玉茹所指出的那样，如果以修正后的指数为基础得出结论，与何廉上述观点"不可能完全一致"③。

南开指数发表 20 多年后，姚贤镐选用 17 种主要进口商品和 7 种主要出口商品，另行编制了 1867—1894 年进口物价和出口物价指数，并据此对 1873—1894 年中国进出口价格变动的剪刀差作了分析。④姚氏指数所反映的 1894 年前进出口物价变动趋势与南开指数大致相近，而 1936 年南开指数比姚氏指数考察的年份多 32 年，而且从编制方法上看，南开指数更为细密些，所以学者们还是多选用修正后的 1936 年南开指数。

郑友揆、吴承明各自在 1936 年南开指数基础上对战前中国进出口物价的相对变动作了分析，分别都认为战前中国对外贸易条件趋于恶化。⑤

侯继明（Chi-ming Hou）根据 1904 年后海关实行的进口起岸价和出口离岸价，对南开指数进行了部分的调整。⑥这一调整是合理的。后来王良行在进行近代上海贸易条件研究时，所用全国对外贸易

---

① 孔敏主编：《南开经济指数资料汇编》，中国社会科学出版社，1988 年，第 375—376 页。
② 何廉：《中国进出口物量指数，物价指数及物物交易率指数编制之说明》，《经济统计季刊》第 1 卷，第 24 页，第 1 期。
③ 王玉茹：《近代中国价格结构研究》，陕西人民出版社，1997 年，第 72—73 页。
④ 姚贤镐：《中国近代对外贸易史资料》（第三册），1962 年，第 1641 页；姚贤镐：《19 世纪 70 年代至 90 年代中国对外贸易发展趋势》，《中国社会经济史研究》，1987 年 1 期。
⑤ 郑友揆：《中国的对外贸易和工业发展，1840—1948》，1984 年，第 287、334—337 页；吴承明：《中国资本主义与国内市场》，中国社会科学出版社，1985 年，第 274—275 页。
⑥ Chi-ming Hou, *Foreign Investment and Economic Development in China*, 1973, p.198.

条件就是根据侯氏指数计算的。[①]

王玉茹则直接利用 1936 年南开指数。她认为用首尾年份比较，1867—1936 年间"显然是进口物价上涨比出口物价上涨得快"，但她用"环比指数计算方法"计算同一时段，得出结果却是"进口物价每年递增 2%，而出口物价却递增 2.3%，也即出口物价的增长速度快于进口物价"[②]。

笔者认为，由于 1895 年以后中国对外贸易逆差不断加大，总易货贸易条件（像何廉所用的那样）这一指标不太适用于我们的研究。至于净易货贸易条件（贸易比价），笔者对王玉茹的计算感到疑惑，特别是笔者认为从 19 世纪末 20 世纪初资本主义过渡到垄断阶段后情况有所不同（下文将分析），用王玉茹的方法则会掩盖战前六七十年间国际经济形势重要变化的影响。笔者以为宁愿用直截了当的方法更好些，即在侯氏指数的基础上直接算出各年贸易比价数值（见附表 C 栏）。为了减少偶然因素的干扰，更好地观察近代中国进出口贸易条件长期变动趋势，我们可以再分别计算进口物价指数、出口物价指数和贸易比价的 5 年平均值，从而得出较为简明的进出口物价变动表如下：

表 1　中国进出口物价变动（5 年平均）[③]

(1913 年取 100)

时期	P_x（出口物价指数）	P_m（进口物价指数）	P_x / P_m
1871—1875	53.8	37.3	145.3
1876—1880	48.9	31.1	157.5
1881—1885	42.3	33.0	128.1
1886—1890	56.3	37.3	151.0
1891—1895	59.0	41.7	142.0
1896—1900	74.9	62.1	120.7
1901—1905	89.9	78.7	114.5
1906—1910	92.9	90.1	104.4
1911—1915	98.7	104.8	94.1

---

① 王良行：《上海贸易条件研究，1867—1931》，《近代史研究》，1996 年 3 期。
② 王玉茹：《近代中国价格结构研究》，1997 年，第 81—82 页。
③ 据附表 A、B、C 三栏计算。

时期	Px（出口物价指数）	Pm（进口物价指数）	Px /Pm
1916—1920	114.8	145.3	78.7
1921—1925	133.1	152.5	87.7
1926—1930	163.3	160.9	99.6
1931—1935	130.4	167.2	77.8

从表 1 可以看出，从总体上看，19 世纪 70 年代至抗日战争前，中国进口价格上升幅度超过出口价格，贸易比价大致呈下降趋势。即使 1931 年以后不计，贸易比价下降幅度虽减，但是下降趋势仍然存在。如果以 1895 年为界分为两阶段，则可以说：甲午战争前中国对外贸易比价走势是"在波动中保持基本稳定"，甲午战争后易货贸易条件恶化，第一次世界大战期间急剧恶化，20 年代略有好转，30 年代恶化程度又加剧。

二、收入贸易条件（出口购买力）

收入贸易条件，也是指出口商品购买力，它相当于净易货贸易条件乘以出口量。它是用以反映一国能用经常的出口收入维持的实际进口水平。如果一国出口价格提高，而出口量却大幅度减少，则该国在国际市场上易货能力下降，竞争力减弱。因此有时在分析贸易条件时，还需分析出口购买力。侯继明曾对比了 1867—1871 年至 1928—1932 年中国收入贸易条件指数的增量。[①]笔者进一步编算了 1871—1936 年中国历年收入贸易条件指数（见附表 E 栏），并用 5 年平均方法制作简表如下：

---

① Chi-ming Hou, *Foreign Investment and Economic Development in China*, 1973, p.204.

表2　中国出口购买力指数变动（5年平均）①

(1913年取100)

时期	贸易比价	出口物量指数	出口购买力指数
1871—1875	145.3	40.8	59.1
1876—1880	157.5	43.1	67.8
1881—1885	128.1	47.0	60.0
1886—1890	151.0	45.2	67.4
1891—1895	142.0	56.3	77.5
1896—1900	120.8	59.8	72.3
1901—1905	114.5	62.2	71.3
1906—1910	104.4	80.1	82.0
1911—1915	94.1	93.6	91.3
1916—1920	78.7	115.1	89.8
1921—1925	87.5	132.8	116.8
1926—1930	99.6	146.5	145.7
1931—1935	77.8	121.5	94.7

从附表或表2可以看出这60多年来中国出口购买力有了很大增长。但是这主要是由于出口量增长更大，出口量的增长抵消了贸易比价的下降还有余，因而增加了出口购买力。至于这一时期出口量的迅速增长，可以从多方面来理解，既可以从帝国主义对华剥削加重，中国不得不出口更多的产品换取进口货，这可从表2贸易比价的变化得到证据；又可从中国商品经济的发展，出口新品种的开拓，更进一步卷入世界市场等方面来解释。例如，东北大豆于1909年第一次成为大宗出口商品，这一年出口豆类、豆饼和豆油共1 732吨；其后出口量逐步增加，至1925年，大豆三品出口量已达30 654吨；到1929年出口达42 671吨②，是1909年的20多倍。诸如此类事例还有不少，这使得中国出口购买力不断增加。但是，九一八事变以后东北这一中国贸易出超地区被日军侵占，又值世界市场大萧条时，中国出口购买力迅速下降。

---

① 据附表C、D、E三栏计算。
② 许道夫编：《中国近代农业生产及贸易统计资料》，1983年，第190页。

三、贸易条件与劳动生产率的变化

生产要素贸易条件在实际中不如前三种贸易条件那样容易测度，但是它与劳动生产率的变化相关联，其重要意义不容忽视。在某些情况下，当净易货贸易条件改善时，生产要素贸易条件反而可能会恶化。假设某工业国和某农业国原先一天的劳动可分别产出 1 单位钢和 1 单位咖啡，且净易货贸易条件为 1 单位钢换 1 单位咖啡；现在工业国的生产率提高到日产 3 单位钢，而农业国生产率未变，此时净易货贸易条件为 2 单位钢换 1 单位咖啡，则对于农业国来说，其净易货贸易条件改善，而生产要素贸易条件却恶化了。这种假设正反映了许多农业国贸易条件长期变动趋势的实际情况。

埃及著名经济学家萨米尔·阿明（S. Amin）指出，1801—1880 年作为工业品主要供应者的英国，贸易比价指数从 245 降至 100，这是由于技术进步，生产率提高，使工业品生产成本及价格相对于农产品价格的比价下降所致，这是正常现象；而 19 世纪末 20 世纪初，原料和农产品供应者的贸易比价逆转，至 20 世纪 30 年代时，不发达国家以同样数量的出口初级产品只能购买 1880 年时 60% 数量的制成品。这并非由于不发达世界出口生产率提高大于发达世界出口工业的生产率提高，恰恰相反，20 世纪初期发达国家出口工业的进步，快于不发达国家工业的进步，更快于不发达国家传统出口农业的进步。本来按照比较成本理论，进入 20 世纪以后，发达国家出口工业品价格相对于不发达国家农产品出口价格应继续下降，情况之所以逆转，阿明认为这是由于 19 世纪末出现了一个新因素——中心国家的资本主义变成了垄断资本，"不发达国家的贸易比价恶化是从垄断资本、帝国主义和'劳工贵族'的兴起而开始的"。阿明认为，在分析贸易条件变化时，除了比较净易货贸易比价以外，还应该比较劳动生产率的发展这一因素。[1]

---

[1]　阿明：《不平等的发展》，商务印书馆，1990 年，第 135—141 页。郑友揆在更早的时候也发表了类似观点。见郑友揆：《中国的对外贸易和工业发展，1840—1948》，1984 年，第 287—288 页。

阿明的上述言论代表了世界上不少经济学家的观点，但是也遭到一些责难，国际经济学论坛上有关这方面的论战至今未停歇。笔者认为，近代中国贸易条件的变化证实了阿明的观点。

分析生产要素贸易条件，必须了解进出口商品结构的变化。为此，我们引进一个统计指标 —— MP，即部门间分工参与度 $MP = q_i P_i + q_e M_e$。

其中，P_i 为初级产品在进口总额中的份额；M_e 为制成品在出口总额中的份额；q_i 为进口在贸易总额中的比重；q_e 为出口在贸易总额中的比重（$q_i + q_e = 1$）。

如果一国进口的完全是初级产品（$P_i = 1$），出口的完全是制成品（$M_e = 1$），则 $MP = 1$，表示该国完全参与了国际的部门间分工，即部门分工参与度为最大。反之，如果一国进口的完全是制成品（$P_i = 0$），而出口的完全是初级产品（$M_e = 0$），则 $MP = 0$，表明该国主要是以自然资源换取所需的制成品，这是经济不发达的特征，是自然经济的延伸，算不上自觉地参与国际分工，因而部门间分工的参与度为最低。

在这两极之间，MP 越大，表明一国通过参与部门间分工与世界经济相关联的程度越高；反之，MP 越小，则表明该国经济较不发达。据笔者计算，中国的 MP 数值，1894 年为 0.354，1920 年为 0.27，1930 年为 0.262，MP 值比较低，而且越来越低。[①] 这说明在帝国主义经济侵略下，半殖民地的中国日趋成为帝国主义推销制成品和榨取原料的场所。

我们分析旧中国贸易条件的变化时，发现旧中国贸易条件也经历了如阿明所说的 19 世纪改善，20 世纪恶化的过程。19 世纪后 30年，一方面由于外国工业品生产成本下降以致中国进口洋货价格下降，另一方面由于世界市场银价持续下跌又导致洋货进到中国时以银计算价格上涨，两相抵消，使得这一时期中国进口物价大致稳定。进入 20 世纪以后，外国工业品因生产率继续提高，相对价格本应该继

---

① 详见陈争平：《1895—1936 年中国国际收支研究》，中国社会科学出版社，1996 年，第 137—138 页。

续下降，但我们从表 1 看出，情况正好相反。

四、进一步讨论

除了 19 世纪 70 年代后中国和发达资本主义国家劳动生产率的相对变化及中国进出口商品结构变化外，汇率变动及中国进出口价格主动权的丧失，也是影响近代中国贸易条件变化的两个主要因素。

有关近代中国汇率对贸易条件的影响，学者们观点不一致。例如雷麦（G.F.Remer）认为银汇的跌落会使银本位国家进出口商品价格均趋上涨；侯继明则认为银汇的跌落与中国贸易比价不存在必然联系[1]。王良行在这一问题上做了很多工作，他通过定量分析得出结论：汇率对上海乃至全国的对外贸易条件有相当程度的影响，并具体算出 1867—1931 年间平均汇率每变动 1 单位，全国贸易条件随之同向变动 0.08（原文如此，可能应是 0.8）单位；如果所计算的时段改为 1867—1918 年，则汇率的决定力要下降[2]。由此看来，似乎 1919—1931 年间汇率对贸易条件的影响力更大些。本文在前面已提及 19 世纪后期银价下跌对进口物价的影响。在 1914—1918 年第一次世界大战期间，欧美物价、银价均猛烈上涨，而上涨幅度物价（英、美分别上涨 214% 和 203%）超过了银价（英、美分别上涨 189% 和 188%），以致中国进口物价上升。20 世纪 30 年代世界经济大危机时，国际市场物价和银价都在下落，而银价下落更猛，以致中国进口物价又上升[3]。笔者认为，有关近代中国汇率对贸易条件的影响，尚需搜集多方面的资料作更多的计算和分析，前一阶段的研究只是理出了这样一个思路：汇率对近代中国贸易条件的影响很大，需要分阶段作具体分析。

19 世纪 70 年代以后，在进口价格方面，由于西方工业品劳动生

---

[1]　Chi-ming Hou, *Foreign Investment and Economic Development in China*, 1973, pp.199 –203.

[2]　王良行：《上海贸易条件研究，1867—1931》，《近代史研究》，1996 年 3 期。

[3]　这里采用了刘琦斌 1988 年硕士论文《中国近代对外贸易比价初探》（未刊）中的一些观点，特此说明。

产率有了很大提高①，使生产成本降低，输入中国的西方工业品价格因而也出现了较大幅度的下降。另一方面，苏伊士运河的开通，电报的广泛使用等，使得外国工业品在中国市场的销售活动更加对路，加速了资金周转，节省了流通费用。所有这些，使西方工业品在中国市场上的价格连年下降，也使中国手工业失掉了价格主动权。在出口价格方面，19世纪70年代以前中国丝、茶等出口价格基本上是由国内市场价格决定的，其升降主要看产区年成丰歉。但是自70年代以后，由于印度、锡兰等国茶叶的竞争，中国茶叶在国际市场上的优势地位丧失；再加上海底电缆敷设后电讯便利等因素加强了外国资本操纵国际市场的地位，中国茶叶价格决定权转移到了伦敦。生丝的出口价格情况也与茶叶类似。因而从70年代起，中国传统出口商品茶叶、生丝的价格已经脱离国内市场（自然也脱离农民生产成本），而是受国际市场支配了，中国"自有之货，不能定价，转听命于外人"②。

中国进出口价格主动权的丧失，有助于外国工业品生产率提高的成果更多地为外国厂商所得；而中国出口品生产率提高的成果，通过物价下跌更多地也为外国消费者所得。这样就促使中国对外贸易条件长期恶化。可以说，近代中国对外贸易条件恶化的主要原因就在于发达国家的垄断资本从对华贸易中剥削了垄断超额利润，而中国进出口价格主动权的丧失及中国进出口商品结构则是外国垄断资本对中国进行不等价交换，从中国获取垄断利润的重要条件。

贸易条件恶化对中国近代经济发展有两方面最主要的影响。一方面，近代中国也存在着如西方经济学家纳克斯所说的"贫困恶性循环"③，对外贸易条件恶化更使中国相当大部分本来可以用于国内投资的社会剩余变成了帝国主义的资本国际积累，使旧中国的贫困恶性循环更加难以打破。

---

① 例如，英国棉纺织业的技术改革就使70年代初比60年代初的棉纱劳动生产率提高了60%，棉布劳动生产率提高了90%。见严中平：《中国棉纺织史稿》，科学出版社，1963年，第54页。
② 陈炽：《续富国策》（卷4），1897年。
③ 详见陈争平：《1895—1936年中国国际收支研究》，1996年，第148—161页。

另一方面，进出口贸易比价的变化，不仅促成了进出口贸易中的不等价交换，而且对中国国内市场的价格基础产生深远的影响。近代中国工业品的价格水准主要是在通商口岸决定的。它们经过批发、转运、零售等各个环节销往内地和农村，每个环节都要加上运销费用、商业利润、利息、捐税等，逐级加价。农产品及农产加工品的长途运销主要是由农村和内地流向通商口岸，但是它们的价格水准也是由通商口岸这一头决定的，为了扣除运销费用和商业利润、利息、捐税等，在各流通环节中按已定的价格逐级被压价，最终农民成为价格损失的主要承受者。进入长途运销的农产品和农产价格品虽然基本上是供国内消费，但其价格水准也由通商口岸这一头决定，并受国外价格的支配。以大米为例，上海市场上国米远远多于洋米，但洋米价格低于国米，因而国米价格受洋米支配。上海米价又影响安徽、江西、湖南等地的米价。在 30 年代上海小麦市场上，洋麦价格对上海麦价的支配作用比洋米对上海米价的作用更大。这是因为美国小麦过剩，对华倾销，已在上海市场具有垄断性。1930—1932 年间美国麦价下降多于 40%，虽然这时中国小麦歉收，按理麦价应涨，但上海麦价（汉口货）仍然随美麦下降多于 24%；1933—1936 年间，美国麦价上升了 48.6%，上海麦价也随之上升了 47%。其他如棉花、茶叶、生丝等情况也大致如此。①

工农业产品交换比价问题涉及工农业劳动生产率的差异等，也与市场结构与价格结构有关。在近代中国的商品流通中，工业品逐级加价，农产品逐级压价，势必对农业极为不利，使中国农业成为资本主义发展的牺牲品。30 年代的中国农业危机和农村破产，就是这种不等价交换结果的集中表现。可以说，对外贸易条件的恶化，扩大了中国国内市场上城乡之间、工农产品之间的不等价交换，加剧了中国农民的贫困化和农村经济的衰退。

---

① 详见许涤新、吴承明主编：《中国资本主义发展史》（第三卷），第 231—236 页。

附表 中国进出口贸易条件（1871—1936）

（1913 年取 100）

年份	A	B	C	D	E
1871	54.7	41.5	131.8	39.4	51.9
1872	56.4	40.1	140.6	43.3	60.9
1873	57.1	40.4	141.3	39.1	55.2
1874	53.4	33.5	159.4	40.1	62.7
1875	47.2	30.8	153.2	42.2	64.7
1876	54.2	29.5	183.7	42.8	78.6
1877	47.5	31.0	153.2	40.8	62.5
1878	46.9	31.1	150.8	41.4	62.4
1879	48.0	30.7	156.4	43.2	67.6
1880	47.9	33.4	143.4	47.2	67.7
1881	47.6	34.7	137.2	43.5	59.7
1882	42.6	32.7	130.3	45.9	59.8
1883	43.0	32.3	133.1	47.2	62.8
1884	38.6	32.3	119.5	50.6	60.5
1885	39.9	33.2	120.2	47.6	57.2
1886	41.3	37.8	109.3	54.2	59.2
1887	60.0	37.4	160.4	41.2	66.1
1888	60.3	37.8	159.5	43.6	69.5
1889	61.1	38.5	158.7	45.2	71.7
1890	58.9	35.2	167.3	42.0	70.3
1891	59.6	33.5	177.9	47.9	85.2
1892	58.5	34.5	169.6	49.8	84.5
1893	57.3	38.4	149.2	57.2	85.3
1894	59.4	54.2	109.6	60.1	65.9
1895	60.0	57.8	103.8	66.3	68.8
1896	64.7	58.8	110.0	56.4	62.0
1897	73.5	63.0	116.7	61.6	71.9
1898	69.4	63.3	109.6	63.4	69.5
1899	86.7	59.4	146.0	62.5	91.3
1900	80.1	65.9	121.5	54.9	66.7
1901	78.2	66.8	117.1	59.8	70.0
1902	90.1	74.4	121.1	65.1	78.8
1903	98.1	83.9	116.9	59.8	69.9
1904	92.7	87.2	106.3	64.0	68.1
1905	90.4	81.2	111.3	62.5	69.6

年份	A	B	C	D	E
1906	90.6	75.4	120.2	64.6	77.6
1907	97.6	82.3	118.6	67.1	79.6
1908	94.1	95.4	98.6	73.0	72.0
1909	90.5	95.1	95.2	92.9	88.4
1910	91.8	102.5	89.6	102.9	92.2
1911	91.5	102.2	89.5	102.1	91.4
1912	88.6	100.0	88.6	103.8	92.0
1913	100.0	100.0	100.0	100.0	100.0
1914	105.4	108.9	96.8	83.8	81.1
1915	107.8	113.0	95.4	96.5	92.1
1916	117.0	122.4	95.6	102.3	97.8
1917	106.2	131.0	81.1	108.3	87.8
1918	114.5	147.0	77.9	105.5	82.2
1919	112.0	150.2	74.6	140.0	104.4
1920	112.9	175.7	64.3	119.3	76.7
1921	117.6	167.4	70.3	126.9	89.2
1922	124.7	146.8	84.9	130.5	110.8
1923	136.3	148.7	91.7	137.3	125.9
1924	141.2	148.8	94.9	136.6	129.6
1925	145.9	151.0	96.6	132.9	128.4
1926	152.9	150.8	101.4	141.1	143.1
1927	148.9	161.7	92.1	154.1	141.9
1928	158.4	159.1	99.6	156.1	155.5
1929	169.8	158.1	107.4	149.2	160.2
1930	170.4	174.7	97.5	131.1	127.8
1931	166.3	192.9	86.2	136.5	117.7
1932	140.0	180.1	77.7	100.8	78.3
1933	121.4	173.2	70.1	124.7	87.4
1934	111.6	151.9	73.5	118.6	87.2
1935	112.4	138.1	81.4	126.7	103.1
1936	139.2	152.3	91.4	125.6	114.8

资料来源：A、B、D 引自 Chi-ming Hou, *Foreign Investment and Economic Development in China*, 1973, pp.231 –232, 分别为出口物价、进口物价、出口物量指数；C = A/B, 为净易货贸易条件；E = C ×D, 为收入贸易条件（出口购买力）。

1895—1930 年中国国际收支发展趋势及主要特征

　　国际收支是一国在一定时期内对外经济交易的总合。中日甲午战争后，中国被迫对外支付空前巨额的战争赔款，与此同时，外国对华直接投资和间接投资、对华贸易额等都成倍增长，国际收支内容的变化对中国经济产生了比以往更大的影响。可以说，国际收支史是近代中国经济史研究的一个重要领域，开展这方面的研究可以拓宽经济史研究的广度。中国近代货币金融史、对外贸易史、国民收入等的研究工作要深入下去，都绕不开对国际收支问题的探索；我国社会主义现代化建设需要扩大对外开放，加强对外经济交流，也需要加强关于国际收支的研究。一些研究当代世界政治经济的学者都认为"南北关系"是人类所面临的"最大的挑战"，他们中不少人正从历史根源上寻找原因。中国国际收支史的研究也可以为他们提供一些历史经验。所以，中国近代国际收支史的研究是一项具有重要意义的课题。

　　我们先分四个时期对 1895—1930 年中国国际收支发展进行历史的纵向比较，再结合世界资本国际积累发展的背景，与有关国家的国际收支发展状况进行横向比较，以求对甲午战争后半殖民地半封建经济结构已经完全形成条件下的中国国际收支的主要特征及发展趋势作一初步总结。

一、各个时期中国国际收支发展概况

1895—1930 年中国国际收支发展过程大致可分为：1895—1899 年甲午战争后至八国联军侵华之前；1900—1913 年八国联军侵华后至第一次世界大战爆发之前；第一次世界大战期间（包括大战刚停不久）；1920—1930 年战后至日本侵占东北之前。在这四个时期里，中国国际收支的发展各有其特点。

（一）甲午战争后至八国联军侵华之前

1894 年日本在英、美帝国主义的怂恿、支持下，对中国发动侵略战争，这次战争实质上是"帝国主义各国为了实现资本输出和分割中国而发动的战争"[①]，由于清朝政府极端腐败无能，中国战败，被迫于 1895 年与日本订立《马关条约》。这使中国社会半殖民地化程度进一步加深，对中国经济产生了多方面的影响。这一时期我国国际收支的具体状况可见表 1。

表 1　中国国际收支平衡估计表（1894—1930）

（单位：百万关两）

项目	1894 年		1895—1899 年年均		1903—1913 年年均		1914—1919 年年均		1920—1930 年年均	
	收	支	收	支	收	支	收	支	收	支
A1　贸易收支										
A1.1　进口		147.5		194.3		445.2		575.9		1 046.6
A1.2　出口	160.7		189.0		340.3		536.9		923.7	
贸易收支平衡	13.0			5.3		104.9		39.0		122.9
A2　劳务收支										
A2.1　外人在华开支	35.0		35.0		64.5		76.5		136.8	
A2.2　中国在外开支		4.0		4.0		4.6		4.6		6.8

[①] 凌耀伦等：《中国近代经济史》，重庆出版社，1988 年，第 213—215、227 页。又见吴承明：《中国资本主义与国内市场》，1985 年，第 17 页。

续表

项目	1894年 收	支	1895—1899年年均 收	支	1903—1913年年均 收	支	1914—1919年年均 收	支	1920—1930年年均 收	支
A2.3 运输及保险		6.8		6.8		8.4		10.0		10.8
A3 投资收益										
A3.1 偿还外债本息		2.7		13.8		37.2		37.1		33.8
A3.2 外企投资利润		8.1		20.8		49.5		86.5		177.0
A4 无偿转移										
A4.1 华侨汇款	50.0		55.0		75.4		53.5		134.7	
A4.2 战争赔款				45.5		23.3		15.0		10.5
A 经常项目合计	245.7	169.1	279.0	285.2	480.2	568.2	666.9	729.1	1 195.2	1 225.5
B 资本项目										
B1 政府外债收入	10.4		67.2		46.1		35.7		20.7	
B2 外人企业投资	1.5		30.8		28.2		15.0		48.2	
A.B 两项合计	257.6	169.1	377.0	285.2	554.5	568.2	717.6	729.1	1 264.1	1 225.5
C1 金净出入	12.8		7.8			0.9		5.1	6.1	
C2 银净出入		25.8		9.2		3.0	0.9			65.2
D 误差与忽略		75.5		90.4	17.6		15.7		20.5	
总计	270.4	270.4	384.8	384.8	572.1	572.1	734.2	734.2	1 290.7	1 290.7
	收	支	收	支	收	支	收	支	收	支

资料来源：陈争平：《1894—1930年中国国际收支平衡估计》。

　　表1说明，甲午战争刚结束不久，中国国际收支已有了明显的变化：首先是增加了为数甚巨的对外战争赔款。仅1895年一年支付给日本的战争赔款就相当于甲午前清政府全年岁出的90%多，相当于1895年中国全年进口值的一半；这一时期支付给日本的战争赔款相当于国外对华企业投资额的一倍半。可以认为，日本这一时期在华开设横滨正金银行分行等投资，就是由战争赔款的一部分转化而来的。①

————————

① 参见蓝以琼：《揭开帝国主义在旧中国投资的黑幕》，上海人民出版社，1962年，第24页。

为了支付战争赔款，清政府不得不举借巨额外债，1895 年借款额是 1894 年的 11 倍多，1895—1899 年年均借款额也比 1894 年高 5 倍多。这一时期外人企业投资也大大增加，其 1895—1899 年年均数是 1894 年的 20 多倍。仅 1896—1900 年五年间设立的资本 10 万元以上的外资工厂和矿场就有近 30 个，资本总额 2 426.4 万元，[①]比甲午前五十年间外商工业投资总额 1 972.4 万元，[②]高出了 23%。由于外国投资的增加，外人投资收益也比以前有明显增长，外债还本付息额 1895—1899 年年均值是 1894 年的 5 倍多，外国企业投资利润汇出数也成倍增加。

这一时期对外贸易增长迅速，进口增长速度比出口更快，其主要原因之一是外国资本对华输出促进了外国商品的对华输出，由于进口增长更快，因此贸易平衡从这一时期开始由甲午前的顺差转为逆差。由于对外赔款的支付、投资收益的增长及贸易逆差的出现，经常项目合计也由甲午前的顺差转为逆差。

可以说，甲午战争后不久，中国国际收支一些主要项目都发生了较大的变化，中国不但进一步成为帝国主义商品侵略的对象，而且也成为帝国主义剩余资本投放场所，帝国主义对中国的暴力掠夺也更加强了。

本期国际收支平衡估计表中"支出"方面有较大的"误差与忽略"，笔者估计这与甲午战争后外国纸币流入及外国银行在中国非法发行大量纸币有关。本来随着外国投资增加，应有更多白银或黄金净流入，结果被外国纸币取而代之。例如，俄国为了支付建筑中东铁路的费用，极力扩大卢布纸币在东北的流通；又，俄国对中国东北贸易的入超，"并不是用黄金或白银来清算，而是用卢布纸币来支付"[③]。

（二）八国联军侵华到第一次世界大战爆发

甲午战争后帝国主义各国在中国扩大侵略和掠夺，在中国疯狂瓜分"势力范围"。这种划分"势力范围"的活动，实际正如列宁所

[①] 汪敬虞：《中国近代工业史资料》（第二辑上），中华书局，1957 年，第 2 页。
[②] 孙毓棠：《中国近代工业史资料》（第一辑上），中华书局，1957 年，第 247 页。
[③] 《中华民国货币史资料》（一），上海人民出版社，1986 年，第 933、931 页。

说，是"开始瓜分中国了"。帝国主义者曾狂妄叫嚣："中国已经气息奄奄，再过几年来看，它就不复存在了。"①中国面临空前的民族危机，这激起震撼中外的义和团反帝斗争。为了保住列强侵略权益，英、美、法、德、俄、日、意、奥八个帝国主义国家组成联军，于1900年5月侵略中国残酷镇压了义和团运动。义和团的反抗，使帝国主义分子认识到，"无论欧美、日本各国，皆无此脑力与兵力，可以统治此天下生灵四分之一"，"故瓜分一事，实为下策"，"仍须以华人治华地"。②他们极力驯服清政府，使之成为帝国主义统治中国的工具；卖国的清王朝也"量中华之物力，结与国之欢心"，与列强签订了《辛丑条约》。这一不平等条约规定，列强派兵驻守从北京到天津及山海关沿线12个战略要地，并可在北京使馆区留守军队，外国在华驻军比战前大大增加，形成了对清朝廷的武装监视。《辛丑条约》还规定中国向列强各国赔款4.5亿两白银，加上利息共计9.82亿两银，这是帝国主义对中国空前大规模的勒索。对中国国际收支也产生了很大的影响。此后直至1914年第一次帝国主义世界大战爆发，中国的国际收支状况可见表1。

由于前期及本期所借外债数额的增加，本期外债还本付息负担日益加重，1913年偿还外债本息数额是1894年的29.3倍，是1895—1899年的5.7倍。役期年均偿还外债本息额也达3720万两，是前期年均值的2.7倍，并占中国政府每年财政支出20%以上，有的年份，几乎占整个财政支出的半数。这一时期各年摊付的赔款额达2000多万两，赔款再加上还债款，成为中国政府沉重的财政负担。本期外债笔数很多，但除了后来的"善后大借款"等以外，数额尚不如前期大，因而1903—1913年年均借债额低于上期年均数。本期外人对华企业投资总额仍然继续增长，不过年均新增投资量比上期有所降低。

这一时期进出口贸易继续增长。如果以1894年为100，则出口方面1895—1899年年均为117.6，1903—1913年年均已达到211.8，1913年达274.5；进口方面，1895—1899年年均为131.7，1903—

① 凌耀伦等：《中国近代经济史》，1988年，第213—215、227页；又见吴承明：《中国资本主义与国内市场》，1985年，第17页。
② 转引自中国近代史丛书，《义和团运动》，上海人民出版社，1972年，第84页。

1913 年年均达 301.8，1913 年则为 399.3，这就是说在不到 20 年，进口贸易增长近 3 倍。由于进口增长更为迅速，本期贸易逆差继续扩大，1903—1913 年年均贸易逆差值已是 1895—1899 年年均值的 19.8 倍。

本期华侨汇款比上期增加不少，年约在 7 000 万关两以上，成为我国弥补国际收支逆差的重要项目。

由于外国在华驻军大大增加，他们的驻军费等开支由过去的国际收支"小项目"成为不可忽视的大项目。1903—1913 年年均国际收支项中，"外人在华开支"已成为仅次于出口贸易和华侨汇款的第三大收入来源，反映了中国遭受外来军事、文化等侵略程度的加深。

由于贸易逆差迅速增加，本期经常项目逆差也随之增加，年均逆差额由上期的 620 万关两增至本期的 6 770 万关两，增加了 6 000 万关两还多。

总之，这一时期国际收支的变化，反映了中国更进一步地被卷入资本主义世界经济体系之中，中国经济的半殖民地性进一步加深。

（三）第一次世界大战期间

帝国主义时期资本主义国家之间经济发展的不平衡性加剧，资本主义列强之间的经济实力对比发生了急剧变化，使得帝国主义国家之间重新分割世界的斗争日益尖锐起来，终于导致了 1914—1918 年第一次世界大战。这次大战对中国的国际收支也产生了重要的影响。由于战后不久这种影响仍然起一定作用，我们把 1919 年也并入这一时期一起讨论。

大战期间欧洲列强暂时放松了对华资本输出，只有英国凭借过去实力，仍然在华增加投资，不过其势头比过去大为减弱；日本与美国特别是日本乘机加紧了对华资本输出，其中仅 1917、1918 年两年进行的"西原借款"，其总额就达 14 500 万日元。[1]所以这一时期外人对华间接投资与直接投资额虽有所减少，但仍保持一定规模。

这一时期贸易逆差虽然还有，但其数额比前期大大降低。随着大战的进行，洋货进口值先大幅度降低，后来略有增长；而欧洲战争对

---

① 杜恂诚：《日本在旧中国的投资》，上海社会科学院出版社，1986 年，第 428 页。

中国棉花、皮毛等原料需求增加，中国土货出口比战前有了较大幅度的增长，1914—1919 年年均值比上期年均增长了 57.8%。

因中国参战而停付或缓付部分庚子赔款，这一时期年均支付战争赔款额比上期降低。

尽管如此，由于战争影响，银价上涨，华侨汇款额年均比上期降低约 2200 多万两；加上由于外人企业投资累积影响，年均汇出外企投资利润比上期大大增加；这样，尽管贸易逆差比上期大幅度降低，但是经常项目逆差并没有降低多少。

总的来说，这一时期西方帝国主义列强因忙于相互争斗，对华经济侵略有所放松。

（四）战后至日军侵占东北之前

大战结束后，西方列强卷土重来，日、美也力图扩大其在华势力，这样，无论是资本主义列强对华商品输出，还是资本输出，都达到前所未有的高峰。而 1931 年日军发动九一八事变，占据了我国东北。又值资本主义世界爆发历史上最深刻、最持久的经济危机。此后中国国际收支又有新的变化。表 1 显示了 1920—1930 年我国国际收支发展的主要特点：

（1）进出口贸易大幅度增长，本期年均进口值比上期增长了 4.7 亿多关两，年均出口值比上期增长了 3.8 亿多关两，年均贸易逆差又增至 1.2 亿关两以上，而 1930 年这年贸易逆差则高达 2 亿多关两。

（2）外人在华开支合计也上了一个新台阶，高达 1 亿多关两。如前所述，主要是外国在华驻军费等增加较多。

（3）外人在华企业利润汇出量本期也大大增加，年均约有 1.17 亿关两。

（4）随着战后各国经济的恢复和发展及银价下跌，华侨汇款也逐年增加，1920—1930 年年均达 1.34 亿关两，1930 年高达 2 亿多关两，成为弥补我国国际收支逆差的一主要来源。

（5）由于外人在华开支、华侨汇款等项收入数额增加，所以虽然贸易逆差年均值高达 1.2 亿关两，但是经常项目逆差年均值比上期减少了一半。

（6）本期在北洋政府统治时期借外债额一度较高，后来因借债信用下降等原因，借款额有所降低；因此本期年均外债收入比前三期下降。

（7）本期外人企业投资达到一个新高潮，特别是 1930 年，新增企业投资高达 1.3 亿关两，反映了外国资本在华势力的扩张。

二、从资本国际积累的发展看中国国际收支

从贸易、投资等比重可以看出，近代中国国际收支的主要对象国，已不再是昔日的封建领邦，而是掌握着先进生产力、在全世界范围内不断扩张的资本主义国家。近代中国国际收支史，很大程度上是一部外国资本对华经济剥削和掠夺，在华进行资本国际积累的历史。由于世界资本主义本身的发展，资本国际积累方式也在发展，这制约着中国近代国际收支的特点和发展趋势。本节试从更长期的世界资本国际积累的发展中，考察中国国际收支。

（一）资本国际积累发展阶段

有人曾经将资本国际积累发展历史分为以下阶段[1]：

第一阶段从 16 世纪地理大发现到 17 世纪后期英国资产阶级革命，为资本原始积累，进而资本原始国际积累大发展时期。第二阶段从 17 世纪后期至 18 世纪后期工业革命，资本的原始国际积累与资本"通过自己生产过程"的正常国际积累此消彼长时期。第三阶段从 18 世纪后期至 1873 年大危机，以商品输出为主要内容的资本正常国际积累占主导地位时期。第四阶段从 19 世纪 70 年代初至第二次世界大战后，以间接投资为主要内容的资本正常国际积累占主导地位的时期。第五阶段，第二次世界大战后，特别是 60 年代后跨国公司、跨国银行的发展，以直接投资为主体的资本正常国际积累全面展开时期。

---

① 曹远征：《世界经济体系中的发达与不发达关系》，浙江人民出版社，1988 年，第 42、43、177 页。

上述分期大致反映了世界范围内资本国际积累方式发展的历程。对于各阶段起止时间是否恰当，本文不打算评论，只是认为应将第四阶段即从19世纪70年代初至第二次世界大战后这七十多年，再以19世纪末为界分为前、后两期，因为这前、后两期有明显不同的特点。

前期的主要特点是：1873年世界经济危机过后的长期萧条使资本主义企业之间竞争加剧，促进了生产和资本的集中，引起了垄断组织的广泛发展；英法等老牌资本主义发达国家由于国内竞争加剧，"国外能够按更高的利润率来使用"①，向国外输出大量资本。但这时资本输出对象是以欧美为主（约占英法国外总投资60%多②）；资本主义列强向亚、非、拉美、澳洲大肆进行殖民地领土扩张，至19世纪末时"世界是第一次被分割完了"。

后期主要特点是：世界资本主义已过渡到了帝国主义阶段，"资本输出有了特别重要的意义"，德、俄、美、日等新兴资本主义国家先后加入资本输出的竞争，最大的资本输出国英国的国外投资逐步转向以殖民地为主，其他列强投资方向也出现类似情况③；帝国主义列强之间为争夺市场，为重新分割世界而进行的斗争激化，"最后只有凭借军事技术来解决"④，演变成两次世界大战。

（二）1895年以后在华资本国际积累的发展及其对中国国际收支的影响

1895年时，资本国际积累正处于上述第四阶段前、后期交替之际。西方列强在对世界各地殖民地大争夺后，中国成为他们心目中"最后一个新市场"。这时西方大量相对的"过剩资本"要寻找有利可图的投资场所，像中国这样资源丰富、劳动力廉价的地方成为西方资本的中心目标。在此之前，中国的贸易虽然有了增长，但是西方商人仍然不满意，因此他们把投资和贸易相联系，认为对华贸易

---

① 《资本论》（第三卷），第285、373页。
② 宫崎犀一等：《近代国际经济要览》，中国财政经济出版社，1990年，第57—62、159、212页。
③ 尼·布哈林：《世界经济与帝国主义》，中国社会科学出版社，1983年，第64页。
④ 《近代国际经济要览》，第57—62、159、212页。

的"真正障碍"在于缺乏铁路①，急于在华进行铁路投资。另外这一时期世界银价不断下跌，也促使外国资本扩大对华投资，这样不仅可以保住其在华既得银币利润，又可获得投资利益。总之，到甲午之战时，对华资本输出，已成了外国资本国际积累急切的需要。

暴力再次为资本开道。甲午战争、八国联军侵华战争，使清政府对列强的态度由"屈从"进一步堕落为"被制服"，帝国主义获得了在中国投资设厂、开矿、筑路等更大的侵略权益，对华投资额迅速增加，在中国勒索战争赔款也部分转化为他们的在华资本。资本输出又成为鼓励商品输出的手段，例如，他们对铁路的投资，引起铁路器材、矿山设备、机器、部分原材料及燃料等进口增长；铁路的修筑，扩大了内地市场，促进了进出口贸易。笔者曾经计算出 20 世纪初期中国铁路建成里程累计数与进、出口量的复相关系数分别为 0.7868 和 0.9252，说明铁路与进出口关系很密切。②

总之，这一阶段外国在华资本国际积累的特点是：以资本输出为主要内容的资本正常国际积累迅速增加，占据主导地位；其中直接投资占很大比重，而且比重越来越大，直接投资占外国在华投资总额比重 1902 年为 65%，1914 年为 66.3%，1930 年达 72.9%；资本输出带动了商品输出，洋货年进口值从 1894 年的 1.48 亿关两，增长了 8 倍多，年均增长率为 6.3%，1870—1894 年年均增长率为 2.9%；资本原始积累仍占很大比重，其形式主要为勒索赔款、贩卖毒品、霸占土地、走私逃税等。

资本国际积累的发展，决定了中国国际收支中"贸易收支"、"投资收益"、"战争赔款"、"政府外债收入"、"外人企业投资"等项目的数值变化，也间接影响了"劳务收支"、"金银流动"等项目。中国国际收支中有关项目内容，也部分反映了外国在华资本国际积累的发展程度。我们从对近代中国国际收支的考察中，对 1895—1930 年外国资本在华暴力掠夺和投资剥削的情况，大致有了如下数量概念：

（1）36 年来共付出战争赔款（对日赔款、庚子赔款、西藏赔

---

① 密汝成：《帝国主义与中国铁路，1847—1949》，上海人民出版社，1980 年，第 663 页。
② 陈争平：《天津口岸贸易与华北市场》，《中国社会科学院经济史集刊》，第十一辑。

款、革命损失赔款）6.87 亿关两，至 1930 年时尚欠各国 3.84 亿关两；

（2）36 年来实收外债 13.63 亿关两，还本付息 11.69 亿关两，至 1930 年时尚结欠各国近 20 亿关两。[1]

（3）36 年来国外对华企业投资约值 11.9 亿关两，按雷麦的估计（这个估计肯定偏低[2]），企业利润汇出约 24.8 亿关两，至 1930 年时外国在华企业尚有 27.8 亿关两，其中有华商附股，加上房地产共 37.38 亿关两。

上述三项合计，1895—1930 年外国对华投资不到 25 亿关两，却从中国获取了 43.36 亿关两收益，中国还结欠各国 23.8 亿关两债务，各国在华还握有 37 亿多关两的企业财产、房地产等。[3]上述数据，再次证实了这样一个结论：帝国主义对旧中国的投资，不只是一种资本输入制度，同时是一种资本掠取制度，具有双重的超经济剥削性质。[4]帝国主义在华进行资本国际活动，至 1930 年时，除在中国占有大量债权、产权以外，还导致中国净流出资金约 18.4 亿关两，这还不包括外国资本在进出口贸易中对中国的剥削。这使中国在累计 28.9 亿关两的贸易逆差以外，又增加了另一大笔逆差，[5]从而使中国国际收支状况进一步恶化。

1895—1930 年累计 47.3 亿关两左右的巨额逆差是如何弥补的？按海关统计，这些年累计中国黄金净流出约值不到 8 000 万关两，而白银却净流入约 7.7 亿关两。显然，仅从黄金的流动不能解释当时中国国际收支逆差的弥补问题。弥补巨额逆差的最大收入来源是华侨汇款。按雷麦估计，1902—1930 年约 29 年中华侨汇款总计约 34.66 亿关两，如果加上他以前对 1902 年之前 7 年的汇款估计，则 36 年来华侨汇款总数应在 38 亿关两以上。不过，雷麦根据 1931 年前几年银价

① 详见陈争平：《1894—1903 年中国国际收支平衡估计》。
②④ 吴承明：《帝国主义在旧中国的投资》，人民出版社，1955 年，第 91、90 页。
③ 因本文将战争赔款分开另算，而且 30 年代中国资金支出与流入之比更大，所以和吴先生数据有所不同。
⑤ 雷麦也得出这样的结论：中国的资金只有纯流出。见《外人在华投资》，商务印书馆，1959 年，第 126 页。

暴跌、侨汇踊跃时的材料推断二三十年的侨汇，可能偏高。本文采用郑林宽的数据，再据此推算 1905 年前的情况，估计 36 年来华侨汇款总数在 30 亿—32 亿关两。海外华侨给国内亲人的汇款，聚沙成塔，涓滴成流，抵消了旧中国巨额国际收支逆差的一大半。这也反映了旧中国国际收支状况的脆弱性，不稳定性，每当国外经济危机，一些国家驱逐华侨，歧视华侨，侨汇减少时，中国国际收支状况就更捉襟见肘了。

巨额逆差的另外一小半是由"外人在华开支"弥补的。"外人在华开支"冲销掉"中国在外开支"及中国支出的"运输与保险"这两项后的余额，36 年来共计约 25 亿。大致与剩下的 17.3 亿逆差及约 7 亿金银超额相抵消。"外人在华开支"中最大项是外国驻华海陆军费用，这可视为外国资本原始国际积累所耗费的部分成本。"外人在华开支"中还包括外国教会在华传教费用等。国际收支逆差依靠这些"带有浓厚殖民地性质的收入"来弥补，也说明了旧中国国际收支平衡是畸形的、半殖民地性的。

英国在这一阶段也存在巨额贸易逆差（1900 年约 1.6 亿英镑，1929 年约 2.6 亿英镑[①]），但是它的国外投资收益（1900 年约 1.3 亿英镑，1929 年约 2.4 亿英镑[②]）加上海运收入足以抵消逆差而有余。与此相对照的是，中国却要支出日益增多的外国投资收益和运输费等给英国这样的国家，加重了国际收支逆差程度。另一方面，"外国驻华海陆军费用"成为旧中国弥补逆差的一项收入来源，而英国为了维持庞大的殖民帝国，必须承担巨额海外军政支出，"海军……是耗掉黄金和外汇的一个巨大漏洞"[③]。贸易逆差弥补状况的对比，反映了老牌帝国主义国家英国与落后的半殖民地中国的巨大差异。

总之，从国际收支逆差的补偿问题上，也反映了在帝国主义资本国际积累的影响下，旧中国国际收支平衡的脆弱性、半殖民地性。

---

① 《苏联和主要资本主义国家经济历史统计集》，人民出版社，第 869、897 页。
② 宫崎犀一等：《近代国际经济要览》，1990 年，第 212 页。
③ 罗志如等：《二十世纪的英国经济》，人民出版社，1982 年，第 130 页。

三、若干定量分析

（一）增长速度

在国际收支分析中较常用的三对总量是：Ms 商品加劳务总收入（表1 的 $A1.2 + A2.1$）；Mz 商品加劳务支出（$A1.1 + A2.2 + A2.3$）；As 经常项目总收入；Az 经常项目总支出；Js 经常项目与资本项目总收入；Jz 经常项目与资本项目总支出（等于 Az）。我们先考察1894—1930年我国国际收支中三对总量增长情况，见表2：

表2　国际收支总量增长

（单位：百万关两）

年	Ms	Mz	As	$Az = Jz$	Js
1894	195.7	158.3	245.7	169.1	257.6
1920	726.8	793.1	805.7	898.7	877.2
1930	1 278.5	1 363.2	1 481.5	1 560.0	1 616.2
1894—1920 年均增长率（%）	5.18	6.39	4.67	6.64	4.83
1920—1930 年均增长率（%）	5.81	5.57	6.28	5.67	6.30

注：根据表1有关数据计算。

将上表中各类年均增长率与本章附录中"国内生产总值"（GDP）年均增长率（1894—1920年为3.55%，1920—1930年为5.62%）相比，可以说这一时期中国国际收支的增长是比较快的。

日本一度也沦为半殖民地，后来成为新兴的帝国主义国家，它在中国进行经济侵略和掠夺的势头之猛，如前所述超过其他列强。我们选择日本这一时期国际收支作为比较。

表3　1894—1920年国际收支各项比重

（单位：%）

	Ms	Mz	As	Az	Js	Jz	注释
中国	5.2	6.4	4.7	6.6	4.8	6.6	见表2
日本1	12.8	12.6	12.9	12.7	13.1	13.1	据山泽逸平等《贸易上国际收支》1979年东京版有关数据计算。
日本2	15.2	15.0	15.4	15.1	15.5	15.5	加上汇率因素

从上述两表的比较中，可以看出：中国在 1894—1930 年国际收支有关总量虽然成倍增长，但是还远远落在日本之后。这也反映出一个主动的、较为先进的资本主义国家对外经济关系的发展，与落后的被动依附的半殖民地中国之间的差距。

（二）结构分析

结构可分为两个层次：第一层次，各要素（国际收支平衡中各项目）占总量的比重；第二层次，各要素内部结构。

1. 第一层次

我们按国际上较常用的方法，选择"基本收支"（即 J_s、J_z）这对总量。1894—1930 年我国贸易、劳务、投资等各项数值占"基本收支"比重列集表4。

表4 国际收支各项比重

（单位：%）

项目	1894 年		1895—1899 年年均		1903—1913 年年均		1914—1919 年年均		1920—1930 年年均	
	收	支	收	支	收	支	收	支	收	支
A1.1 进口		87.2		68.1		78.4		78.9		85.4
A1.2 出口	62.4		50.1		61.4		74.8		73.0	
A2.1 外人在华开支	13.6		9.3		11.6		10.7		10.8	
A2.2 中国在外开支		2.4		1.4		0.8		0.7		0.6
A2.3 运输及保险		4.0		2.4		1.5		1.4		0.9
A3.1 偿还外债本息		1.6		4.8		6.5		5.1		2.8
A3.2 外企投资利润		4.8		7.3		8.7		11.9		9.5
A4.1 华侨汇款	19.4		14.6		13.6		7.5		10.7	
A4.2 战争汇款	—		16.0		4.1		2.1		0.9	
B1 政府外债收入	4.0		17.8		8.3		5.0		1.6	
B2 外人企业投资	0.6		8.2		5.1		2.1		7.0	
A, B 两项合计	100.0	100.0	100.0	100.0	100.0	100.0	100.0	100.0	100.0	100.0

从表 4 中可以看出：

（1）进出口贸易占国际收支比重极大。除 1895 — 1899 年因对外赔款、借款，外国对华直接投资等猛增，从而使贸易比重相对减少（即使这样，进出口平均也在 60% 左右）以外，其余年份进出口平均都占 70% 以上，第一次世界大战爆发后，这一比重都在 75% 以上。

（2）外人投资收益，1894 年只占支出的 6.4%，1895 年后很快上升到 10% 以上，其中外国企业投资利润比重一度持续增长，1920 年后因洋货进口增加更快，企业投资利润占支出比重有所下降（其绝对值仍在增长），但仍在 8% 以上，居基本支出各项中第二位。而日本在"投资收益"项中过去也是净支出，至 1920 年时已很快转为净收入 5 500 多万日元。

（3）华侨汇款，除了第一次世界大战期间及战后不久有所下降以外，长期在 10% 以上，常居基本收入中的第二位。如果与其他国家相比，这一点更为突出。①

（4）外人在华支出，也常占基本收入第二、三位，这一点与其他国家相比很突出。如前所述主要是由于外国驻华海陆军费支出较高，这正反映了近代中国社会的半殖民地性质。

（5）我国这一时期在"运输和保险"项目上一直是纯支出。而日本由于这一段时期海运业迅速发展，运输和保险业收入大增，至 1920 年时已占基本收入的 15%，居收入第二位。

（6）我国对外支付的战争赔款这一时期也占基本支出的相当比重，这也反映了帝国主义对半殖民地中国的超经济掠夺。

（7）总起来说，这一时期我国国际收支存在着结构刚性，和日本相比，尤其明显。除了"政府外债收入"变动较多以外，其余项目占总量比重变化不大；而从净流向来看，则一直未变。（日本在"投资收益"、"长期资本"等项中净流向改变）这种结构刚性的存在，反映了旧中国国际收支状况长期停留在落后状态。

----

① 日本此项收入一直低于 5%，俄国及其他大国更低。见表 4 及梁士琴科：《苏联国民经济史》，人民出版社，1954 年，第 518 — 519 页；《近代国际经济要览》，有关国际收支部分。

2. 第二层次

（1）商品贸易，1893—1930 年进口商品中生产资料比重由 8.4%
增加到 26.9%，反映了这一时期国内工业的发展，而这又是与外国
资本输入互相关联的。而消费资料仍占 73.1%（其中直接消费资料占
55.8%），说明进口以消费资料为主体的格局仍未改变。出口商品以农
产品原料及手工制品、半制品为主的基本格局也未变，只是其中农产
原料比重上升幅度较大，手工产品比重下降。这一阶段后期，随着国
内工业（包括外资工厂）发展，机制品出口比重有所增加。

为了进一步研究进出口商品结构变化，我们引进一个统计指
标——MP，即部门间分工参与度。$MP = q_i P_i + q_e M_e$

其中，P_i 为初级产品在进口总额中的份额；

M_e 为制成品在出口总额中的份额；

q_i 为进口在贸易总额中的比重；

q_e 为出口在贸易总额中的比重（$q_i + q_e = 1$）。

如果一国进口的完全是初级产品（$P_i = 1$）；出口的完全是成
品（$M_e = 1$），则 $MP = 1$，表明该国完全参与了国际原部门间分工，
即部门分工参与度为最大。

反之，如果一国进口的完全是制成品（$P_i = 0$），而出口的完全
是初级产品（$M_e = 0$），则 $MP = 0$，表明该国主要是以自然资源换取
所需的制成品，这是经济不发达的特征，是自然经济的延伸，算不上
自觉地参与国际分工，因而部门分工的参与度为最低。

在这两个极端之间，MP 越大，表明一国通过参与部门间分工与
世界经济相关联的程度越高；反之，MP 越小，则表明该国经济较不
发达。[①]

根据严中平等上引书有关数据计算，得出我国 MP，1894 年为
0.354，1920 年为 0.27，1930 年为 0.262，MP 值比较低，而且越来越
低。这说明在帝国主义经济侵略下，半殖民地的中国越来越成为帝国
主义推销制成品的榨取原料的场所。从进出口商品结构分析看来，旧

[①] 罗龙：《当代经济发展中的开放度问题》，中国对外经济贸易出版社，1990 年，第
31—32 页。

中国近代经济发展所受外来压迫越来越大。

（2）投资。如前所述，外人投资中约 2/3 是直接投资。（雷麦估计有·80%，认为这"也许是世界上最高的比率"。[①]）外人在华企业投资主要是商业性资本，贸易、金融、运输三类合计占外人企业财产总数比重，1984 年为 82%，1914 年 57.6%，1930 年 64.7%。这三类企业都是最具有流动性和投机性的，"还带有海盗掠夺的本质"，企业资产容易被移出国。[②]

外国对华间接投资以财政借款为主（包括支付赔款、军械军饷等借款）1894—1911 年占借款总额的 69.8%，1911—1927 年这一比重增为 74.9%；其次为铁路借款，占借款总额比重，1894—1911 年为 27.5%，1911—1927 年为 17.34%；至于工矿借款，所占比重极小，1894—1911 年只占借款总额的 2.1%，1911—1927 年稍微上升，占 2.85%。[③]众所周知，帝国主义对华贷放军事财政借款的目的，"在于掌握中国的政治，支配中国的财政"，在于扶植帝国主义在华代理人。铁路借款也不是"单纯的经济性质"，而是"帝国主义分割中国的标记"。[④]所以说，帝国主义国家这一时期的对华间接投资也带有浓厚的原始积累色彩。

（3）劳务。劳务收支结构中最显著的特点就是前面已说过的"外国驻华海陆军费"比重特别大。这一项一直占劳务收入第一位，1928 年时曾高达 62%。

总之，对国际收支各要素内部结构的分析，可以帮助我们了解在帝国主义资本国际积累影响下旧中国国际收支的半殖民地性质。

---

① 雷麦：《外人在华投资》，1959 年，第 58 页。

② 详见蓝以琼：《揭开帝国主义在旧中国投资的黑幕》，1962 年，第 162—167 页。

③ 徐义生：《中国近代外债史统计资料》，中华书局，1962 年，第 90、242 页。

④ 吴承明：《帝国主义在旧中国的投资》，第 76 页。

1895—1936年中国国际收支与近代化中的资金供给

　　1895—1936年是中国资本主义近代化发展的重要时期。与以往相比，这一时期中国政府的有关工商政策，以及社会观念等都发生了有利于近代化的转变，然而中国近代化的步履却十分艰难，许多史实表明：资本形成问题（或资金供给问题）成为制约中国经济近代化发展的"瓶颈"。1895年以后中国的半殖民地化程度也显著加深。这一时期处于"被动附庸型开放"状态下的中国国际收支对近代化的资金供给究竟起了何种作用，是本文所要讨论的问题。

一、资金短缺对中国近代化的阻碍

　　反映中国近代化过程中资金短缺的史实很多，我们先看看旧中国资金市场状况。由于社会资本严重不足，导致中国资金市场求大于供。银行放款利率居高不下。据日本人调查，1910年名义上应该是现代信用机构的中国金融组织在各大城市的放款利率，如表1。

　　表1所列各城市银行放款利率一般在10%左右，最高达20%。这时工厂融通资金的主要来源是钱庄。辛亥革命以前上海钱庄放款年利率在7.2%—12%。银根紧张时甚至在20%左右。上海以外的各埠钱庄放款利息"多数比上海为高"。而同时期西方资本主义国家的利率，"最

高也不超过 5% "。两相比照，中国利息水平的高利贷性很明显①。

表1　1910年各城市银行放款年利率

（单位：%）

城市	利率	城市	利率	城市	利率
上海	7.2—9.6	南昌	11.0	北京	6.6—12.0
镇江	8.4—9.6	汉口	9.6	天津	8.4
南京	12.0	长沙	9.6—11.0	营口	9.6
芜湖	12.0	长沙	12.0—18.0	宁波	6.0—8.4
九江	9.6—18.0	重庆	10.0—12.0	福州	8.0—20.0

资料来源：严中平：《中国棉纺织史稿》，1963年，第144页。

约在1920年，我国一些城市放款利率又有所上升。据北洋政府财政部档案材料看，当时京、津一带资金短绌，"所有各项利率均较前增高"。以"救济农工"相标榜的农工银行，1917年以来放款年利率最高为18%，而到1921年时这一上限已升至21.6%。②

资金市场利率高，还有一个直接原因，即公债的发放。北洋军阀为了进行内战，滥发公债。后来的国民党政府由于连年发动消灭异己的军阀战争和反共战争，军费开支浩繁，财政更是依靠发行公债。据统计，1912—1931年财政部共发行了内债16亿元以上③。这些内债利息高，实际向银行抵押时又按票面五六折发行，"于是公债遂成为社会流动资金的主要投资对象。公债投资利息恒在1分5厘以上"④。这样许多资金被吸引到公债投机上去。这些公债主要用于内战，很少用于工矿业的开发；公债投机使利率抬高，使高利贷更为盛行。

高利贷一方面侵蚀原有的产业资本，另一方面又吸引社会资金流向流通领域，而使生产领域资本形成更加不足。这样形成一个"低资本形成→低收入→低储蓄能力→高利贷→低资本形成"的恶性循环。

再从资金的需求者生产企业角度来看：甲午战争后近代工业中发展最快的是棉纺织业，其中纺纱业的发展又超过织布业，其原因之一

① 参见严中平：《中国棉纺织史稿》，1963年，第144，146—147页；吴承明等：《中国资本主义发展史》（第二卷），1991年，第711页。
② 《中华民国史档案资料汇编》（第三辑），第420—424页。
③ 严中平：《中国棉纺织史稿》，1963年，第179页。
④ 严中平：《中国棉纺织史稿》，1963年，第203页。

是创办纺纱厂"资本可以稍轻"，其规模可以"随其资本之大小而设立"①，对于资力微薄的实业家来说，选取纺纱厂作为投资对象，就不难理解其苦衷。但是即使如此，他们在集资办厂的过程中仍遇到很大困难。清末状元张謇在创办大生纱厂时虽然能得到刘坤一等地方官员的支持，具有比其他实业家有利的条件，但他在集资过程中仍然屡遭挫折，自称"仰天俯地，一筹莫展"，曾被迫借月息高达 1.2 分的高利贷以渡难关②。后来因为大生纱厂能较好地利用地利，与当地农村植棉业和手织土布业有机结合，才得以发展。

因集资困难，为了招徕社会资金，维持工业投资，像大生这样的纱厂，乃至其他的民族近代企业中，普遍实行"官利"制度，即不论企业盈亏，股东定期必分官利，其数额一般在 8% 以上。张謇曾认为当时中国如无官利制度，则"资本家一齐猬缩矣，中国宁有实业可言?"官利的水准，受当地高利贷利率所左右③。

不仅企业自有资本中含有"官利"这样高利贷性质的成分，企业在营运过程中往往还要靠借款来维持。这些借款"利息高昂，且有不少苛刻的附带条件"。中国近代企业因借债而承受的利息负担很沉重。大生纱厂是第一次世界大战前"华资纱厂中唯一成功的厂"，它的高额利息支出情况，充分反映在表 2 中。

表 2　大生一厂债息支出

年份	债息支出（万两）	债息占总支出（%）	债息占结余（%）	年份	债息支出（万两）	债息占总支（%）	债息占结余（%）
1901	1.9	7.38	17.98	1912	9.7	18.32	37.20
1902	3.3	12.24	18.15	1913	10.0	17.94	33.07
1903	6.9	18.12	26.18	1914	12.2	19.65	43.27
1904	8.2	16.04	36.50	1915	17.4	22.84	403.84
1905	8.2	15.61	16.94	1916	19.8	22.19	—
1906	15.2	23.52	38.10	1917	26.3	21.34	39.74
1907	12.4	22.11	221.71	1918	34.9	26.10	69.74

---

① 张国辉：《中国棉纺织业 1895—1927 年的发展和不发展》，《中国社科院经济所集刊》（第十辑）。

② 详见《大生系统企业史》，江苏古籍出版社，1990 年，第 10—23、150、222—227 页。

③ 详见汪敬虞：《中国近代工业史资料》（第二辑下），1957 年，第 1011—1015 页。

续表

年份	债息支出 （万两）	债息占总 支出（%）	债息占结余 （%）	年份	债息支出 （万两）	债息占总支 （%）	债息占结余 （%）
1908	10.5	19.92	66.41	1919	39.9	23.97	15.86
1909	10.7	18.19	51.60	1920	44.6	26.38	23.45
1910	10.8	19.53	166.20	1921	58.5	29.07	84.42
1911	10.2	19.05	74.77	1922	100.3	43.82	—

资料来源：《大生系统企业史》，1990 年，第 150—151 页。

从表 2 可以看出，大生一厂负债日重，至 1922 年债息支出已逾 100 万两，占总支出的 43.82%，不久就因无力还债而被金融资本接管[1]。利息负担重，也影响了华商纱厂产品的竞争力，据 30 年代调查，每包 20 支纱的生产成本中，华商纱厂"捐税及利息"支出约 15 元，而日商在华纱厂此项支出仅 2.7 元，两者相差 4.46 倍。[2]再加上其他支出在华商纱厂也较高，以致每包纱总成本华商纱厂比日商纱厂高出一倍多，另据 1933 年调查 11 家华商纱厂的负债情况，最好的平均每锭负债也在 24 元，"最坏的五家竟达 99.3 元，普通总在六七十元之谱"。多数厂家所负的债务已远在资本之上。上述 11 家纱厂负债利息，最低的也是年利 6%，最高达 20%，一般总在 8%—12%。[3]

资本形成来源除居民储蓄外，很大部分靠企业积累。民族工业因资力薄弱，被迫承受高利贷剥削，影响了企业资本积累，形成"资力薄弱→借高利贷→资力更薄"的恶性循环。由于生产企业常要负债亏累，导致投资引诱不足，社会资金更多地流向流通领域，使生产领域资本形成更为短缺。

而且我国近代金融业以投机公债和商业贸易放款为主，"对工矿事业的贷放，通常仅在全部投资额的 1% 以内"[4]，以致许多民族资本企业不得不转求外国贷款。外国贷款条件非常苛刻，譬如利息，一般都在 10% 以上，常常高至 12%。民族资本举借外债的情况仍然

---

① 详见《大生系统企业史》，1990 年，第 222—227 页。

②③ 严中平：《中国棉纺织史稿》，1963 年，第 179、203 页。

④ 陈真编：《中国近代工业史资料》（第四辑），生活·读书·新知三联书店，1961 年，第 73 页。

很多①。举借外债的结果，往往使企业遭到被外资吞并，或沦为外资附庸的厄运。以1917—1931年的华资纱厂为例，已知曾经举借外债的22家企业中，除去5家结果不详以外，能够清偿债务的只有一家。"其他都在各种名义之下实质上被帝国主义垄断资本所吞并了"②。

　　我国近代规模较大的钢铁企业汉冶萍公司的沦落史，也是因资本短缺而求助于外国贷款、终遭厄运的一个典型例子。甲午战争后萍乡煤矿的开发及其成功，汉阳铁厂的发展成就，显示了近代中国不乏像李维格、张赞宸等具有"创新精神"的现代企业家，能够掌握先进生产技术。加上中国丰富的劳动力资源，可以说在诸种生产要素中，汉冶萍公司所缺者，唯有资本。资本不足的难题长期困扰着汉冶萍。尽管20世纪初汉冶萍公司成效卓著，但是社会上对公司的投资并不像公司主持人盛宣怀所期望的那样"踊跃"。到1910年，"充其量只招集到股金1 200余万元，与原期集股2 000万元的目标相去甚远"③。因资本拮据，盛宣怀转而依赖外资。日本势力遂乘机渗透进来，通过"预售矿石借款"、"预售生铁借款"和"1913年1 500万日元大借款"等日本贷款，迫使汉冶萍长期向日本钢铁工业提供大量优质而廉价的矿石、生铁等原料，以致"公司在生铁、钢和煤焦的生产上、矿厂资源的开发上，以及企业的扩充与否的决定上，事事都要仰承日本资本的鼻息"④。汉冶萍向日本提供原料的价格与市价相差很远，仅1914—1918年五年内，其差额估计约1亿元左右⑤。假如汉冶萍这几年按市价将产品销往日本或美国等，"所得外汇偿还全部日债还有余"⑥。但是由于日资的控制，汉冶萍不仅蒙受巨大的价格损失，而且所欠日债越积越巨，每年单是利息支付就常达一百数十万银元，致使公司在国

---

①　详见汪敬虞：《中国近代工业史资料》（第二辑下），1957年，第1050—1063页；严中平：《中国棉纺织史稿》，1963年，第179—185页。

②　严中平：《中国棉纺织史稿》，第179—185页。

③④⑤　张国辉：《论汉冶萍公司的创建、发展和历史结局》，《中国经济史研究》，1991年2期。

⑥　吴承明：《中国资本主义发展史》（第二卷），第813页。

际市场钢铁价格上升时不能充分享受其利,而当国际市场钢铁价格跌落时便连年亏空,所属炉、矿等陷于减产或停产,逐渐"沦为单纯为日本开采铁矿石的殖民地性企业"①。

因资金缺乏,使民族工业在技术改进、设备更新,以及原料购进、产品销出等等方面都产生不利影响②,更不利于民族工业扩大生产规模,取得规模效益。可以说,资金缺乏已成为造成民族工业生产率低下的一个主要因素。

由此可见,当时的中国也存在着如西方发展经济学家 R.纳克斯在其《不发达国家的资本形成问题》一书中所说的"贫困恶性循环"③。而在当时中国的历史条件下,高利贷在这一恶性循环中所起的恶劣作用,使得这个恶性循环更加难以打破。旧中国的贫困恶性循环表现为:"低资本形成→低生产率→低产出→低收入→低储蓄能力→高利贷→低资本形成"。

工业化是经济近代化的核心内容。当时中国社会也存在着一些促进近代民族工业发展的因素,例如生产技术的改进,经营管理的某些改善,爱国运动对国货生产的促进,政府某些工商政策的改革,等等,以及世界大战期间西方资本放松对华侵略,使民族工业压力减轻,使得中国近代工业发展速度有所加快。从资本增长来看,1894 — 1936 年本国工业资本从 4 954 万元增至 246 502 万元,增加了 241 248 万元,年均增长率为 9.75%;如果再加上交通运输业,则本国产业资本年均增长率更高,1894 — 1920 年达 10.38%④。但是我们进一步考察时,就会发现,增长率之所以高,主要是因为基数太低。要想考察生产发展水平及其未来趋势,还需要估算当时我国的生产投资率,按罗斯托的理论,生产投资率从占国民收入的 5% 提高到 10% 以上,

---

① 张国辉:《论汉冶萍公司的创建、发展和历史结局》,《中国经济史研究》,1991 年 2 期。

② 详见汪敬虞:《中国近代工业史资料》(第二辑下),1957 年,第 1032 — 1034 页。

③ 详见纳克斯:《不发达国家的资本形成问题》,商务印书馆,1966 年,第一章。

④ 据吴承明:《中国近代资本集成和工农业及交通运输业产值的估计》,《中国经济史研究》,1991 年 4 期,有关数据计算。

才能实现经济起飞。①那么 20 世纪前半期我国的生产投资率有多高呢？据巫宝三先生有关 30 年代的估算，1936 年投资占国民收入比率为 5.50%，为最高，1931 — 1936 年平均投资率则只有 1.23%②。按刘大中估计，1933 年新投资占国民收入比率为 2%③，比巫宝三的估计略高，但仍然是很低的。这里的投资包括了各行业的投资，至于工业投资占国民生产总值的比率，更令人心酸，据估计 1894 — 1920 年这 26 年间中国工业资本（包括外国在华资本在内）增加了 98 739 万元④，平均每年增加 3 798 万元，每年工业投资占国民生产总值比率不到万分之四；如果仅算本国工业投资，则不到万分之二。再从制造业占国内生产总值的比重来看，当时我国近代化程度是很低的，其发展前景也不容乐观。

二、旧中国潜在的社会剩余

旧中国投资率如此之低，并不是因为当时中国没有社会剩余来发展经济。在这方面已有不少学者做了研究。例如，陈振汉先生认为，从 1950 — 1958 年，新中国的基本建设投资达 895 亿元，工业企业固定资产投资达 474 亿元，共 1 369 亿元，占当时国民收入的 20% 多。这大量的资金主要来自农业。而新中国成立初期农业生产率没有显著提高，一般农民生活水平比新中国成立前高很多，"国家从农村所调动出来的经济建设投资实际上只是土地改革以前的地主富农收入。从这里可以清楚地看出，在旧中国我们并不是毫无或很少国民收入节余"。陈振汉又根据巫宝三先生关于 1933 年国民收入的计算，推论这一年中国应有 26 亿元，即相当于国民收入 13% 的节余可以用来投资生产⑤。

另外，据张仲礼先生考察，1887 年左右，不算清政府收入，民

---

① 　W.罗斯托：《经济成长的阶段》，商务印书馆，1960 年，第 49 — 50 页。
② 　巫宝三：《"中国国民所得，1933 年"修正》，《社会科学杂志》9 卷，2 期。
③⑤ 　引自陈振汉：《我国历史上国民经济的发达和落后及其原因》，孙健编：《中国经济史论文集》，1987 年。
④ 　吴承明：《中国资本主义发展史》（第二卷），第 1046 页。

间绅商收入每年约 7 亿多万两，相当于当时国民收入的 22.3%。据此，V.D. Lippit 估计，当时中国的积累大体可达到国民收入的30%。美国学者 C.Riskin 估计这一比例为 27.2%。吴承明先生虽然认为上述估计可能偏大，但是他也强调中国并非是一个完全落后的国家，中国有世界上第一流的传统农业，世界第一流的手工业……中国有投资能力发展近代工业①。美国学者王业键、费维恺等也都认为旧中国有着潜在的社会剩余②。

旧中国大量潜在的社会剩余，如果能将其中大部分调动到生产投资上来，中国有可能打破贫困恶性循环，较快地实现产业革命，实现近代化。德、俄、日等原先的后进国在产业革命过程中，政府在调动社会剩余促进工业发展方面起了积极作用。可是，旧中国历届政府没有在这方面采取较为有力的措施，而北洋政府、蒋介石政府所发行的31 亿内债，"更是把原来可以用作生产投资的国民节余浪费到内战军事上去了"③。此外，帝国主义通过国际收支对中国的掠夺和剥削也使中国相当大部分本来可以用于国内投资的社会剩余变成了帝国主义的资本国际积累。

三、国际收支加剧了资本不足与中国近代化的矛盾

帝国主义对旧中国的掠夺和剥削是多方面的，难以统计。我们仅从 1895—1936 年国际收支的角度，分别从帝国主义对华暴力掠夺、一般商品进出口贸易、外国对华投资及其收益这三个方面进行讨论，以求进一步对外来因素在中国近代资本形成问题上的作用有个大体认识。

第一，帝国主义对华暴力掠夺。中日甲午战争以后，帝国主义列强通过发动侵华战争或用强权威胁，向中国勒索的赔款有对日赔款、

---

① 吴承明：《中国民族资本主义的几个问题》；孙健编：《中国经济史论文集》，1987 年。
② 费维恺：《中国近百年经济史》，1978 年，第 78 页。
③ 陈振汉：《我国历史上国民经济的发达和落后及其原因》，孙健编：《中国经济史论文集》，1987 年。

庚子赔款、西藏赔款、革命损失赔款、宁汉两案赔款等①，其中前两项数额尤为巨大。对日赔款数超过 2.3 亿两银，中国只得靠举借条件苛刻的巨额外债来支付。庚子赔款本息共近 10 亿两银，不仅是中国空前沉重的负担，在世界史上也是罕见的。美国学者费维恺曾认为中国晚清时期支付的巨额赔款，原是中国"可利用资源的一个大量净流失"。他指出，仅 1895—1911 年间中国付出的庚子赔款及三项支付对日赔款的借款本息，就相当于"1895—1913 年间成立的所有外国属、中外合办、中国属机制企业总创办资本的二倍"②。1895—1936 年中国国际收支中外赔款数额共约 8.64 亿关两，而且截至 1936 年时尚欠各国 2.37 亿关两。对外赔款大大加剧了中国近代化与资本不足的矛盾。

另外，外国侵略者利用其通过暴力所得特权向中国大量贩运鸦片、吗啡等毒品贸易活动，也应当属于暴力掠夺性质。这种大规模的毒品贸易，被马克思认为是比奴隶贸易还要残忍的掠夺性贸易。英国侵略者于 1840 年对华发动第一次鸦片战争的直接目的之一，就是"用武力强制中国接受鸦片"。据估计，甲午战争前，1843—1894 年外国侵略者利用其特权向中国贩运鸦片（含走私）累计 18.88 亿关两，年均约 8 700 万关两③。甲午战争后，1895—1930 年报关进口鸦片约 7.75 亿关两④，走私进口鸦片、吗啡等毒品约 2.15 亿关

---

① 1903 年英帝国主义派兵侵略西藏后，遭到西藏人民的英勇抵抗。后来，中英于 1906 年签订《中英续订藏印条约》。该条约规定西藏必须赔偿英国政府之款（后由清中央政府支付），即所谓"西藏赔款"，"西藏赔款"总额为 250 万印度卢比，从 1906 年起分三年付清；民国初年，帝国主义列强借口在辛亥革命中外侨受到损失，向中国政府勒索所谓"革命损失赔款"，总数为 200 万英镑，于 1913 年从"善后大借款"中一次扣付；北伐战争时期，帝国主义为阻止北伐的胜利进军，于 1927 年 1 月制造了"汉口惨案"；时隔不久，北伐军攻克南京之际，英美军舰借口保护侨民，炮轰南京，制造了"南京惨案"，使中国军民死伤两千余人，房屋财产损失无数。事后，帝国主义列强反而威逼南京国民政府赔偿英、美等国的"损失"。南京政府在这方面也像清朝政府、北洋政府那样，向帝国主义妥协退让，答应由中国赔偿各国款项，这笔赔款可称之为"宁汉两案赔款"。其数额据不完全统计，至少有 264 万关两白银。又：关于赔款及下文有关国际收支统计数据详见陈争平：《1895—1936 年中国国际收支研究》。
② 费维恺：《中国近百年经济史》，1978 年，第 78 页。
③ 《上海对外贸易，1840—1949》（上），1989 年，第 42 页。
④ 据各年报《关册》统计。

两，合计毒品进口近 10 亿关两，年均约 2 857 万关两（比甲午前略低，这大抵与中国土烟发展有关）。1931 年以后仍有大量毒品进口。

罪恶的毒品进口贸易，使得成千上万的中国人身心健康状况严重恶化，还使中国大量资金流往国外。甲午战争前，外国资本向中国贩卖鸦片而从中国所得资金，是 1894 年中国产业资本总额的 40 多倍。如果把这笔被外国鸦片贩子掠夺的资金投资于中国近代产业的话，那么在甲午战争前夕中国近代化的发展一定比实际状况好得多。甲午战争后至 1930 年，中国被迫支付的赔款及毒品进口货值这两项完全属于暴力掠夺性质的款项，共约 16.8 亿多关两，比这一时期外国对华企业投资汇入总额多出近一半，相当于 1927 年本国民用工矿企业资本总额①的 3.8 倍多。上述统计虽然是很不完全的，比如外国侵略者在甲午战争、八国联军侵华战争等侵略战争中对中国财富的直接掠夺，就没有包括进去，但是仍然可以看到由于资本主义列强的暴力掠夺，使中国近代化急需的资金大量流往国外的情况。

假如中国政府能够履行其政府职能，至少能保护本国资源和市场免受外来的侵略和掠夺，这近 17 亿关两的资金能留在国内用于经济发展，那么中国近代化与资本不足的矛盾将有一定程度的缓解。但是现实情况是，半殖民地中国的历届卖国政府非但不能抵御外来侵略，反而沦为帝国主义统治中国人民的工具，向人民强征捐税作为提供给列强的赔款，使大笔资金流入国外，成为帝国主义原始国际积累，其中一部分又转化为他们对华侵略资本。1931 年九一八事变以后，由于当时蒋介石政权采取不抵抗政策，日本帝国主义用武力轻易地霸占中国东北，对中国进行更大规模的经济掠夺，东北的工矿资源、土地资源以及财政、金融等被日本侵略者所侵占，东北原有的民族工商业在侵略者残酷的暴力掠夺和经济统制下遭到空前的浩劫，整个中国的国际收支和近代化都受到严重的影响。

第二，一般商品进出口贸易。在一般商品进出口贸易方面，虽然出口贸易的发展可以换回近代化所需的机器、设备、技术等，但是由于甲午战争后洋货进口增长速度远远超过土货出口的增长，中国连年

---

① 杜恂诚：《民族资本主义与旧中国政府》，上海社会科学院出版社，1991 年，第 109 页。

出现巨额贸易逆差。丧失关税等自主权的半殖民地中国，对此无能为力，贸易逆差不断扩大，1895—1936 年累计逆差已近 50 亿关两，成为中国资本形成的一个严重障碍。

外国资本通过不等价交换，也使旧中国很大一部分社会剩余转化为外国的资本国际积累。关于国际贸易中的不等价交换问题，许多发展中国家的经济学家做了大量研究，认为从 19 世纪 70 年代至第二次世界大战前夕，主要由不发达地区出口的初级产品价格，对它们由工业发达国家进口的机制品价格，不断相对下降，其相对下降净值达 40%[①]。当时半殖民地的中国也日益成为帝国主义推销工业制成品和榨取农产原料及其他初级产品的场所，因此也出现了类似的情况。20 世纪初期对外贸易比价的变化可见表 3。

表 3　中国进出口物价指数

(1913 年取 100)

时期	Pm（进口物价指数，%）	Px（出口物价指数，%）	Pm/Px
1901—1905	18.7	89.9	87.5
1906—1910	90.1	92.9	97.0
1911—1915	104.8	98.7	114.0
1916—1920	145.3	114.8	126.5
1921—1925	152.5	133.1	114.6
1926—1930	160.9	163.3	98.5
1931—1933	182.1	142.6	127.7
1934—1936	147.4	121.1	121.7

资料来源：据 Chi－ming Hou, *Foreign Investment and Economic Devolopment in China*, 1972, 第 202 页, 有关数据计算。

从表 3 可以看出，20 世纪初期中国对外贸易比价虽因多种因素作用常出现波动，但是从总体上看，进口价格上升幅度超过出口价格，贸易比价大致呈上升趋势，这一时期中国商品出口物价相对于洋货进口物价下降下约 40%，与世界上其他不发达国家的情况相似。

---

① 参见郑友揆：《中国的对外贸易和工业发展，1840—1948》，1984 年，第 287 页。

79

埃及著名经济学家阿明（S. Amin）认为，在分析贸易条件变化时，除了比较净易货贸易比价以外，还应该比较生产率的发展这一因素[1]。他指出，1801—1880 年作为工业品主要供应者的英国，贸易比价指数从 245 降至 100，这是由于技术进步，生产率提高，使工业品生产成本及价格，相对于农产品价格的比价下降所致，这是正常现象；而 19 世纪末 20 世纪初，原料和农产品供应者的贸易比价逆转，至 20 世纪 30 年代时，不发达国家以同样数量的出口初级产品只能购买 1880 年时 60% 数量的制成品。这并非由于不发达世界出口生产率提高大于发达世界出口工业的生产率提高，恰恰相反，20 世纪初期发达国家本来按照比较成本理论，进入 20 世纪以后，发达国家出口工业品价格相对于不发达国家农产品出口价格应继续下降，情况之所以逆转，阿明认为这是由于 19 世纪末出现了一个新因素——中心国家的资本主义变成了垄断资本主义，"不发达国家的贸易比价恶化是从垄断资本、帝国主义和'劳工贵族'的兴起而开始的"[2]。

阿明的观点值得重视，我们分析旧中国贸易条件的变化时不难看出，旧中国贸易比价也经历了如阿明所说的 19 世纪改善，20 世纪恶化的过程。根据南开指数资料，中国进口物价指数与出口物价指数之比，在 1870—1892 年下降了 23.3%[3]，这是由于外国工业品生产成本下降所致；而到了 20 世纪以后，外国工业品因生产率提高，相对价格本应该继续下降，但我们从表 3 看出，情况正好相反。

第三，外国对华投资及其收益。外国对华资本输出对中国经济近代化的影响较为复杂，这里仅考察它对中国近代资本形成的直接影响。这一时期外国对华资本输出近 29 亿关两，有人认为它为中国"现代化经济部门筹措了很大一部分资金"[4]。实际情况究竟如何？需要进行具体分析。

---

① 阿明（S. Amin）：《不平等的发展》，1990 年，第 135—141 页；郑友揆先生也持有类似观点。见郑友揆：《中国的对外贸易和工业发展，1840—1948》，1984 年，第 187—288 页。

② 阿明：《不平等的发展》，1990 年，第 135—141 页。

③ 《南开经济指数资料汇编》，1988 年，第 375 页。

④ 侯继明：《外国投资和经济现代化》，《中国近代经济史论文选择》，1987 年，第 52 页。

许多发展中国家的实践表明，利用外资来发展经济，既有利益又有代价。要使引进外资有利于资金供给，首先要做到引进外资应有适度规模，不能超过本国外债偿还能力。否则资本输入国虽然暂时得到一些资金，但由于超出偿还能力，只能借新债还老债，债上加债，利上加利，从此背上过重的债务负担，从长远来看，将导致利息总额远远超过借款时实交本金，本国资金大量净流出，很不利于本国资本形成。

在半殖民地的旧中国情况是怎样呢？甲午战争后清政府为支付对日赔款不得不大举借债，西方列强趁机勒索，抢夺贷款权益，贷款规模已失去控制；北洋军阀统治时期更是滥借外债。在善后大借款谈判中，列强又提出更为苛刻的条件，并组成银行团垄断对华贷款，用强权阻止中国政府选择条件稍为有利的外国贷款，使旧中国政府被迫接受他们的条件。帝国主义列强就是这样，通过贷款加强权来控制中国财政，并致使中国债务包袱越背越重，资金大量净流出。

发展经济学中常用"债务负担"这一指标衡量一国负债情况，"债务负担"通常以一国在一定时期的外债总额与国民生产总值（GNP）的比例来表示[1]。从表4可以看出我国甲午战争后债务负担日益沉重的情况。

表4　1894—1930 年中国债务负担

（单位：百万关两）

年份	A 外债结欠额	B 国民生产总值	A/B 债负担（%）
1894	13.5	4 325.9	0.3
1920	441.7	10 445.1	4.2
1920	1 279.7	18 258.6	7.0

资料来源：A.吴承明等：《中国资本主义发展史》（第二卷），第 133、728 页。B.据陈争平：《1895—1936 年中国国际收支研究》第四章附录及表 3-10、3-12 计算。

有人认为从长远来看，外债偿还能力的唯一决定因素是外资对整个经济生产率所作的贡献，常用"外资利用效率"来衡量，而"外资利用效率"通常也用债务在 GNP 中的比重变化来表示[2]。如果这一

①② 谭崇台等：《发展经济学》，上海人民出版社，1989 年，第 463、464 页。

比重逐渐变小，说明外资利用效率高，不仅可以促进经济增长，而且也增强了偿债能力。但是从表4，我们发现甲午战争后我国债务在GNP中的比重越来越大，说明当时我国外资利用效率越来越低。

外资利用效率低，与外资投向结构有很大关系。合理的外资投向结构应有利于国内经济发展。近代实业家张謇在论及借外债之事时曾强调："外债可借，但借时即须为还计。用于生利可，用于分利不可，而用之何事，用者何人，用于何法，尤不可不计。"[①]但是我们从有关清末民初外国对华间接投资结构分析中可以看出，财政军事借款占借款总额约2/3，帝国主义贷放这类借款的目的在于掌握中国政治，控制中国财政，扶植帝国主义代理人。这类贷款中很大一部分又转化为购买外国军火等款项流往国外，对于中国来说，只是助长了军阀之间的内战，加剧了中国社会的动乱。借款总额剩下的1/3中铁路、电信借款占八九成，工矿借款约占一成。应当承认，这些借款中有些客观上能缓解中国资金周转的困难，但是需要指出的是，一些名为"铁路借款"或"电信借款"中有许多被挪用于财政军事目的[②]。而且外国资本通过经手对华铁路贷款，不仅控制了中国陆路交通命脉，还往往借此强迫中国将铁路沿线区域划为债权国势力范围，享有种种特权。因此，帝国主义列强之间对于中国铁路投资权曾经一再进行激烈的争夺。某个帝国主义国家取得中国某条铁路的投资权后，如果它不愿意在近期内投资筑路的话，别国不能再要求投资修筑此路，中国自己也不能兴建，这样也就破坏了中国铁路的自主发展。从国际收支上来看，旧中国铁路借款的利息支付，几乎耗尽了铁路营运的盈利[③]；经手发行铁路借款的外国银行还可以另外获得发行费、信托费、购料手续费、分红等，据估计平均约等于铁路借款总额的11.05%[④]。而工矿借款如前所述，也多数带有高利贷性质，并附

① 《张季子九录·政闻录》（卷七）。

② 吴承明：《帝国主义在旧中国的投资》，1956年，第75—76页。

③ Chi-ming Hou, *Foreign Investment and Economic Development in China*，1973，p.40.

④ 陈仲秀：《英国银行界从中英借款中所获的利润》，《清华学报》5卷（台湾"清华大学"），1965年1期。

有其他苛刻条件，就像汉冶萍借款那样，从长远看并不利于中国资本积累。

可以说，在当时中国围绕着外债，实际上存在着结合国际与国内、政治与经济等因素的另一种恶性循环，即"帝国主义遏华侵略与掠夺→中国部分主权丧失，大量资金外流→中国贫困化加深，财政状况恶业→借外债渡难关→外国资本趁机要挟，提出苛刻条件→中国主权进一步丧失，资金进一步外流→中国贫困化更为加深"。在这种恶性循环中，晚清的外债重负，贻害于北洋政府；北洋政府的财政恶化，又不得不"仰给外债以度岁月"，进一步陷入滥借外债的泥潭。后来的南京国民政府，为了得到列强支持，承认了清政府和北洋政府的所有外债，又背上了北洋政府遗留下的外债负担，所以总的看来这一时期外国对华贷款对于中国近代化的资金供给有益的成分很小，中国反要为此付出巨额债息，付出其他政治和经济代价，所付出的代价大大超过所得利益。

至于外国对华直接投资，其对中国经济的作用较为复杂。不能否认，外资企业有时对中国近代化也有一定促进作用，但是这些促进作用是很有限的。外资在华企业一般来说资本较雄厚，又享有一系列侵略特权，对中国民族资本主义企业造成极大的压迫。从其投资结构分析来看，贸易、金融、运输等行业投资比重较大，这些行业性质都是最具有流动性和投机性的，企业资产容易被转移出国。在中国国际收支账上，1895—1936 年外人对华企业投资约值 13.7 亿关两，外资企业利润汇出约 27.6 亿关两，同时外国在华还握有企业资产和房地产 31.27 亿美元，约合 68 亿关两。显然，对当时的中国来说，在外企投资收支账上，也是支出远远大于收入的。

一位外国学者在比较中、日、俄三国近代经济发展历史时认为，三国都有吸引、利用和控制外资的问题，日、俄在"利用那些可能成为剥削他们的人这方面较为成功"，而中国由于"较弱的政治结构"，造成很大的损失[1]。所谓"中国较弱的政治结构"与帝国主义对中国的侵略有关，甲午战争失败后半殖民地化程度显著加深的中国，是难

---

[1]　艾文（M.Elvin）：《中日俄近代早期经济增长的比较》，《经济学术资料》，1982 年 5 期。

以有效地控制和利用外资的。

在国际收支其他方面，比如在劳务收支中的运输费、保险费支出、贩卖军火及一般商品走私活动中，外国资本都从中国掠取了巨额利润。另外，外国资本也利用其对中国国际汇兑的垄断，从中盘剥。特别是庚子以后，每年按期偿付的外债本息及战争赔款达 4 000 多万两，"几占清政府财政支出的半数"，所以，每到外债还本付息时节，金融市场便不可避免地出现不同程度的波动①。此时，汇丰银行等就利用其对国际汇兑的垄断地位，故意"缩小"外汇牌价，仅在中国历年偿还主要外债时汇丰利用缩小汇率所盘剥的收益就有约 1 500 万元（到 1937 年）②。在国际收支项目中，主要是"华侨汇款"对中国近代化中的资金供给起了有益的作用。

资本严重短缺，导致贫困恶性循环，成为中国近代化发展的严重障碍。它即是旧中国传统社会经济结构造成的后果之一，又与长期以来外国资本—帝国主义对华侵略与掠夺密切相关。根据前面吴承明先生的计算，1895—1936 年本国工业资本新增加 241 548 万元，约合 16 亿关两。而这些年中国被迫支付的赔款及毒品进口值这两项属于帝国主义对华暴力掠夺性质的中国国际支出，就大大超过 16 亿关两；加上帝国主义对华投资剥削及一般商品贸易中的剥削等，这一时期中国资金净流出量数倍于本国新增工业资本量。综合帝国主义对华暴力掠夺、投资剥削及贸易剥削三方面分析来看，可以说这一时期帝国主义对华侵略与掠夺使中国大量资金净流出，加剧了中国近代化与资本不足的矛盾，使中国的贫困恶性循环更加难以打破，近代化的步履更加艰难。

---

① 张国辉：《晚清钱庄和票号研究》，中华书局，1989 年，第 163 页。
② 洪葭管：《从汇丰银行看帝国主义对旧中国的金融统治》，《学术月刊》，1964 年 4 期。

不平等条约下近代关税制度的形成及
其对中国经济的影响

清朝后期，西方资本主义列强通过一再发动侵华战争，强迫清政府签订了一系列不平等条约，在此基础上逐步将一整套以片面协定关税税则为核心的海关关税计征和管理制度强加给中国。本文主要讨论清后期及民国初年这一套半殖民地性质的关税制度形成与发展过程，及其对中国社会经济的重要影响。

一、清前期中国海关的设立及海关征税制度

清代康熙皇帝削三藩、收台湾后，鉴于海内一统，于 1684 年宣布开海禁，允许满汉人民出洋贸易。1685 年清政府指定广州、厦门、宁波、松江四口岸①对海外通商，在这四口分别设立粤、闽、浙、江四海关以征收关税、管理对外贸易和相关的对外事务（这是历史上中国正式设立海关的开端）。海关设立监督以掌管海关关税征收，其职位照例是由满族官吏充任，由内务府派遣，同时又属于户部。②从 1757 年起，清政府开始对中西贸易实行严格限制，只许西方

---

① 关于四口岸的具体位置有不同说法。例如彭雨新：《清代关税制度》一书认为四口岸分别设在广州、厦门、宁波、松江；陈诗启：《中国近代海关史》（晚清部分）一书认为粤、江、浙三海关分设在广州、上海、宁波，闽海关设在何处说法不一。本文采用黄启臣（《清代前期海外贸易的发展》，《历史研究》1986 年 4 期）及夏秀瑞、孙玉琴 [《中国对外贸易史》（第一册），对外经济贸易大学出版社，2001 年，第 360 页]的考证。
② 彭雨新：《清代关税制度》，湖北人民出版社，1956 年，第 12 页。

国家商人到广州一个口岸通商,并实行"公行"制度,即规定西方商人在中国的一切贸易和其他事物均须通过清政府特许的"公行"来进行,不得和中国其他商人直接进行买卖。

清代关税征收,分内国关税和海关关税。内国关税后来又称"常关税",是对通过内地水路要口设关处所的各类货物从量征收的货税。海关关税后又称"洋税"或简称"关税",是对通过海关进出口贸易货物所征之税。清前期海关设立之后,其征税基本上沿袭明代市舶司征税制度,主要分货税、船钞两大类。后来陆续有所变动,至1753年(乾隆十八年),粤海关"所征合法关税",可分进口税、出口税、附加税、船钞、赠品等五类。其中,进出口货税均从量计征,又可分为三部分:一为"正税则例",制定于康熙二十五年,不得妄加变更;二为"比例税则",规定正税则例中未列入之货种与已列入之货种相比较而定税率,可随时增订和补充;三为出口货与再出口货之价格表。[①]后来粤海关进出口货税的征收要通过广州公行行商经手,附加税中亦加上"公行附加"款项。进出口货税附加税费也高于正税(参见表1)。船钞(又称"船料"、"船税"。后来又称"吨税")系按船的大小分等级征收:每丈量单位[②]第一等缴银7.777两,第二等缴银7.142两,第三等缴银5.000两。另外,还有一些附加税及给予海关官员的"效敬"等也是按船征收,其数额总数往往高于正税,例如一艘进入广州的商船如果应缴正税净额1 109.83两,加上附加税等则应缴3 278.46两。[③]至于平均税率,有学者计算,进出口货税约为4%;平均船税不及船上所装货物价值的5‰。[④]粤海关所征关税银两,每年上交内务府广储司30万两以供皇室享用,上交户部税银为85.5万两,其余部分可由海关自行处理。对于进出口商船,海关人员"从关监督以至稿房、库房、单方、票房、算房、总巡

① 高柳松一郎:《中国关税制度论》,商务印书馆,1927年,第26页。
② 从前桅到后桅的长度(以 cubit 计,每 cubit 约等于45.7厘米)乘以船腰的宽度(以 cubit 计),再除以10所得之数。
③ 马士著,张汇文等译:《中华帝国对外关系史》(第一卷),生活·读书·新知三联书店,1957年,第87—89页。
④ 详见黄启臣:《清代前期海外贸易的发展》,《历史研究》,1986年4月;蔡美彪等:《中国通史》(第十册),人民出版社,1992年,第428、429页。

馆的书吏，以及通事、家人等都伸手要钱，虎门、黄埔、东西炮台也
分别收费"①。这些额外需索，"头绪棼如，实属冗杂"，外商们都将
其计入所缴关税之内，所以计算关税税率时，正税与实缴税费之间
有较大出入。英国商人曾经攻击当时清政府所定进口税是一种"禁
止性关税"。但据西方学者的考察，当时中国对英国棉毛织品所征
进口税，最高只有 30% — 40%，而英国对中国茶所征进口税则高
达 100% — 200%。②相比之下，清前期中国进口关税税率并不高。另
有学者认为，这种低税率制是出于"彰富治，显皇威，柔远夷"的政
治目的。③

二、鸦片战争后片面协定关税制度的形成

1840 年 6 月，英国对华发动第一次鸦片战争。经过两年多侵略
与反侵略的反复较量，中国终因清政府的腐败无能而战败。1842 年 8
月，清政府在英军炮口逼迫下，派代表在英国军舰上签订了中国近代
史上第一个不平等条约——中英《南京条约》（又名《江宁条约》），
中国主权被破坏，关税制度也发生了根本性的变化。《南京条约》共
13 款，其内容除割地（割让香港）赔款、取消"公行"制度外，主
要有：中国开放广州、福州、厦门、宁波、上海等 5 处为通商口岸，
准英国派领事驻扎，专理英人贸易通商事宜；规定中国不能自行制定
进出口关税税则，必须由中英两国"均宜秉公议定"。为了对一些重
大问题作详细明确的规定，中英双方继续谈判，于 1843 年签订
了《中英五口通商章程》和《虎门附约》，作为《南京条约》的补
充。1843 年在"议定"关税税率时，清政府提出的税率表被英方拒
绝，1843 年 10 月公布的《中英五口通商章程：海关税则》所规定的
税率是按照英方的意见制定的。这个税则是中国关税自主权被破坏后
的第一个税则，分出口税则和进口税则两大类，当时所列商品品种不

---

① 彭雨新：《清代关税制度》，湖北人民出版社，1956 年，第 13 — 17 页。

② 费正清：《贸易与外交》，转引自严中平主编：《中国近代经济史，1840 — 1894》，人
民出版社，1989 年，第 217 页。

③ 详见朱淑娣：《清代海关的"政治关税"特点、成因及其教训》，《法商研究》，2000
年 4 期。

多，出口税分为 12 大类，68 个税目，基本上是从量税；进口税分为
14 大类，104 个税目，亦多为从量税，唯"进口镜钟表玩"类是从价
值百抽五。该税则规定，凡进出口货"例未赅载者"多为从价值百抽
五，进口香料、铜、铁、铅、锡等从价值百抽十；并规定出口金银、
砖瓦，进口洋米、洋麦、五谷等皆免税。①从表 1 可以看出，这个税
则发布后进出口税率比过去实征税率有很大降低。

表 1　1843 年前后新旧税率比较②

	旧税率（银两）		新税率（银两）
	正税	实征	
进口货			
棉花（每担）	0.298	1.740	0.400
布（每匹）	0.069	0.373	0.100
白布（每匹）	0.285	0.702	0.150
棉纱（每担）	0.483	2.406	1.000
双幅细布（每丈）	0.712	1.242	0.150
出口货			
南京丝（每担）	15.276	23.733	10.000
广州丝（每担）	8.576	10.570	10.000
茶叶（每担）	1.279	6.000	2.500
糖（每担）	0.269	0.475	0.250
棉布（每担）	1.844	2.651	1.000

1843 年税则比过去的税则在结构上有所改进，主要是废除了比
例税。"这种比例税是不科学的，因为比例的标准难于制定，易滋弊
端和纠纷。"③

到 1844 年，《中美五口通商章程：海关税则》规定，"倘中国日
后欲将税例更变，须与合众国领事等官议允"，并规定"如另有利益
及于各国，合众国民人应一体均沾"；《中法五口通商章程：海关税

① 参见王铁崖编：《中外旧约章汇编》（第一册），生活·读书·新知三联书店，1957
年，第 40—51 页。
② 马士著，张汇文等译：《中华帝国对外关系史》（第一卷），生活·读书·新知三联书
店，1957 年，第 348 页。
③ 陈诗启：《中国近代海关史》（晚清部分），人民出版社，1993 年，第 211 页。

则》也规定"如将来改变则例，应与佛兰西会同议允后，方可酌改"，①进一步把外国的"议允"提到突出的地位。1844 年中美、中法两个海关税则中，一些进口货税率相继降低，而凭着最惠国条款，"这些减低了的税率，也都适用于有关品目的英国货"。②由于最惠国条款的普遍推行，中国不取得每个国家的同意，就不能修改任何税则，使得中国人的手脚进一步被束缚。

关于船钞，《中英五口通商章程：海关税则》第四款规定："货船按吨输钞一款，凡英国进口商船，应查照船牌开明可载若干，定输税之多寡，计每吨输银五钱。所有纳钞旧例及出口、进口日月规各项费用，均行停止"；《中美五口通商章程：海关税则》第六款规定："凡合众国船只赴五港口贸易者……按所载吨数输纳船钞，计所载货物在 150 吨以上者，每吨纳钞银五钱，不及 150 吨者，每吨纳钞银一钱，所有以前丈量及各项规费，全行裁革"，裁革了杂项规费，所缴纳的船钞比以前大大降低。《中法五口通商章程：海关税则》第十五款又加上"凡船进口，出二日外，即将船钞全完"的规定，意即船只在口岸不超过两天者就不要缴纳船钞了。③

1857 年，英法联军对中国发动了第二次鸦片战争。1858 年中英《天津条约》全部条款内容是英方拟定的。清政府官员虽曾为其中一些内容而激烈争辩，但最后都屈服了④。可以说，1858 年中英《天津条约》是英方强迫一字不改签订的。⑤在中英《天津条约》中，英方谎说《南京条约》中已经确定了值百抽五的原则，由于货价降低，而从量课税的税额未减，因此进一步要求降低税率。从此，值百抽五成为西方侵略者攫取的一项新特权，进口货税"依据值百抽五从价标准计算"，出口货税除丝茶外"也依据同样的标准"⑥。1858 年中英《通商章程》中，税率又有进一步的降低。1858 年进口税率与 1843

---

① 参见王铁崖编：《中外旧约章汇编》（第一册），1957 年，第 51、59 页。

② 莱特著，姚曾廙译：《中国关税沿革史》，商务印书馆，1958 年，第 29 页。

③ 王铁崖编：《中外旧约章汇编》（第一册），1957 年，第 41、52、60 页。

④ 详见马士著，张汇文等译：《中华帝国对外关系史》（第一卷），1957 年，第 593—595 页。

⑤ 陈诗启：《中国近代海关史》（晚清部分），1993 年，第 213 页。

⑥ 莱特著，姚曾廙译：《中国关税沿革史》，1958 年，第 53 页。

年进口税率相比，棉花下降了 12.54%，斜纹布下降了 35.99%，印花布下降了 65.05%，棉纱下降了 29.97%，[①]船钞的税率也有进一步下降。

可以说，1842、1843、1844、1858 这几年不平等条约的相继签订，使中国关税主权被破坏的程度不断加深，片面协定关税制度形成，中国进出口实际税率随之发生了一系列有利于西方国家利益的变化。这一协定关税制度片面性主要表现为两点：（1）非互惠性。中国对英、美、法等国输入的货物，降低税率，为其输入提供方便，而英、美、法等国并未以降低税率回报。（2）非自主性。包括两层含义：其一，被迫接受。中英《江宁条约》、中美《望厦条约》、中法《黄埔条约》等不平等条约中所谓"税则的制定须待'议定'，税则的修改，须待'议允'"。这种"议定"、"议允"实质是单方面的强制。其二，不得单方面修改或废止。1858 年中英《天津条约》曾规定以十年为期，届满双方可以提出修约[②]。实际上，列强可以以武力提出和达到其修约要求，例如第二次鸦片战争前列强提出"修约"要求，并在 1858 年和 1860 年强迫清政府订立中外《天津条约》与《北京条约》达到目的。而中国则很难提出和达到修约要求。由于中国的积贫积弱，中国实际上就连要求合理修约的权利都被剥夺，所谓"十年一改"的修约权利对中国而言实际并不存在。[③]

1858 年进出口货税名义上从价计征，在实际操作时为了减少对每项货物作货价调查或估价的麻烦，税则表中对绝大多数商品都采用每单位纳税若干的办法，变成了从量计征。西方列强当物价下降时就要求改订税则，而当物价上涨时却不同意改订。19 世纪后期物价上涨成为主要趋势，货价上升而税额未变，许多商品实征税率实际上并不及 5%，中方又不得不为"切实值百抽五"而与西方列强进行艰难的谈判。直到 1902 年，中国须向列强偿付空前巨额的"庚子赔款"，列强为

---

① 严中平等：《中国近代经济史统计资料选辑》，1955 年，第 59 页，表 2。

② 1858 年中法天津条约第 27 款规定税则"每七年校订一次"，实际上 19 世纪后 40 年税则基本上未修订。

③ 参见王国平：《论近代中国的协定税则》，《江海学刊》，2003 年 3 期。

了使"赔款"较为有保障，才同意修订税则。①实际上1902年的税则，实征税率仍不及5%；此后货价继续上涨，实征税率又在下降，延至1918年才改订，新的改订后实征税率仍不及5%（参见表2）。

表2　若干主要进口货税率水准变动②

（单位：%）

	本色市布	漂白市布	洋标布	印度棉纱	日本棉纱	棉花	马口铁
A1	5.03	2.62	3.98	2.85	2.81	2.17	6.43
A2	3.15	3.53	3.48	3.87	3.81	3.71	4.66
B1	1.68	2.06	2.05	2.02	1.96	2.34	2.59
B2	3.06	3.21	2.52	2.73	2.64	3.12	3.49

注：A1按1902—1906年平均价格计算，1858年旧征税率；A2按1902—1906年平均价格计算，1902年新订税率。

　　B1按1917—1921年平均价格计算，1902年旧征税率；B2按1917—1921年平均价格计算，1918年新订税率。

三、不平等条约下关税制度的配套发展

西方资本主义列强为了进一步打开中国市场，加强对中国的侵略和渗透，不仅要加强对中国关税税则制定权的控制，还要加强对中国有关进出境货品的纳税申报、查验、关税的缴纳以及违章处分等重要环节的掌控；同时为了便利进出口贸易在中国通商口岸与内地市场之间延伸，又要控制进出口货物中国内地通过税则制定权。因此，西方列强要挟清政府，在19世纪中叶逐渐形成中国海关外籍税务司制和子口税制，成为不平等条约下中国关税制度重要的配套举措。

（一）中国海关外籍税务司制度的形成和发展

海关是近现代国家政权监督进出口货物合法出入国境及征收关税的行政管理机关，其最主要职责就是计征关税和防止走私。西方列强在用武力打开中国大门后，就开始觊觎中国海关的行政管理权，19世纪50年代终于控制了这一大权，直接掌管了中国的大门。

---

① 详见莱特著：《中国关税沿革史》，1958年，第三、四、五章。

② 摘编自严中平等：《中国近代经济史统计资料选辑》，1955年，第60页，表3。

中国开放五口通商后，厦门、上海、宁波、福州等海关相继开征洋税，但是 1843 年中英《虎门附约》建立的外国领事报关制度，已开始破坏了中国海关行政权，中国海关如果得不到外国领事的合作，就没有合法的依据之外国商船所在货品、价值等情况，难于征收关税。当时五口海关都是由清政府任命的官员管理，海关组织管理、征税机制、查缉办法和财务行政等都沿用旧法，"加上关政不修，贿赂公行，弊窦丛生，吏员关役在西方走私集团的严重腐蚀之下，腐朽不堪"①。由于外国领事的庇护，再加上清朝官员的腐朽和怯懦，中国沿海鸦片以及其他普通货物的走私活动，曾发展到了肆无忌惮的地步，"奸徒走私……或雇用快艇，直达夷船，或借票影射，飞渡关津，或通事书差，串通瞒验，百端诡计，愈出愈奇。此洋务所以日坏，夷情所以日肆，而偷漏所以日多也。"②19 世纪 40 年代末和 50 年代初的上海"已经变成了无法无天的外国人们的一个真正黄金国……在海关里面，流氓行为确乎是盛行的。凡是人类才智所及的每一种偷漏税收的诡计，都每天公开地天天行使着，商人和官吏一齐上下其手"③，这种情况严重影响了关税的征收。外国驻华公使、领事等一方面纵容包庇外商大肆走私，一方面又指责中国海关官员腐化纳贿等，大肆渲染"除非由外国人缉私征税，海关便无从征税"④。

1853 年上海爆发小刀会起义。英、法、美等国驻沪领事在协助清政府扑灭小刀会起义之时，乘乱占领了上海海关，并于 1854 年成立了由英、法、美三国领事各派一人组成的税务管理委员会来管理上海海关行政，"领事们实际上已经把这个新机构做成了各领事馆的一个附属机关……并且已经把直接的外国干涉注入一个中国政府部门。"⑤江海关成为中国第一个由外国人管理的海关，在关政上，特别是在查缉方面有明显改进，所收关税数额增加。

---

① 陈诗启：《中国近代海关史》（晚清部分），1993 年，第 3 页。
② 《筹办夷务始末补遗》（咸丰朝第一册上），中华书局，1979 年，第 67—68 页。
③ 莱特著：《中国关税沿革史》，1958 年，第 90 页。
④ 严中平：《帝国主义对华侵略的历史评价问题还需要讨论》，经君健编：《严中平文集》，中国社会科学出版社，1996 年。
⑤ 莱特著：《中国关税沿革史》，1958 年，第 120 页。

在第二次鸦片战争中，英国又乘机要挟清政府签订 1858 年中英《通商章程善后条约》，该条约中规定中国海关"各口划一办理"，以把上海海关的那套洋委员管理制度扩大到中国其他口岸。条约中还订明"邀请英人帮办税务"。1859 年英人李泰国（H. W. Lay）受命"帮同总理各口稽查关税事务"，开始在各口岸设立新海关，他创建了一整套由外国势力控制中国海关的具体规章制度。1861 年，清政府正式委任李泰国为第一任总税务司，为中国海关的最高主管，各口岸的税务司由总税务司选任洋人担任。1863 年英人赫德（S. R. Hart）接任总税务司，独掌中国海关行政大权达 45 年之久。1908 年赫德退休后总税务司一职仍由英国人继任。海关其他高级职位也都由英、美、德、法等国派来的洋员充任，华员只能充任听差、巡役等，"无异下等仆役，供其奔走"①，洋员建立对华员的绝对统治。

在这期间，外籍总税务司掌握了有关中外贸易的一切捐税制度的创制和管理，一切有关航运的水道测量，灯塔、浮标设置、引水管理等，其中最值得重视的是 1864 年成立的海关会审制度。这一会审制度使得外国领事们和各口洋税务司以参加海关会审公堂的办法，主宰了对中国海关法规的实际执行。赫德利用总税务司这一要职，控制了中国关税收入，操纵清政府财政，并把手伸入中国政治、经济、军事、外交和文化等各个方面。②在他主持之下的口岸海关，先后增加到 46 个。1901 年起，通商口岸 50 里以内的内陆常关，也归各口海关税务司兼管。于是，海关总税务司手中，又增加了 24 个常关和 121 个分关、分卡。在这个庞大的机构中，总税务司居于绝对统治的地位。在外籍税务司制度下，中国海关变成了外国资本主义在中国进行侵略和渗透的一个重要据点。

清末实行新政时，清政府设立税务处，以加强对关税（包括常关税）的管理。海关原来"管辖之权属总理衙门"，至此归税务处，规定"各海关所用华洋人员统归节制"。1908 年 4 月，税务处还成立了一个税务学堂，着手培养本国海关税务人员，准备接管由洋人控制的

① 江恒源编：《中国关税史料》（第三编），1931 年，第 9 页。
② 严中平主编：《中国近代经济史，1840—1894》，1989 年，第 213—215 页。

海关行政权。但是由于列强的反对，外人把持中国海关行政的局面实际上并未改变。

与外籍税务司制度紧密联系，中国关税支配权和保管权后来也落入外籍总税务司之手。中国关税支配权的丧失是同关税一次又一次作为巨额外债的担保品相联系的。至19世纪末，清政府为筹措甲午战费和对日赔款所借外债，已将关税几乎扫数抵押。不久，列强又发动八国联军侵华战争，迫使清政府签订《辛丑条约》，赔偿各国巨额赔款，史称"庚子赔款"。至此，清政府已完全丧失了对关税的支配权。在偿付债息和赔款的名义下，把持中国海关行政管理权的外籍总税务司可以直接支配关税收入。在1911年中国辛亥革命时，外国侵华势力组成"海关联合委员会"，决定由英籍海关总税务司安格联以关税抵押债款及赔款为理由，利用统一的海关行政权力，趁局势的混乱将全国海关税收保管权夺取在自己手中。这样，关税这一重要税收在税则制定、海关行政、关税支配权、关税保管权等方面都逐步被外国势力控制，从而形成中国关税主权全面被剥夺的局面。

（二）"子口税"制的形成和演变

西方资本主义列强不仅要打开和掌管中国大门，还要进一步深入中国广大内地市场。在第一次鸦片战争爆发前夕，英国资产阶级在准备侵华战争的同时，就已经在酝酿夺取中国内地税权。1840年4月，英国首相巴麦尊应格拉斯哥印度协会的请求，命令英国在华特命全权代表在未来与清政府签约时要加上有关规定中国内地税的条款。第一次鸦片战争后中英双方在1843年协定关税税率时，因当时中国"国内关税定例本轻"，所以只规定了内地税"照旧输纳，不得加征"的征税原则，尚未确定具体实施方法。后来因清政府为筹措镇压太平天国革命的作战经费而增加了厘金和其他内地税课，英国政府就一再要求清政府对进出口商品的内地税给予优惠。在英法发动第二次鸦片战争后，他们达到了这一目的。1858年中英《天津条约》和《通商章程》不但降低了进出口货物的税率，而且把协定税则扩大到内地子口税上，出现了有关子口税的具体规定，其要点如下：

(1) 子口税率固定为进出口关税税率的一半，在通商口岸海关缴纳，之后无论进口洋货或出口土货，无论远近，一律免征其他内地税；（2）只有洋商才能享受子口税特权；（3）洋商在内地税和子口税之间，有自由选择的权利。①这种子口税制度严重侵犯了中国内地征税的主权，但是被英国官员称之为"发展对华贸易的关键"，它大大便利了外商对西方工业品在华推销和对中国内地土货的掠取。

根据《天津条约》的规定，凡洋商运洋货入内地，在进口地海关缴纳进口税和子口税后，随即由海关发给"运洋货入内地之税单"（Transit Pass Inwards）；凡是洋商往内地购买土货出口，可以先通过本国领事向海关监督处领取"购买土货报单"（Transit Pass Memorandum，又称"三联单"），等土货运至最靠近指定装船口岸的子口时，商人才报关验货缴纳子口税等，待装船出口时再完纳出口税。子口税制在实施中产生了非法买卖税单等弊端。在进口子口税方面，因绝大部分洋货的内销由华商经营，洋商常以自己名义领取子口税单再高价出售给华商，以致 1876 年《烟台条约》规定运洋货入内地之税单"不分华洋商人均可请领，并无参差"；在出口子口税方面，因外国领事签发三联单较为随意，华商也可借三联单逃避许多地方税课，洋商请领三联单再高价卖给华商的情况更为普遍，竟出现了专以出售子口税单为业的洋行，这种洋行仅在汉口就有 6 家。1896 年，总理衙门根据总税务司的申报，奏请三联单的请领也扩及华商，得到朝廷批准。但据 1897 年总税务司报告，这一年三联单的申领权仍为洋商专有。②

四、近代关税制度对中国社会经济的影响

为了便于西方工业品打入中国，西方列强利用片面协定关税制度，一再将中国进口税率压低，以致对于 1858 年税则连当时英国驻华公使阿礼国都不禁问道："哪个国家有像中国这样低的对外贸

---

① 王铁崖编：《中外旧约章汇编》（第一册），1957 年，第 99、100 页。
② 陈诗启：《中国近代海关史》（晚清部分），1993 年，第 216、217 页。

易税则呢?"①即使是标榜自由贸易的西方资本主义国家,它们的进口税率往往比中国高得多。例如 1859 年英法签订了互惠关税协定,英国以减低法国酒的进口税为条件,换取法国减低英国各种麻、棉、毛织品的进口税,但平均税率仍达 15%,比当时中国对同类货物所征的进口税率高出 3 倍。1864 年对廉价棉布所征的进口税,美国约为中国的 25 倍。一般说来,当时中国进口税率水准只及美国的 1/6。②

西方国家一向把关税当作保护本国产业的主要手段,它们一半对于有损本国产业发展的进口商品,重征进口税,对本国制成品不征或轻征出口税。而当时中国出口税率水平却比进口税率水平高很多,起了反保护的作用。再拿几种进出口商品作比较,更可看出当时中国协定关税的畸形状态。根据协定税则,对于每担茶叶,中国只征出口税 2.5 关两,而英国则征进口税 10 关两,美国进口税更高至 21 关两;美国对中国植物油征进口税 25%,而中国对美国的煤油只征进口税 5%;美国从中国进口的药材、衣服无不课税,而中国对自美国进口的药剂、衣服,却给予免税待遇。③这种关税税率的对比,反映了片面协定关税制度对中国的危害,以及当时中国关税税率的半殖民地性质。

西方列强通过片面协定关税制度,一再将中国进出口税率压低,再加上实行子口税制度,这显然会促进中国进出口贸易的增长。从表 3 可以明显看出,19 世纪后半叶中国对外贸易总额有明显增长,而且进口贸易的增长速度快于出口贸易的增长。至 1894 年时,中国外贸总额已经从 1864 年 9 486.5 万关两增至 29 020.7 万关两,增长了 2 倍多;中国进口净值已经从 1864 年 4 621 万关两增至 16 210 万关两,增长了近 3 倍。

---

① 《阿礼国备忘录》,转引自严中平主编:《中国近代经济史,1840—1894》,人民出版社,1989 年,第 222 页。
② 严中平主编:《中国近代经济史,1840—1894》,人民出版社,1989 年,第 223 页。
③ 严中平主编:《中国近代经济史,1840—1894》,人民出版社,1989 年,第 224 页。

表 3　进出口贸易货值及其指数①

（货值单位：千海关两　指数：1873 年取 100）

年份	进口		出口		外贸总额	
	货值	指数	货值	指数	货值	指数
1864	46 210	69.3	48 655	70.1	94 865	69.7
1870	63 693	95.6	55 295	79.6	118 988	87.4
1873	66 637	100.0	69 451	100.0	136 088	100.0
1883	73 568	110.4	70 198	101.1	143 765	105.6
1894	162 103	243.3	128 105	184.5	290 207	213.2

　　西方工业品进口贸易的增长，加强了洋货对中国传统手工业的冲击力，19 世纪后半叶中国手工棉纺业首当其冲。外国机制棉纱从各个通商口岸涌入中国，90 年代初中国年均洋纱进口量比 70 年代初增长了约 20 倍。②另一方面，由于日本、英国等对中国棉花需要的增加，华棉大量出超，引起国内棉花价格上涨。两方面结合，形成了对中国手工棉纺业的"钳形攻势"，购棉纺纱不如购买进口机纱来织布合算了。因此，在中国城乡洋（机）纱排挤土纱，纺与织分离的过程加速。结果使得原来自己植棉、自纺、自织、自用（也有部分供应市场）的农户，现在不得不从市场上购买洋（机）纱，农村耕织结合体中的"手纺"这一环节在很大程度上被破坏。洋布排挤土布，耕与织分离的过程也已开始。但是由于机器织布的劳动生产率与土布的对比，远不如机纱与土纱的对比那样悬殊，又由于土布织户采用洋纱织布来抵抗洋布，所以洋布排挤土布的过程还远不如洋纱排挤土纱那样显著。洋油（煤油）、洋火（火柴）、洋铁等外国工业品的输入增加，对中国同类手工业生产也起着与手工棉纺织业一样的破坏作用。榨油业原是中国自然经济中广泛存在的一项农民家庭副业，或者是适应村落自然经济的需要而建立的手工小作坊。由于外国煤油输入的迅速增长，使中国各地榨油业受到极大打击，原来用于照明的华南花生油、华东的菜油，"销路日滞"；华北一些州县棉籽油、蓖麻油等行业，

---

① 据姚贤镐：《中国近代对外贸易史资料》（第三册），中华书局，1962 年，附录表 1 改编。

② 姚贤镐：《中国近代对外贸易史资料》（第三册），中华书局，1962 年，第 1046 页。

"因煤油盛行，多已歇业"；远在内地的四川，也因煤油的输入，当地原有的白蜡业销路"大大地下降了"。火柴的大量进口，摧毁了中国原有的火石、火镰制造业。洋铁五金的输入，也使中国土铁业等深受打击。[1]这些旧有手工行业的没落，也加速了自然经济的分解过程。

19 世纪后半叶，中国丝茶等土产出口增长较快，而内销增长则很有限，茶叶和生丝的出口值已反过来超过内销。由于国外棉纺织业发展的需要，棉花出口迅速增加，棉花价格也有所提高，这刺激了国内棉花种植区的扩展。过去产棉地区，棉花种植面积更为扩大，如江南的上海、南汇等县"均栽种棉花，禾稻仅十中之二"；江北的如皋、通州、海门等县"一望皆种棉花"；山东、河北等省棉田也有所扩大。过去不种棉的地区，如江苏华亭县到了 19 世纪 70 年代，农民已开始"改禾种花"了；北方的陕西、河南等省到 80 年代以后已开始大规模种植棉花。[2]

由于中国许多旧有的手工业制品敌不过外国同类机制品而日趋衰落，经营这些手工制品的商业行业也随之衰落。与此同时，因进出口贸易发展而产生的一些新商业行业逐渐壮大起来。例如，洋铁、洋针、火柴等洋货的进口，挤垮了中国的土铁、土针、火石等，原来经营这些土产的商业迅速衰落，而经营洋铁、洋针、火柴等洋货的商业迅速发展起来；同样，随着洋纱洋布输入的增加，经营土纱土布的商业逐渐被经营洋纱洋布的商业所取代；从事收购羊毛、牛皮、烟叶、豆类等新出口土货的商业组织也逐渐发展起来。这种商业行业的变化一般先是在通商口岸发生，然后又逐渐向内地城镇推广。

洋商享有的子口税特权，使他们无论贩运洋货入内地，还是自内地贩运土货至口岸，条件都比"逢关纳税，遇卡抽厘"的华商要优越得多。洋行商人要伸入到中国广大内地进行大量的购销业务，仍然要依靠买办及遍布中国城乡市场的华商组织。这一时期买办及一些华商

---

① 详见彭泽益：《中国近代手工业史资料》（第二卷），生活·读书·新知三联书店，1957年，第 164—180 页。

② 例见《申报》，1880 年 6 月 2 日；1876 年 7 月 28 日；1884 年 6 月 22 日；《重修华亭县志》（卷二十三），1878 年，第 4 页。

与外国侵略势力的联系有了进一步的发展。"子口税"制度不仅大大便利了洋货在中国内地的运销,也促进了一些华商向买办的转化。一些华商不堪沉重的税负,就冒充洋商或依附于洋商以分享子口税特权。在经营洋布的华商中,也有的为了经营上的方便及逃避清政府的苛捐杂税,向外国领事馆申请加入外籍,挂起洋商招牌。①在镇江、宁波、汉口、九江、福州、厦门、芜湖等口岸,洋商、买办及与之联系紧密的华商,利用子口税制度来大量贩销洋货。1869 年的海关《关册》曾经记载,由镇江利用子口税单向内地运销的洋糖和布匹,已经深入到安徽及其邻近诸省的"每一个角落";稍后的记载透露说,这项贸易更越过安徽扩散到河南全省各地;1886 年经由镇江运销内地的洋货品目有 800 多种,其中仅洋布一项运销开封者达 13 万匹,运销济宁、徐州和海州者各有 10 万匹。②在把近代中国经济发展方向扭转到为外来经济侵略服务的半殖民地轨道上,子口半税制度确实起到了关键的作用。

由于进出口贸易的发展,通商口岸的增设,也由于在外籍税务司管理下海关计征关税和防止走私漏税方面确有成效,清后期海关税收有较大增长,对清后期财政有很大意义。以江海关为例,1854 年近代海关建立后,1855 年税收 186 万两,1857 年升至 207 万两,1860年高达 371 万两,江海关关税收入成为上海及其附近清军军饷的重要来源。全国海关税收,1861 年为 496 万两,1864 年为 787 万两,1871 年为 1 122 万两,1894 年为 2 252 万两,呈持续增长趋势,这对当时财政极为困窘的清政府无疑是一根救命草。③清前期财政收入主要为田赋、盐税和常关税三大项,其中田赋约占 2/3。清后期这种收入结构有较大改变,及至 19 世纪 90 年代,关税年收数已达 2 000 多万两,已接近占岁入第一位的地丁收数,据 1891 年各项收入占岁入

① 许涤新、吴承明等:《中国资本主义发展史》(第二卷),人民出版社,1990 年,第 185 页。
② 详见严中平主编:《中国近代经济史,1840—1894》,人民出版社,1989 年,第 1143—1150 页。
③ 戴一峰:《近代中国海关与中国财政》,厦门大学出版社,1993 年,第 24、25、41、42 页。

比重的统计，田赋已降为 34.5%，关税占 23.3%，关税已居第二位。①

　　西方资本主义列强通过对中国发动两次鸦片战争，强迫清政府签订了 19 世纪中叶的一系列不平等条约，在此基础上逐步形成了以片面协定关税制度为核心，海关外籍税务司制度和子口税制为重要配套的近代中国关税制度。这一制度对当时中国社会经济逐渐加深半殖民地化的过程产生了多方面的重要影响。

---

①　汪敬虞主编：《中国近代经济史，1895—1927》，人民出版社，2000 年，第 1297、1298 页。

民初盐务改革及洋会办丁恩

民初盐务改革是当时国人所注目的一件大事。洋会办兼中国盐务顾问丁恩曾起了特殊作用，而对丁恩一类"客卿"的作用究应如何实事求是地评价，也是近代史研究中值得深入探讨的课题之一。因此，本文试对民初两次盐务改革，对中国资产阶级盐务改革派及丁恩等各自的作用进行一些比较研究。

一、清末盐务概述

"民国肇兴，盐制沿袭前清之旧。"为了更好地研究民初盐务改革，我们先对清末盐务从生产、运输、税收等三方面作些简要分析。

清代在盐业生产制度上有很大进步。明代实行官产制，征发罪犯、盐丁从事徭役性盐业生产。迨清中期后官产制瓦解，私人生产制确立。盐民们以一家一户小生产方式，用煎、晒等技术制盐。清人诗曰："当年有罪来充煎，今日平民编入户。只缘海角不生物，无可奈何来收卤。"盐民人身比过去自由了，但是仍只能以产盐为生，经济上依存于商人资本，受盐商压价收购、放高利贷等盘剥。有些地方如淮南盐场、四川的井盐业、河东的池盐业等资本主义生产关系萌芽有所发展。①著名实业家张謇于 1903 年集资购进淮南吕四盐场的盐垣，成立同仁泰盐业公司，"是为我国盐业新式生产组织的创始"。②

---

① 详见许涤新等：《中国资本主义发展史》（第一卷），有关章节。
② 田秋野等：《中华盐业史》，第 322、323 页。

他们用先进技术所产之盐曾在 1906 年意大利赛会上得"最优等奖牌"①。

盐业中新生产关系的发展，使盐产量不断增加。以川盐为例，光绪年间产量比康熙年间增长近 8 倍②，这使盐业生产与社会需求的矛盾基本缓和。

盐的销售区域"遍及山陬海隅，因而运销繁盛，无远弗届"。清代在运销上多数地区实行"引岸专商制"，由专商执照（引票）在指定的引岸销盐，如稍有逾越，即视为犯私，受到严厉处罚。盐的售价由官府规定，但是盐商可以通过贿赂官吏，利用政府财政窘急之时，以"毁家纾难"为词，向政府提供"报效"，"借此要求准将盐斤加价，政府情不可却，每予照准"。这在清末已成为一种惯例，使盐价不断上升，可以高达成本的几倍或几十倍。盐商为了在官定盐价下牟取额外利润，还常往盐里掺沙土，而专商垄断制度使各引岸人民无论专商之盐如何质劣价昂，被迫购买。"商恃官为护符，官视商为利薮"，苦了老百姓，肥了盐商和贪官。清末民初时一张引票值银上万两，从中可推想食盐专卖利润之巨。③有不少盐商还将引权租给他人经营，自己坐享厚利。

盐运销环节的封建专商垄断制度，必然要与盐业生产中资本主义关系的发展产生尖锐冲突。张謇生产的盐，在旧制度下，"官不准销，与运司迭与笔墨争执，徒劳无效"④，就是一个突出事例。

因为人人要吃盐，其需求弹性极小，所以盐税相当于人头税。清末时，盐税成为政府最重要的岁入来源。清代盐税按其征收对象大致分为三种：向产盐者征收的"灶课"（并入地丁税），向食盐各户征收的"包课"和向运商征收的"引课"。其中引课占极大比重，主要按引额（运盐重量）征收。此外，还常向运商征收各种"杂课"、"报效"等。咸丰以后加征"盐厘"。甲午、庚子战败后，巨额赔债款等使清政府财政日益困窘，不断加征盐税。盐商又通过请求提高盐价将

---

① 田秋野等：《中华盐业史》，第 322、323 页。
② 据许涤新等：《中国资本主义发展史》（第一卷），第 598 页，有关数据计算。
③ 《中国近代盐务史资料选辑》，南开大学出版社，1985 年，序言。
④ 《张謇演说词》，《盐政杂志》，10 期。

负担转嫁到老百姓头上。盐税越重，盐价越高，致使"私盐日炽"。因盐价大大抬高，使贩私盐获利甚丰，出现许多铤而走险、武装贩私的"盐枭"。盐商贿赂盐官，利用场产管理，放盐及加耗加斤等环节的漏洞来偷税现象（亦称"商私"）也司空见惯。这些无税私盐盛行，使有税之盐滞销，使国税收入减少，往往又要加征附加税来补充。于是清末形成了"盐税苛重加专商制→盐价昂贵→私盐盛行→税盐滞销→税收短绌→加征盐税"的恶性循环，使税法日益败坏。清朝统治阶级中有些人对这种恶性循环也有所察觉，但他们不敢触动旧制度，只企图用加强缉私，加重刑罚来禁止私盐。由于病根未除，私盐越禁越盛。也有人主张改行官运，这也不过给经手官吏们以更多中饱分肥机会，无济于事。盐税苛重而税收短绌，是清末盐务中内在社会矛盾尖锐化的一个突出表现。清廷岁征盐税，"同治以前不过一千一二百万两，光绪季年增至二千八九百万两"[1]，至宣统三年时，度支部按当时朝廷所定税率计算，全国盐税达四千六百多万两（还不包括各地方加征的捐税），"但中央政府每年实收之数，迄未超过一千三百万两"。[2]

总之，清末盐务弊窦丛生，民间怨声载道。腐朽的封建制度，也严重阻碍了盐业中资本主义商业的发展。盐务已到了非改革不可的地步。不少忧国忧民之士，开始致力于盐务改革，其中较著名的有张謇，他撰写了《卫国恤民化枭弭盗均宜变盐法》、《预备资政院建议通改各省盐法草案》等文[3]，运用市场机制调节经济的原理，分析食盐产销情况，提出了破除引岸专商制度，改行"就场征税，任其所之"的主张。[4]他还建议如果实行就场征税，政府担心税收短绌的话，他愿意组织公司承认此税。这一建议引起各省盐商的恐慌，结果户部大臣受盐商运动，否决了张的建议。[5]

---

① 《清实录经济资料辑要》，中华书局，第 749 页。
② 曾仰丰：《中国盐政史》，台北商务印书馆，1978 年，第 267 页。
③ 《张季子九录·政闻录》（卷十七）。
④ 见李宝珠：《从张謇自山贸易思想的改变，看封建经济关系对盐务改革的阻力》，《南开大学经济所季刊》，1987 年 3 期。
⑤ 景学钤：《盐务革命史》，南京京华印书馆，1929 年，第 5、7 页。

二、民初第一次盐务改革

在辛亥革命推动下，1912 年上半年，南京临时政府管辖范围内一些南方省份自行发动盐务改革，是为民初第一次盐务改革。辛亥革命前，"人民压服于专制政体之下，受引商之蹂躏，一旦帝制推翻，以为此项依附于帝制之引界出必可从此铲除。首先发难者为四川邓孝可"①。"民国成立，川省首先举义，以旧盐法多苛政，悉罢之、邓孝可立盐政，取消官运，破除引岸，改为就场征税"；"广东也改为自由贸易，于民国元年一月开办"；福建则"收回引岸，废除商帮，改为围场官专卖"。② 云南等省份因边远人民反抗激烈，早已实行民运民销。③这样，"屈指在民国管辖下之各省所有引商多数推翻，惟两淮两浙依然存在。"④

张謇当时任南京临时政府实业部长及两淮盐政总理，他发表了《改革全国盐法意见书》，猛烈抨击引岸专商制，认为"中国旧时专制政治之毒最为灭绝人道者，无过盐法"，引岸专商制"弊有不可胜数者乎"⑤。他通过对旧盐务弊端的剖析，通过对食盐成本、盐价与供求关系的分析，总结出改良盐法的唯一途径就是自由贸易。他根据自由贸易宗旨。对盐的产、运、销、税等进行了详细的规划。他还利用担任两淮盐政总理的机会，计划以两淮盐区（大致包括苏、皖、赣、湘、鄂等省）为试点，把他的改革方案付诸实施。

在两浙盐区，浙江军政盐政局长庄崧甫、范高平等也发表宣言（由景学钤起草），废除专商。⑥

改革必然要损害封建专商及盐务官吏胥役们的既得利益。如张謇所说，"惟引岸之弊已千余年，食其弊者不仅数十万之盐商，上自盐

---

① 景学钤：《盐务革命史》，第 5、7 页。

② 曾仰丰：《中国盐政史》，第 42、41、39 页；并可参见《中国盐政实录》，1932 年，有关四川、广东、福建章节。

③ 《中国盐政实录》，1932 年，第 14 章。

④⑥ 景学钤：《盐务革命史》，第 7 页。

⑤ 《张季子九录·政闻录》（卷十八）。

政院，下迄缉私营队以及官吏、幕僚、吏胥、牙役、名士、门客游手好闲，无一不恃盐为活。"①盐商中又"多显贵之人"，他们这时已成立盐业公所、醯商公会等组织，操纵权势和金钱，极力反对改革。浙江的改革计划刚刚提出，便被引商以金钱运动都督幕府下令暂缓执行。②张謇的改革试验也遇到两淮盐商群起而攻之。当时又缺乏改革所需要的稳定的经济和社会环境。南京临时政府对于各省无法进行实际控制，淮盐销区各省为了保持地方盐税征收权，纷纷借口财政困难，请求不参加张謇的改革。淮南盐商联合向南京临时政府发电，指责张謇的改革方案。孙中山虽然也认为专商垄断之弊政需要革除，但在当时政局下不得不电告盐商，说张謇的方案不是目前的办法。③当时从中央到地方，财政都极为困难，对于可难造成近期税收减少的改革方案也不能接受。于是张謇在两淮和改革试点很快失败。④由于两淮盐区范围广，地位重要，这个失败使民初第一次盐务改革遭到重挫。

综观民初第一次盐务改革，可以总结出它有两个主要特征：它是在辛亥革命推动下进行的，改革的主要矛头都是对准封建引岸专商垄断制度，可以说它是一种反封建的资产阶级性质和改革运动；它是由各地改革派自行发动的。各地改革运动之间只是精神上的互相呼应，缺乏统一组织、统一部署。改革具体方案也分为"就场征税，自由贸易"和"就场官专卖"两种。

第一次盐务改革虽然在两淮两浙等重要地区遭到失败，但它对封建专商垄断制度进行了首次冲击，给后来的改革以较大的影响。这次改革浪潮的暂时退落，酝酿着更大改革浪潮的到来。

三、再次改革的酝酿

还在第一次盐务改革进行之时，南北议和，袁世凯掌握了全国政权，他一上台就向外国银行商借巨款，以用于巩固其统治。帝国主义

①②　景学钤：《盐务革命史》，第9页。
③　参见《大总统复淮南运商劝勿停运食盐电》。
④　参见李宝珠：《从张謇自由贸易思想的改变，看封建经济关系对盐务改革的阻力》。

列强为了垄断借款利益,组织了国际银行团,并提出借款须用全部盐税收入为担保;需任用外国人监督、管理盐税的稽征及帮助改革等。这一严重损害中国主权的条件,遭到全中国一致反对,袁也不敢贸然签约。为了应付社会舆论,也为了增加盐税收入,袁一面和列强谈判,一面电请张謇赴京制定改革盐政方案。

当时列强一再要求把中国盐政像海关一样交由他们管理,中国改革派把这看作是对中国主权的极大威胁。内忧外患使张謇等人进行盐务改革的心情更加迫切了。张謇总结上次失败教训,于1912年9月在上海与"官专卖"派代表人物景学钤商讨,又"召集江浙两省盐政机关之人才及向来研究盐政之人开讨论会,提出'民制、官收、商运'三大纲,会议七日,逐条互相辩驳,始成一计划案,张先生入都后,又得熊秉三(希龄)、张岱杉(弧)、梁任公(启超)诸先生赞成此计划"①。这个计划就是张謇交给袁世凯的《改革全国盐政计划书》②。改革派又在北京联合成立"盐政讨论会",张謇、熊希龄分任正、副会长。还创办《盐政杂志》,宣传盐务改革。

改革派在组织上、宣传上比过去进了一大步,但在纲领上却后退了。《改革全国盐政计划书》的主导思想是实行官专卖,它虽然要破除引岸,但仍给旧盐商以一定优先权。但是它仍然遭到盐商们竭力反对。据当时北京《亚细亚报》社调查,"现在长芦、两淮、浙江、广东诸盐商,皆麋集京师,朝夕奔走于部员及政客之门,以冀达保全私利之目的。"③当时中央政府内"反对改革者以财政总长周学熙为最力"④。周与张謇同为著名实业家,当时中国实业界有"南张北周"之称,但在盐务改革问题上,两人却针锋相对,水火不容。周自己本是两淮大盐商,他与别的盐商关系也十分密切,在他筹办中国实业银行时,就拟以长芦、山东、两淮、浙江等地盐商为主要股东,并得到盐商们大力支持。周为了保全旧盐商私利,不遗余力地反对改

---

① 《盐政讨论会第一次在北京开会纪事》,《盐政杂志》,1期。

② 《张季子九录·政闻录》(卷十八)。

③④ 《财政部反对改革之种种》,《盐政杂志》,1期。

革。为了混淆视听，周也搞了个《财政部改革盐务计划书》，名为"改革"，实为保护引岸制度。这一计划书刚一出笼，即遭到改革派的驳斥。张謇、熊希龄等为了使盐务改革免受周等掣肘，提议设置独立于财政部以外的盐政院主持盐政，而周等对此竭力反对。为了取得当时在议会占多数的国民党的支持（张謇等当时属共和党），"素主不党之周氏遂突然加入国民党……卒因宋教仁反对维持引制，遂将两案一并搁置。"①

正当改革派与保守派激烈斗争之时，袁急于扩大实力，不顾全国反对，下令赵秉钧、周学熙等与五国银行团签订了《善后借款合同》。该合同第五款规定了"用洋员襄助整顿改良中国盐税征收办法"及"在北京设立盐务稽核总所，中国人任总办，外国人任会办；所有发给引票、款项收支等必须有总会办签字方能生效"等②，给予洋员在中国盐税问题上以极大的实权，使外国势力插手中国盐政权。这一合同的签订，是帝国主义与袁世凯相互勾结的产物。在酌定合同细节时，周学熙设法将盐务署归财政总长管辖、发给引票等内容订入合同，企图借助外国势力保障盐商引权，反对改革。③

《善后借款合同》的签订，使中国盐务出现新的复杂局面。经袁世凯顾问莫礼逊推荐，美国人丁恩（M.R.Dane，1854—1940）被中国政府聘任为中国盐务顾问兼盐务稽核总所会办。丁恩是西方盐务名宿，曾长期在印度治理盐政，他的新职务得到五国银行团的认可。他于1913年6月到任。

不久，熊希龄担任北洋政府国务总理，后又兼任财政总长（1914年2月辞职），张弧任盐务署署长兼稽核总所总办。两人都是盐务改革派著名人物。张謇此时也担任了农商总长。据《盐政杂志》主编景学钤说："吾党改革同志亦多出任各省运使，余乃应盐务署之聘为华顾问（对丁恩洋顾问而言）。"④这时盐政讨论会"支会遍及产盐各省……会员加入

① 《盐政丛刊》（第二集），1932年，第571页。
② 详见《中外条约汇编》，第571—573页。
③ 景学钤：《盐务革命史》第9页；及《盐政杂志》，6期，有关文章。
④ 景学钤：《盐务革命史》，第19页。

者数达三千，改革之声已遍及全国。"①改革派决心利用这个机会，进行第二次盐务改革。

当时外国银行团为保证借款本息的偿付，为使发行债票的信用增加，价格上涨，也希望中国改良盐务。此时袁镇压了二次革命，北洋政府对各省统治加强，全国呈短暂统一局面。对这种统一，本文不打算全面评价，只是认为它对盐务改革是个有利的条件。

四、民初第二次盐务改革

从 1913 年下半年始，北洋政府在外国势力参与下，在全国范围内推行了民初第二次盐务改革。改革的主持人为中国改革派官员与洋会办丁恩。当时中国改革派对丁恩怀有很大戒心，而丁恩来华后也力图扩大自己的权力，双方引起争执，以致一度丁恩与张弧都曾以辞职相威胁。熊希龄为防止丁恩权力扩大，设法和丁恩改订了聘用合同，划清了丁恩的权限，使丁恩在税务上具有《借款合同》规定的稽核总所会办实权，而在盐政其他方面则只有调查、建议等顾问之权。②这对盐务改革的进行产生了不可忽视的影响。这次改革的重点在盐税征榷管理制度和食盐运销制度两方面。

（一）盐税征榷管理制度改革

当时按张謇估计，漏税私盐销量占全国食盐销量一半。此外，地方军阀借输运军盐、以组织盐业专卖公司的形式大肆销私，构成这个时期贩私活动一大特点。③本已短绌的盐税收入还要常被地方当局截留。以两淮为例，在 1912 年 2 至 11 月，各岸盐税收入"悉为各省截留，除两岸提解 6 万两外，其余丝毫未经解到，综计各岸短解之数，确有 430 余万之多"④，被截留率高达 98% 以上。1912 年度全国盐税预算收入约 7 136 万元，但据 1913 年 10 月 27 日国务总理给各省督军省长通电来看，从民国成立起至该日止近两年各省解交盐税仅 260 万

---

① 《盐政杂志》，9 期，社论。
② 《中央纪事》，《盐政杂志》，9、10、11 期。
③ 王仲：《袁世凯统治时期的盐务和盐务改革》，《近代史研究》，1987 年 4 期。
④ 《前两淮总理张交代盐政咨苏督及财政部文》，《盐政杂志》，4 期。

元，加上中央在盐税项下协助各省之款亦只有 1 660 万元。[①]

外国银行团对盐税收入极为关心，丁恩明确提出，增加税收是改革首要目的。而袁政府不仅要用盐税抵还外债，还要用它维持庞大的军政费用，也希望通过改革增加盐税收入。中国改革派还担心如果拖欠债款本息的偿付，按《善后借款合同》规定，盐政将归海关办理，使华洋合办变为洋人一手控制，因而对增加税收也很重视。于是北洋政府从 1913 年开始，首先进行了盐税征榷管理制度的改革，主要有以下内容：

第一，创设并完善稽核机制。在此以前，"盐政收支，既无考核又不统一……出入款项，报部者仅十之二三，均系内销之款，其外销之款，并不报部（这里所言'内'、'外'，是指各盐区而言）……提用盐款，听凭各省随意挪移，而盐务机关，率皆任意滥支，从无一定标准。"[②]北洋政府为了"内巩财权，外昭国信"，于 1913 年初颁布《盐务稽核所章程》，但据前引国务总理通电看，实施效果并不理想。丁恩到任后，经其力争，于 1914 年 2 月又公布《盐务稽核总、分所（改组）章程》[③]，盐务稽核机制两大要素——制定和组织机构逐步建立、完善起来。这一机制最主要是直接的职能就是代表中央财政（实际上也代表外国银行团）掌管盐税征榷、还债、提用等事项。例如《章程》规定各稽核分所在设立之处"征收一切盐税盐课及各费，并监督他处之征收上列各税各费。""凡在盐区征税后放盐，须以该分所华洋经协理会同签字之单据，或以该分所印信为凭。""所有收入之款，应由分所华洋经协理，以中国政府盐务收入账名目存于团内各银行或该银行所认可之存款处。""中国政府盐务收入账内之款，必须有总会办会同签字之凭据，方能提用"等。盐务稽核机制保证并加强了中央财政（及外国银行团）对我国盐税征收、开支过程的控制，改变了过去这方面的涣散、混乱状况。稽核总分所"所有账簿均照新式簿记办法……不但盐款收支账目可以稽考，即盐务递年之盈虚消长，亦可一一于此觇之，以视前此无账可稽、一味糊涂者，真有

---

① 丁恩：《改革中国盐务报告书》（1922 年盐务署刊行），第 3、4 节。
② 左树珍：《民国盐务改革史略》，附于曾仰丰《中国盐政史》内。
③ 详见《中国近代盐务史资料选辑》（第一期），南开大学出版社，第 148—152 页。

天渊之别矣"①。

第二，革除征榷环节一些陈规陋习，堵塞可能偷税逃税的漏洞。例如，过去先（放）盐后（收）税，以致盐商欠税之事时常发生。"奉天地方商人运盐只需声明将来缴款，即可照准。"②奉天盐区 1913 年 1—5 月应缴税款中 60% 以上拖欠未缴，6—8 月欠税率更上升到 80% 多。其他各处也均有欠税现象。丁恩视察时发现这种情况立即建议就场征税，先税后盐，"非缴有相当抵押者不得准其欠税"。③当时代理财政总长梁士诒认为"此种欠税办法相沿已久，不易废除也"，"然熊希龄对于此事之见地较为果敢明达，遂于民国二年十月九日颁发部令"，实行丁恩主张。④后来在《稽核分所（改组）章程》中对先税后盐又再次作了明确规定。

再如，自乾隆年间起准运百斤盐"加耗"（免税）5 斤，后因盐商贿赂盐官，"耗斤"不断增加，清末时达 30%，盐商还要另外夹运私盐。丁恩坚决要求北洋政府不顾盐商反对，将从前所准许的"耗斤"一律废止。⑤

此外，在建筑官坨、管理场产、认真秤放盐斤等方面也采取了一些改进措施。

第三，统一税率。民初盐税税率极其紊乱，全国盐课厘杂税目多至七百余种，仅山东一省，商办各区税率有 30 种，官办各地税率多达 43 种。其他各省也大致如此，所以当时人称"我国税法紊乱，以盐务为最甚"。而且税率轻重也非常不均，"百斤税率最重者至五元而强，最轻者仅一元而弱"⑥。1913 年 2 月公布了《盐税条例》⑦，主要有如下规定：（1）将各地形形色色正杂课厘一律取消，改征统一

---

① 林振翰：《中国盐政纪要》，商务印书馆，1929 年，第 20 页。
② 丁恩：《改革中国盐务报告书》，第 25、37 节。
③ 丁恩：《改革中国盐务报告书》，第 25、37 节。
④ 丁恩：《改革中国盐务报告书》，第 37 节。
⑤ 景学钤：《一年来盐政改革之返顾》，《盐政杂志》，17 期；丁恩：《改革中国盐务报告书》，第 62 节；左树珍：《民国盐务改革史略》。
⑥⑦《中国近代盐务史资料选辑》（第一册），第 306、313—314 页。

税，"不得以他种名目征税"；（2）逐步将各地盐税统一为每百斤 2 元 5 角。光将全国大致以淮河为界分为南北西大区，在 1915 年 1 月 1 日前，北大区每百万斤先定为 2 元，南大区仍依旧率征收。1915 年 1 月 1 日后全国施行新税率。在具体实施过程中，各地情况不同，东三省过去是清朝优待地，税率轻，这次不能一下子提高，于是分几次加（税）；广东 1914 年本不在改税省份之列，仍然一年加了三次税；扬子四岸旧税已大大超过《条例》所规定的标准，不但没予以减轻，反而比原来有所加重。① 自《条例》公布，"只准一税，不准各省加抽盐厘……然各省向恃盐税以供省用者，仍思百般破坏"②，因此还是出现一些变相征附加税现象。③ 尽管如此，"当局者因恐外人干涉，竭力保护盐税之统一。"④ 经过几年努力，往昔税率紊乱、轻重不均状况已有较大改善，"已呈统一之象矣"⑤。

因为盐税改革要革除一些积重难返的陈规旧习，要触犯那些长期倚恃旧习牟取厚利的专商及营私分肥的盐官们利益，必然要遭到他们拼命攻击；盐税收支权的集中，也必然会遇到昔日靠擅提盐款为己用的地方当局的掣肘；改革过程中有时还要受到北京政府内部当权人物例如后来重任财政总长的周学熙的破坏。⑥ 但是由于中国改革派积极努力，熊希龄、张弧以及丁恩等人在盐税改革中发挥了很大作用，使盐税改革得以较顺利进行下去。这亦与当时政局较统一也有密切关系。

改革后中央盐税收入激增，第一年（1914 年）达 6 848 万元，比清末最高年份（1 300 万两，合 1 950 多万元）增加两倍半还多，此后 1915、1916 两年都不断递增。（见表 1）

---

① 丁恩：《改革中国盐务报告书》，第 89、154、127、128 节。
②④ 景学钤：《一年来盐政改革之返顾》。
③ 参见王仲：《袁世凯统治时期的盐务和"盐务改革"》，《近代史研究》，1987 年 4 期。
⑤ 林振翰：《中国盐政纪要》，第 20 页。
⑥ 丁恩：《改革中国盐务报告书》，第 187、192、207、211 节。

表1　民初全国盐税收入、总销盐量及平均税率

年份	1912年	1914年	1915年	1916年	备注
A：中央盐税收入（万元）	不到1 000	6 848	8 050	8 107	1912年据前引国务总理通电推算。1914年以后见《中国近代盐务史资料选辑》（第一册），第447页。
B：全国盐税收入（万元）	预算7 136	6 848	8 050	9 293	1912年无此统计，以预算数代，供参考。1916年数含各省截留数1—186万元。
C：全国总销盐量（万担）	2 686	3 741	3 717	3 741	1912年系《改革全国盐政计划书》中的估计。1914年以后见《中国盐政实录》第四辑上册，统计图表。
D：全国平均税率（元/担）=（B）÷（C）	266	183	217	248	据《改革全国盐政计划书》估计改革前全国平均税率为2.70元/担，可与1912年数相佐证。

　　表1D栏中1914年数低于1912年，可能因为改革前是估计，会有些出入，但从中至少可以推论，尽管1914年有些地方税率有所提高，然而全国平均税率并不会比改革前高出多少，B栏有关数据的比较，也可佐证；销盐量的增加没超过40%（而且这也与废除"耗斤"、"认真秤放盐斤"等改革措施有关）。而中央实收税款，1914年比1912年高出几倍。再参照长芦盐区的例子，长芦1913年盐税收入概算为623万元，1914年实收1 265万元，只是"实行由分所收税，并将凭照发放盐斤之办法切实整顿……税率并未大为增加"[①]。由此可以推论，1914年增收的几千万元中，大部分来自盐税改革中加强管理、革除积弊、堵塞漏洞所带来的税收增加。这正是盐税改革成功的一个显著标志。

　　与运销制度改革相比，盐税改革所收成效较快较显著，以至当时

───────────

① 丁恩：《改革中国盐务报告书》，第39节。

人把前者称为"假改革"，把后者称为"真改革"。[①]但是我们也要看到，盐税改革主持者首要目的是增加税收，因此他们在革除积弊、加强管理的同时，确实也提高了一些地方税率。如果说，1914 年增收的几千万元大部分是改革的成效，那么 1915、1916 两年新增税额则与税率提高有很大关系见表 1 D 栏。

（二）食盐运销制度的改革

第二次盐务改革另一个重点是运销制度的改革。中国改革派一直在主张破除引岸，废除专商。丁恩虽把增加税收当作改革首要目的，但也认为盐的运销与税收密切相关，运销环节的专商垄断制度使国税和人民都受害。他根据西方资本主义自由贸易的经验，认为"各盐商竞争贩卖，盐价必低……则购之者、用之者必众，而国家税款自此增加"，"能使国家和人民两受其利"[②]，因此他坚决主张废除专商垄断，实行自由贸易。

中国改革派在废除专商垄断这一点与丁恩是一致的，但此时他们中多数主张实行"官专卖"，用政府垄断取代专商垄断。景学钤等人从 1913 年 9 月起，"费百日之研讨"，成一"盐专卖法草案"，又经盐务署张弧等修订，欲提交国会[③]。此时，丁恩坚持将该草案搁置，等他到全国盐区调查后再定。

丁恩在中国各盐区实地调查时发现，张謇等认为"中国盐法之最善"的东三省，开办"官专卖"每年要开支经费 245 万多元，而获利估计每年不到 50 万元。丁恩认为从东北奉天实际情况看，实行自由贸易比官专卖为好。[④]丁恩又发现，较早实行"官专卖"的福建，在林炳章任运使时十个月解交盐款仅 2 万多元，而其间一次预支经费就达 75 万元。[⑤]根据调查结果，丁恩对自己原方案一些细节作了修正，坚定了"自由贸易，废除专商垄断"的主张。张弧等终于同意了

① 景学钤：《一年来盐政改革之返顾》。
② 《1912 年 12 月 9 日丁会办致张总办函》，《中国近代盐务史资料选辑》（第一册），199 页。
③ 《盐政丛刊》，1921 年，第 219—241 页。
④⑤ 丁恩：《改革中国盐务报告书》，第 84、85、19、143 节。

丁恩的意见，决定从 1914 年 7 月 1 日起开放引岸，实行自由贸易。①

因为旧引商此时"大都并不运盐，而只将引权租给他人办理，自己则坐享租金，……今一闻引权将被撤销，遂不免惊骇万状矣。"②他们一面上呈财政部及大总统，一面筹集巨款以保护引权。③他们说丁恩竭力主张破岸废商，是想"破坏我国实业"④；实行自由贸易，"实欲招徕外国有力资本家，伪出华人姓名，经营盐业"⑤等。他们四处活动，买通一些报纸和官僚、政客等帮他们说话。长芦盐商仅对张弧一人就曾秘密凑了 100 万，张得此钱后，用其中三四十万修建了一所宏丽的大厦。⑥

张弧遂以反对力量过大为由，建议将此项改革逐步实行，从 1914 年 7 月 1 日起先在直隶、河南官运引地 74 县试行自由贸易。⑦丁恩同意这一建议，对五国银行团代表解释说："商人世传引权，于整顿盐务殊属有碍，且于国于民皆为蟊贼，极宜设法消灭之……而消灭此项引权宜择一处先行，使能生效，他处当不难下手也。"⑧

袁世凯也过问此事，于 6 月 2 日在总统府开财政会议讨论开放引岸问题，认为"此事不宜采用激烈手段。"当日决议：直隶、河南之贩盐人之额，应定共为三千或三千五百名；此等人由地方官或盐务署审查，必须真正华商，并无洋股者方许充当；凡持此等审定之券者，准其照章纳税购盐运销，"无论某村某县，但系直、豫境内均可运盐往销，其运售之额不能限制；所有旧商以及该商之伙计及子侄等均承领此券，俾彼等仍有一定之营业；仍派分所人员时时往各岸调查盐价及盐之成色，勿许恶劣，一面由官出示，告知两省人民，以盐价只许比现实更贱，不许比现时更贵。"⑨

---

① 丁恩：《改革中国盐务报告书》，第 99 节。

②③④⑤ 丁恩：《改革中国盐务报告书》，第 99 节；又见《中央纪事》，《盐政杂志》，第 15 期。

⑥ 《盐政丛刊》，1921 年，第 457 页。

⑦ 《长芦盐务五十年之回顾》，《文史资料选辑》，第 44 辑。

⑧ 《1914 年 4 月 30 丁会办改五国银行团代表函》，《中国近代盐务史资料选辑》（第一册），第 201 页。

⑨ 丁恩：《改革中国盐务报告书》，第 100 节。

丁恩于 6 月 5 日对上述五条发表了自己的意见，对其中第三、五两条表示赞赏，对第二、四两条不好说什么，只对第一条表示竞争的人越多越好，人数不必先定死。①

直、豫官运引地开放了。这时改革派重要人物、盐务署署长张弧禁不住厚利的诱惑，纠集一批北洋官僚组织"长利公司"，实则由盐务署拨发成本向芦纲公所（盐商组织）购盐，转包给散商运销。他们后来又秘密结引重要人物变而为"同春号"，并不直接运盐，垄断居奇，"坐享余利计达百万"②。张弧还借口"审查选择需费时日"，操纵贩盐证券的发放。开放引岸 70 多天后，持证券之人还不到原定名额的 30%，而且本来只说旧商等可以"承领此券"，实际执行时却变成旧商等"皆有请领证券的优先权"③。《盐政杂志》对此评论说，其结果使盐的运销"仍归一二豪商之手"，认为这是"假改革"④，丁恩也一再提议取消贩盐证书，采用纯粹自由贸易办法，无论何商皆可在 74 县内运盐售盐。张弧对丁恩之议坚决反对。他利用丁恩的忌讳心理，威胁丁恩"勿施猛烈之改革，致起洋商将营盐利之谣。"⑤张还提议"因欧战发生，中国财政甚形困难"，将长芦盐税、盐价均提高，上升 30%，⑥人民不仅没有享受到自由贸易使盐价下跌的好处，负担反而加重了。1915 年 4 月，丁恩派人赴天津调查芦盐运销情况，查出长利公司垄断盐务实情。张弧的贪财变节行为遭到他原来的改革派同仁的怒斥，指责张"阳藉改革之名，阴为蔽商之计"，"朝令夕更，志在发财"，是破坏改革的罪魁。⑦

正当丁恩与张弧在开放引岸问题上争执不下时，一向顽固反对改革的周学熙已重任财政总长，他抓住长利公司及芦盐提价等把柄，把宿怨的张弧参劾、撤职。周重新上台后，对改革大举反扑，公然破坏

① 《中国盐务史资料选辑》（第一册），第 220 页。
② 丁恩：《改革中国盐务报告书》，第 202、205 节。
③ 丁恩：《改革中国盐务报告书》，第 100 节。
④ 景学钤：《一年来盐政改革之返顾》。
⑤ 丁恩：《改革中国盐务报告书》，第 203 节。
⑥ 丁恩：《改革中国盐务报告书》，第 102 节。
⑦ 散见于《盐政丛刊》（1932 年）及《盐政杂志》有关文章中。

新法，"设法规复旧制"。① 此时袁世凯也正想称帝，"正在罗掘款项，以为大典筹备之用"。 周"乃授意全国盐商假验票之名，报效巨款。盖盐商手中所持之引票系前清所颁发，民国并无承认之明文，法律上效力殊形薄弱，乃献此计，责令全国盐商报效千万元，于旧票上加盖民国印信，并担保永不废引"。"为博洪宪皇帝之信用，长芦、山东引商预先缴纳几达 200 万，淮浙引商亦争先承认。"②

丁恩坚决反对盐商报效、引票加印之议，并运用手中会办实权，拒绝在引票上签字，使报效之举不得不中止。③但在开放长芦引岸问题上，接替张弧担任盐务署署长的龚心湛又节外生枝，提出要散商运盐前须指明运销地点，"先尽定额请运，以杜侵销邻岸"；还要散商交纳保证金等。龚又提出为了筹还大清银行借款，在开放区域要再次提高盐价等。④由于种种阻难，开放长芦引岸的试验宣告失败。这对全国食盐运销制度的改革是个沉重打击。此后，山东东岸 18 县实行自由贸易计划也失败了。

需要指出的是，在对开放长芦引岸有重要影响的"六·二总统府会议"上，丁恩没有参加。有关贩盐证券发放等事宜中也可以看出，这方面具体主持 、操办之实权掌握在张弧、龚心湛等中国官员手里。丁恩在这一改革过程中确实也有过某些妥协退让，但是王仲同志认为丁恩"不主张从根本上废除商专卖制"⑤，似与史实不符。实际上，与当时中国改革派著名人物张謇、熊希龄、张弧、景学钤等人的主张与活动相比较，丁恩在废除专商问题上似乎更为坚决些，朱契称丁恩是"主张废除专商最力之第一人"⑥，并不是没有根据的。

长芦、山东受挫后，全国食盐运销制度改革并没有完全停止。自1914 年至 1918 年丁恩离任时，全国陆续开放的引岸有：皖豫淮盐引

---

① 丁恩：《改革中国盐务报告书》，第 187、192、207 节。
② 《盐政丛刊》增刊（1932 年），第 23、259 页；又见丁恩：《改革中国盐务报告书》，第 211 节。
③ 《盐政丛刊》增刊（1932 年），第 23、259 页；又见丁恩：《改革中国盐务报告书》，第 223 节。
④ 丁恩：《改革中国盐务报告书》，第 229 节。
⑤ 王仲：《袁世凯统治时期的盐务和"盐务改革"》。
⑥ 朱契：《中国租税问题》，商务印书馆，1936 年，第 392 页。

地33县、山东临沂6岸、淮北近场5岸、徐淮6岸、永武浙盐销地、闽北31县、广东沿海各地、川南、川北等。[①]丁恩离任后全国又陆续开放了一些引岸。[②]这其中也经过不少反复。到1931年时，全国已有近半数的县份实行了自由贸易。[③]1931年中国政府公布的《新盐法》中第一条就是："盐就场征税，任人民自由买卖，无论何人，不得垄断。[④]这二十来年历史说明：丁恩和张謇等主张的用资本主义自由贸易方式取代封建专商垄断方式，反映了历史发展的必然趋势。

民初第二次盐务改革还涉及的生产、仓储、盐务官制等其他方面，因篇幅有限，不一一论述。

1915年底袁世凯称帝，大搞倒行逆施，遭到全国反对，国内政局大变。1916年袁死后，北洋军阀各派系矛盾日益表面化、尖锐化，演成军阀大混战。盐税被各地军阀不断加征，税法重又紊乱，盐务改革的一些成果渐被破坏。

五、两次盐务改革之比较分析

盐务改革是在民初特殊历史条件下产生的一个较复杂的有多重特征的历史事物。将两次改革联系起来作比较研究，有助于加深我们对盐务改革的认识。两次改革之间既有联系又有区别，我们先分几个方面进行比较。

首先，在改革内容方面，两次改革在反对旧专商垄断制度上一脉相承。区别是第一次改革矛头集中于此，第二次则更把盐税改革以增加税收作为首要任务。

其次，从改革者来讲，两次改革都有中国改革派积极参加。第一次全由他们发动、推行。第二次虽有丁恩等洋员参与，但是中国改革

---

①② 朱契：《中国租税问题》，第397—401页，并可参见《中国盐政实录》分目及"盐务大事表"。

③ 刘佛丁：《中国近代食盐运销制度的变化》，《南开大学经济研究所季刊》，1985年2期。

④ 曾仰丰：《中国盐政史》，附录三。

派的作用不容忽视。他们在野则宣传改革，与保守势力论战，在朝则参与决策、推行改革。丁恩在《改革中国盐务报告书》里多次提到了熊希龄、张弧等改革派官员的作用。景学钤、左树珍等改革派重要人物也曾参与拟定《盐税条例》、《制盐特许条例》等重要法令。①可以说，第二次盐务改革是由中国改革派和丁恩等共同主持、推行的。只是因中国官员更迭频繁，因中国改革派自身的局限使丁恩的作用显得较突出。

再次，从改革的利益结构分析来看，两次改革都要损害封建专商和盐务官吏们既得利益，而有利于新兴资本主义工商业挣脱封建制度的束缚。例如在旧盐制下，清末张謇等创办新式盐业的产品被官府禁销。而在第二次盐务改革时期，景学钤、范旭东等于 1914 年在塘沽又创办了我国第一家精盐公司——久大精盐公司。虽然旧盐商们对久大精盐的竞争群起反对，百般阻挠②，但由于盐务改革打开了缺口，使我国精盐工业得以逐步发展起来。

第一次改革中张謇的方案与第二次改革都要收回地方当局昔日的盐政权益，而有利于中央财政；盐务改革可以使广大消费者免受垄断专商之害。在这些方面，两次改革是相同的。所不同的是，第二次改革对外国金融资本也有利。不过，王仲同志认为从改革中"获利最大的，当然是帝国主义。它不仅获得巨额利润，而且还通过监督盐务进一步控制了中国财政经济命脉"③。对此，还应仔细斟酌。确切地讲，帝国主义所得债款利益及监督中国盐务等特权，是从《善后借款合同》中得到的。盐务改革使这些利益能较顺利地实现，并使发行债券的信用增加，价格提高，确实对帝国主义也有利。而假设不进行改革，税收依然短绌，则根据《善后借款合同》规定，盐政将归海关办理，将由华洋合办变成洋人一手控制。而且帝国主义还会通过其他手段压中国还债，例如在《善后借款合同》刚签订，税收还很少时，外国银行团就曾提出另加田赋作为善后借款的担保品，并企图派洋人监

---

① 《盐政丛刊》，1921 年，第 282、300 页。

② 详见《中国近代盐务史资料选辑》（第一册），第三章，第六节。

③ 王仲：《袁世凯统治时期的盐务和"盐务改革"》。

督田赋征收。①因此当时中国改革派已清醒地认识到，在《借款合同》已签订情况下，不改革，将会使中国主权进一步丧失。《善后借款合同》的签订与盐务改革虽有些联系，但毕竟是两码事，不能把两者混为一谈，认为从改革中"获利最大"的是帝国主义。一位外国著名学者在比较民初盐政与海关时曾指出，洋人对盐务稽核所的控制与海关不同，除了支付"善后借款"的本息外"它同任何持久的特殊的外国利益无关。而这样做的好处则主要为控制北京政府的人们所得"②。

第一次改革的经验教训，例如福建实行"官专卖"的经验教训等，为第二次改革提供了借鉴；第一次改革的一些成果，如四川、广东实行的自由贸易等，在第二次改革中得到发展。结合以上分析，可以说第二次改革是第一次的继续和发展。

第二次盐务改革是在全国一度统一的政治条件下，由北洋政府（及外国银行团）在全国推行的，这和第一次改革所处的动荡局势不同，因此第二次改革能波及全国，收效也较第一次大得多。第二次改革中建立的一些制度，如稽核制度等，对后来的中国盐务有很大影响。在中国盐务史上，民初第二次盐务改革的影响之深，范围之广，是少有的。

综上所述，我们可进而得出以下认识：

第一，根据改革的利益结构分析可以看出两次改革都是反封建的资产阶级性质的改革。从改革的具体进程看，它是在辛亥革命影响下由中国新兴资产阶级发起、推动的（后来有外国势力参与）。而从中国改革派的主张、活动来看，中国民族资产阶级的先进性、革命性及妥协性、软弱性，他们和封建阶级千丝万缕的联系等，都对盐务改革产生较大影响。

第二，帝国主义在有些场合为了自己的利益也要反对旧的封建制度，在民初中国盐务问题上就是如此。

第三，袁世凯等既要听命于帝国主义，又要解救财政困窘，所以

① 《中央纪事》，《盐政杂志》，10 期。
② 费维恺：《20 世纪外国人在中国的机构》，中译文见《经济学术资料》，1931 年 7 期。

一度也赞成改革，但不赞成过多触犯旧盐商利益。当袁为称帝欲得盐商支持时，他就转而破坏改革。

第四，辛亥革命对盐务改革的推动，第二次改革起初能收到一定成效，而袁倒行逆施，政局大乱后改革一些成果遭破坏等史实说明，盐务改革要受更重大的政治斗争所影响、所制约，政局稳定与否，是改革顺利进行的必要条件。

第五，民初盐务改革是中国社会内部矛盾发展的一个必然产物。进行盐务改革，用资本主义经营方式取代旧的封建方式，是当时社会发展的要求。而封建旧方式的腐朽在盐税问题上必然表现为税法紊乱、国税短绌。增加税收确是北洋政府和帝国主义进行第二次改革的一重要动机，但我们不能从表面上看到这些，就把改革斥之为"增加税收的花招"，而看不到这次改革深刻的社会内容。民初盐务改革在客观上适应了当时中国社会经济发展的需要，是中国盐务近代化的开端，具有较大的进步意义。

六、关于丁恩其人

讨论民初盐务改革时，不免要涉及对丁恩一类"客卿"作用的评价。近几年，随着对极"左"思潮的批判，许多学者提出要用历史唯物主义的基本观点，实事求是地评价历史人物，不能简单化、概念化。对近代外国来华人员的评价也应当如此。

为了有助于认识丁恩其人，我们可以先考察一下当时中国盐务改革派和保守势力各自是如何评价丁恩的。中国盐务改革派对于《善后借款合同》的签订使外国势力插手中国盐政主权之事，一直痛心疾首，但他们具体对丁恩其人的看法却有个变化过程。起初，改革派中不少人担心丁恩等洋员的到来会干扰改革。丁恩到任后也主张破除引岸，使改革派有所欣慰。但丁恩力图扩大自己和其他洋员权力的举动使中国改革派对丁恩又怀有很大敌意。①继而，中国改革派对丁恩不赞同他们的"官专卖"方案感到不满，但同时对丁恩亲赴盐区实地考察，年已花甲，仍"不避风雨，每日徒行，所有盐滩均已走遍"的工

---

① 可参见《盐政杂志》G—10 期有关文章。

作态度感到敬佩。①丁恩用实地考察结果为依据，逐步说服中国改革派同意实行"自由贸易"主张，改革又取得一定成效，加之张弧变节行为的反衬，丁恩对周学熙鼓动盐商"报效"的坚决抵制等等，使中国改革派对丁恩的评价越来越高。直到经历十多年军阀混战，盐务重又败坏紊乱后，中国改革派及后来一些学者在回顾民初历史时，认为丁恩是"热心改革家"，中国盐务一些进步"都赖丁恩之力"②；丁恩是"主张废除专商最力之第一人"③，丁恩"功不可没"④等，纷纷赞扬丁恩。

而中国保守势力在丁恩未来华前曾认为"盐政改良之权既公于外人，引票一语又规定于国际条约中，且得洋员签字为保障"。他们得意万分，认为"改革派无论如何在此 39 年（《善后借款合同》有效期）中断无改革余地"⑤。丁恩到任不久，盐商又曾到丁恩处进行"运动"⑥，企图借丁恩之力保障引权。不料丁恩坚决主张废除引权，实行自由贸易，使盐商们大失所望，非常愤恨。直至 20 年代，丁恩早已离任返英后，盐商们对他仍然攻击不已。⑦

结合民初盐务改革史实，参照以住改革派与保守势力双方对丁恩的评价，我们认为：

第一，丁恩是当时在华势力最大的英帝国主义根据《善后借款合同》，安插进中国盐务机构的，他是帝国主义插手中国盐政的具体执行者，他首先是为帝国主义在华利益服务的。

第二，由于帝国主义在中国盐务问题上与封建专商制度有矛盾，丁恩又是一位具有较丰富的资本主义盐务管理经验的专家，因此他提倡资本主义自由贸易方式，坚决反对封建专商垄断。当他来到封建专商势力还很强大、盐务经营管理方式还很落后的中国环境中，他那些思想、主张、管理方式等就显得较为先进。从某种意义上可以说丁恩

---

① 《熊希龄演说词》，《盐政杂志》，10 期。
② 《盐政丛刊》增刊（1932 年），第 162、523 页。
③ 朱契：《中国租税问题》，第 392 页。
④ 林振翰：《中国盐政纪要》，第 307 页。
⑤ 《中国近代盐务史资料选辑》（第一册），第 214 页。
⑥ 《中央纪事》，《盐政杂志》，10 期。
⑦ 《中国近代盐务史资料选辑》（第一册），第 215—217 页。

带来了一些西方先进文化。

第三，丁恩工作认真负责，是个实干家。他并不以自己有 40 多年盐务管理经验及有较硬的后台，就在中国盲目推行自己的主张；也不因自己年岁已高、目力不好、语言不通等困难，就坐镇京师，遥控指挥。从他到任第二天上财政部条陈看，他来华之前对中国盐务已作了一番研究。到任不久他又亲赴各盐场实地考察。各盐场多处于偏僻之地，交通条件差，他仍然"不避风雨，每日徒行"，基本上跑遍全国各大盐区。他除了调查当地盐务状况，还向基层官员宣讲盐务政策。①丁恩经实地考察，掌握了第一手资料，更有发言权。在这一点上他远胜于北洋官僚。例如他在东北考察后，编写《东三省盐务意见书》，反对在东北实行"官专卖"。当时财政总长熊希龄恰恰是"官专卖制"积极主张者，又曾在东北办理过盐务，而且当该《意见书》送交熊时，熊正对丁恩怀有敌意，谋划如何限定丁恩的权力。但熊看了《意见书》后，不得不承认"该员于实地调查后所条陈各节，颇多切实可用"，于是将原拟在奉天实行盐斤官办计划作罢，按自由贸易之法办理。②相比之下，中国官员不少盐务计划、意见等，"类皆纸上谈兵，理论过于事实"③。

第四，丁恩认为改革"务须谨慎办理"，应区分轻重缓急。王仲同志曾引用丁恩的话："改革易惹起民间之反对，即令改革，亦以少为贵"，然后把丁恩所说的"民间"解释为是指盐商等。但是如果我们把丁恩原话④上下文看一下，就会发现丁恩这段话中"剁事之改革，易惹起民间之反对……"主要针对当时中国政府欲支用巨款建造新式盐厂，独揽盐业生产，变民产制为官产制而言，这里的"民间"主要指盐业生产者。丁恩在原文中认为当时盐政"最要者"是实行"先课后盐"、"就场征税"以及在盐运销环节免除所有厘金和地方杂捐，对"垄断把持"要"极力禁止"，要鼓励竞争等。他反对政府忙于建造新式盐厂，认为这事应听任民间去搞，如果民制"成色不

---

① 《熊希龄演说词》；丁恩：《改革中国盐务报告书》，第 14、29、76、191 节。

② 丁恩：《改革中国盐务报告书》，第 88 节。

③ 王仲：《袁世凯统治时期的盐务和盐务"改革"》。

④ 丁恩：《改革中国盐务报告书》，第 43 节。

佳"，"价值过昂"，"供不敷求"，政府再设厂。我们认为，抓住症结之所在，这正是丁恩改革思想高明之处。改革也是门学问。盐务改革要" 袪千百年之积弊，夺千万人之饭碗"，当然要区分轻重缓急，"务须谨慎办理"。如果当时中国政府建造新式盐厂，独揽盐的制造，第一须支用巨款，耗费太大；第二要造成千百万盐民失业；第三要把改革注意力吸引到盐业生产领域，而放松运销环节和盐税收支环节的改革，轻重缓急被颠倒，会使改革夭折。丁恩这个意见不仅没有反对改革之意，恰恰是为了更好地进行改革。

此外，丁恩之所以能在民初盐务改革中发挥特殊作用，除了他自身素质外，他的洋会办特殊身份，也是很重要的因素。而且在丁恩任会办期间，中国官员更迭频繁，财政总长连代理的共换了 11 任，盐务署长换了 4 任，①其中任期较长的张弧后又变节谋私，这使得丁恩坚持改革，主持改革的作用相比之下显得更为突出。

总之，丁恩是在当时历史条件下具有多重特征的历史人物，我们不能因为他是"帝国主义代理人"，就把他的一切都否定掉。丁恩反对封建垄断，提倡较先进的资本主义盐务管理方式，推动中国盐务改革，其功确实"不可没"。

当今时代和民国初年已大不相同。过去老百姓被迫吃封建垄断专商质劣价昂之盐的状况已一去不复返了。但是民初盐务改革的历史经验，例如，中国改革派和丁恩等关于改革应兼顾国家和人民利益的思想，丁恩重视实地调查，认为改革"务须谨慎办理"的经验，以及中国改革派对张弧变节一事所总结的"须当任用廉洁之人主持改革事宜"的经验教训等，仍然值得我们认真总结和借鉴。

---

① 见刘寿林：《辛亥以后十七年职官年表》，中华书局，1966 年，第 40 — 45、134 — 138 页。

清代货币战争刍议

《世界货币运动纵览》一文作者认为第一次世界货币战争是以白银的形式出现的。明清时期，中国的手工业商品（定制的个性化生产）随着海陆交通大循环的形成风靡世界，引发一场中国生产商品、美洲殖民地生产白银的"世界货币战争"。因为"白银无国界"又导致明清时代中国的通货膨胀（出超）及世界贸易的通货紧缩（入超）。笔者认为，清代确实存在着国际货币战争，但它并不仅仅是以"白银的形式"出现的。

一、被"屏蔽"的跨洲大套汇

诚然，16 世纪后叶和 17 世纪中国确有大量白银内流。贡德·弗兰克在《白银资本》一书中认为这验证中国已成为当时世界经济的中心，强调在 1 500 年以后的三个世纪里获得了美洲白银并以此买通进入世界经济格局之路的欧洲人一直是一个小角色，而且"不得不适应——而不是制定！——亚洲的世界经济游戏规则……亚洲人在世界经济中仍然是成功的竞争者"。早在产业革命的风暴到来之前，便存在着多边贸易关系及世界范围内从供求出发而自然分工的全球经济。在相当长的时间内，以中国为代表的亚洲，凭发达的经济（包括西方无法望之项背的总产值与人均产值、人均消费水平、内外贸易）、一流的商品（包括西方无法与之竞争的品种、质量、数量及低廉的生产成本）处于这一世界格局的中心，发挥着主导作用。在这过程中，中国长期处于有利地位，数以亿计的美洲白银和外国银元源源不断流入中国，以至许多历史学家把中国描写成"吸引全世界白银的唧筒"①。

上述作者有意无意地忽略了一个重要史实——当时欧洲人的跨洲大套汇。实际上，16世纪后半叶至18世纪中国伴随大量白银内流，同时还有大量黄金外流。内流的白银并不都是用来买丝茶等中国土产，也有很多是用来换中国黄金的。在16世纪初，中国的金与银比价是1:6，而欧洲为1:12，波斯为1:10，印度为1:8。到16世纪末，广东的金与银比价为1:5.5或1:7，而西班牙为1:12.5或1:14，"这表明中国白银的价格是西班牙的两倍"。1609年，一位曾在菲律宾、澳门等处担任财政、行政工作的西班牙人，曾向新西班牙政府建议，准许白银自由运往菲律宾，其条件为以其中一半购买中国货物，一半购买中国黄金。他根据多年经验认为"以白银交换中国黄金，运往西班牙出售，可获利75%以上，或80%"②。西方经济学之父亚当·斯密曾指出：当欧洲人与亚洲人初通贸易时，在中国及印度市场上，"纯银与纯金的比率仅为10:1，最多是12:1，而在欧洲则是14:1或15:1"；因此"开往印度大部分的欧洲船只所装载的货物中，白银一般是最具价值的物品之一。白银是开往马尼拉的阿卡普尔科船只上最具价值的物品"。③

明清时期中国是富藏黄金的大国。全汉升先生曾经指出："经过长期的累积，到了明代，中国民间的存金，可能已经达到一个庞大的数字。举例来说，在正德五年（1510），刘瑾籍没家产中，共有黄金12 057 800两。这个数字究竟有多大？16—17世纪，西班牙自美洲输入黄金的总额，约只等于刘瑾私有黄金的39%。事实上，除刘瑾以外，明代还有不少富人蓄藏黄金。如果再加上这许多人藏金的数

① 摘引自北大版《清史十五讲》，转载于天涯社区网《世界货币运动纵览》一文。
② C.R. Boxer, *The Christian Century in Japan*, 1951, p.426. 又墨西哥大学教授 Rafael Bernal指出，在1560年，墨西哥金、银比价为1:13，中国为1:4。见Bernal，上引文，In *The Chinese In the Philippines*, *1570—1700*, Vol.I, p. 46；转引自全汉升：《明中叶后中国黄金的输出贸易》，《中国近代经济史论丛》，台北稻禾出版社，1996年。
③ 亚当·斯密：《国富论》，唐日松等译，华夏出版社，2005年，第156—157页。

字，民间存金的数额当然更大。"①至清代，虽然中国已有大量黄金外流，但是嘉庆三年（1798），仅和珅籍没家产中就有黄金 10 650 万两（折银），约占和珅家货币资产（金 + 银 + 钱 + 洋圆）的 85%。②

清代中国黄金继续大量外流。康熙三十九年（1700）时，中国的金价约值欧洲铸造价格的 2/3，这使得英国人也和葡萄牙人一样，认为在中国用白银换取黄金大有赚头。③英国东印度公司为提高商船职员的热情，准许职员在保证公司本身利益限度内做一些私人随船贸易。公司对 18 世纪初来华的"伊顿号"船员私人贸易有这样的规定：投资款中 4/7 必须用白银"在中国购入黄金运返"。④雍正十年（1732）英国商船"康普顿号"总购中国货价值共 82 850 两银，各类货品依次为黄金（44 889 两银）、白铜（23 027 两银）、白糖（4 773 两银），还有冰糖、樟脑等，黄金占总值一半以上；乾隆二年（1737）"诺曼顿号"总购中国货价值共 121 152 两银，各类货品依次为茶叶（76 989 两银）、黄金（25 561 两银）、瓷器（8 097 两银）、布（3 790 两银），还有西米和各种织物等。这一时期东印度公司职员私人随船贸易输出的中国货仍以黄金为主，例如 1729 年"林恩号"船长在广州私人贸易价值共计 3 744 镑，其中黄金为 2 500 镑，茶叶等货物 1 244 镑。购买中国黄金，成为英国东印度公司的公司贸易及职员私人贸易的重要内容。⑤当时跨洋贸易的帆船航海时底舱需要有比重大又不怕水渍的压舱货（没有则需要用很多石块），来华贸易的西方帆船压舱货多为白银，返程时压舱货则是黄金和瓷器，西方制瓷业发展后则多为黄金。至近世后期，金与银比价高达 1∶35，中国黄金继续大量外流，据笔者计算，自 1895 年至 1936 年这 42 年，中国黄金外流量累计约

① 全汉升：《明中叶后中国黄金的输出贸易》，《中国近代经济史论丛》，台北稻禾出版社，1996 年。
② 云妍博士提供数据。
③ 马士：《东印度公司对华贸易编年史》（第一卷），区宗华译，中山大学出版社，1991 年，第68 页。
④ 马士：《东印度公司对华贸易编年史》（第一卷），区宗华译，中山大学出版社，1991 年，第72 页。
⑤ 马士：《东印度公司对华贸易编年史》（第一卷），区宗华译，中山大学出版社，1991 年，第68、175、212、227—228、254 页。

合银 6.43 亿关两。[1]

问题是欧洲人用白银换中国黄金的行为，究竟是属于"贸易"，还是属于"套汇"？与此相关，韩琦把关于近世白银世界性流动原因的解释分为贸易平衡说、套利说及综合说这三种观点。[2]笔者认为，弗兰克关于白银世界性流动原因的综合说解释较为合理（但是弗兰克以大量白银流往中国来论证中国已成为当时世界经济中心的观点却是难以成立的），传统教科书所采用的贸易平衡说实际上是"屏蔽"了欧洲人的大套汇，从而夸大清前期中国的"繁荣"。如果仅解释欧洲人用白银换中国黄金的行为，究竟是属于"贸易"还是属于"套汇"，关键在于如何看待黄金的货币性。纵观中西货币史，我们可以看到矛盾运动的特殊性与普遍性的对立统一，中西货币发展历史及各自的"个性"，又在大方向上有着"共性"：都是由早期的多种商品演变为金属货币，由贵金属排斥贱金属，进而又由称量方式发展为铸造形式，铸币也都由其他各种形状转化为圆形（中国人还颇有创意地添上"方孔"），近世又由铸币转化为纸币，转变为以银行为创造机构的信用货币（非商品货币）。笔者认为，借鉴广义货币概念，根据中国近世黄金价值储藏、世界货币等方面职能增强，价值尺度及作为流通媒介的流动性较弱等特点，黄金货币性可以定为准货币。这样，近世早中期中国货币可采用"两层三品"说，其中"两层"是指白银与铜钱为狭义货币，黄金为准货币；"三品"是指黄金为上币，白银为中币，铜钱为下币；平时市场交易中大数用中币，小数用下币，超大数间用上币；"盛世古董，乱世黄金"，动乱时黄金的上币作用加强。P.金德尔伯格在其《西欧金融史》一书中把欧洲人到东方用白银换黄金的行为明确称之为"套汇"，并认为这是东方的贵金属净损失。[3]

欧洲人的跨洲大套汇，从长期来看是中国的巨大利益损失。西方货币史学家把西方主要国家确立金本位制的一个主要原因归结于1849 年加利福尼亚金矿的发现，而英国在 1816 年就已确立金本位

---

[1] 陈争平：《1895—1936 年中国国际收支》，中国社会科学出版社，2007 年，第 88 页。

[2] 韩琦：《美洲白银和早期中国经济的发展》，《历史教学问题》，2005 年 2 期。

[3] P.金德尔伯格：《西欧金融史》，中国金融出版社，1991 年，第二章。

制，当时并没有大金矿的发现，可以说正是来自东方的黄金帮助英国改行金本位制，从而英国在世界货币战争中进一步占据制高点，而这正是建立在中国等东方国家黄金净损失基础上的。

宋鸿兵指出，近世伴随欧洲白银东来的是亚洲黄金的西去，"英国在囤积黄金，而中国在吸纳白银。问题的关键是，究竟是黄金还是白银将最终成为世界货币的霸主，这将是关系到东西方未来数百年兴衰的重大分水岭！"①

清代中国一再丧失发展机遇，其中也包括虽然富藏黄金却丧失占据世界货币战争制高点的机遇。如果因此反过来认为中国已成为当时"世界经济中心"，实在是难以服人。

二、鸦片换白银——货币战的新形式

18世纪20年代以后饮茶之风在欧洲大盛，茶叶很快取代丝绸成为中国输欧的主要商品。在中国输英货值中茶叶所占比例从1722年的56%增加到1795年的90%，荷兰则在1729—1792年中每年平均70%以上。总之，18世纪欧洲各国对华海上贸易中茶叶约占75%—80%，而他们购买茶叶主要以白银支付，因而此间中国对欧洲贸易顺差为白银1.2亿—1.3亿两，绝大部分是欧洲诸国购茶之用。19世纪20—30年代，仅英国东印度公司从中国运出的茶叶一项，每年就值550多万两，最高年份（1932）将近1 000万两。仅此一项价值就远远超过英商输入中国的商品。19世纪初，中国紫花土布（外商称作"南京布"）在南洋、英、美、法等地十分流行，成为仅次于茶丝的重要出口商品。当时英国运来中国的商品以棉花和毛织品为大宗。棉花主要来自英属殖民地的印度，其输华值年均约在400万两以上。毛织品主要来自英国本土，其输入中国的价值每年在150万—200万两。英商自认为是王牌货物的毛织品在中国却"非常难卖"，常常被迫忍痛亏本抛售。英商曾经多次将本国的棉纺织品运到中国来试销，但是都因成本太高，售价太贵，卖不出去。在正当的中英贸易方面，中国一直处于有利的出超地位，英国每年要支付数以百万两银计的贸

---

① 宋鸿兵：《货币战争3》，中华工商联合出版社，2011年，第13页。

易差额。①

这种贸易上的不平衡，与英国资产阶级的扩大海外市场，进行殖民掠夺的要求大相径庭。因此在英国政府支持下，英国东印度公司采取了三角贸易的方式，在英国殖民地印度大量生产鸦片，用英国的棉毛纺织品等运往印度，换取鸦片，再运往中国，从中国进口茶叶和丝绸。

英国奸商采用贿赂清政府官吏等手段，不断扩大向中国走私输入的鸦片数量，通过罪恶的毒品走私活动实现其攫取暴利的愿望。从1750 年到1839 年，鸦片在中国的销售量直线上升。18 世纪60 年代以前，每年不过200 箱（每箱100 斤），1786 年已超过2 000 箱，1790年又突破4 000 箱。19 世纪20 年代以后，年销量恶性膨胀，到鸦片战争前夕，已达35 000 多箱，价值近2 000 万元，大大超过了当时中国丝茶的出口总值。因为贩卖鸦片获利丰厚，美国的一些奸商也从19 世纪初开始参与在中国贩卖鸦片的罪恶活动。②1833 年，英国国会废止了东印度公司对华贸易的专利权，此后很多英国散商加入到对华走私贩运鸦片的行列。

英国通过贩卖鸦片从中国所得白银，不仅抵偿了它进口大量中国茶叶丝绸等所造成的贸易差额，而且还使中国白银大量流往印度和英国。因为大量白银是通过走私途径流往国外的，其数量难以精确计算，仅根据英属印度海关的统计，中国对印度的白银出超在1814 —1815 年达130 万两左右，而到了1833 —1834 年及1838 —1839 年年均出超达428 万两，1838 —1839 年则超过600 万两。加上中国对欧美或亚洲其他地区的白银出超，鸦片战争前夕中国每年的白银流出量估计有1 000 万两。③

鸦片走私给西方国家带来巨额财富，却给中国造成极大的损害。

---

① 严中平等：《中国近代经济史统计资料选辑》，科学出版社，1955 年，第4 —5、11 页。

② 汪敬虞：《十九世纪西方资本主义对中国的经济侵略》，人民出版社，1983 年，第53 —54 页。

③ 严中平等：《中国近代经济史统计资料选辑》，科学出版社，1955 年，第28 —29 页。

吸食鸦片的中国人越来越多，他们的身心遭到严重摧残。而白银大量外流所产生的灾难则波及中国社会各阶层。占当时社会白银货币量20%—25%的白银流往国外，加剧了中国的"银贵钱贱"程度。这就使得"劳作收入皆以钱计，交纳赋税皆以银计"的广大农民和手工业者成为直接受害者；那些卖货收钱、纳税缴银的中小商人和地主也深受其害。大量白银外流使得清政府国库存银日渐减少，财政危机日重。

三、银元和纸币——点向清代破旧币制的"一阳指"

清代的货币制度问题很多，其中最大的问题就是清政府对铜钱的铸造有严格的规定，制钱的规格有法定标准；白银是用作政府收支和商业大宗交易的通货，但清政府没有按照货币管理原则来管理白银，对银锭、银块的铸造采取放任态度，银的成色和单位重量可以随时随地而异。实际流通的"宝银"种类繁多，银两的称量标准及成色，更为复杂。称银两的标准秤叫做"平"，但是这种作为标准的"平"本身却是斑驳陆离：清政府征收各项租税用的叫"库平"，征收漕粮折银用的是"漕平"，海关征收进出口税用的是"关平"，对外贸易用"广平"（又称司马平），市场交易用"公砝平"，各地的库平、漕平、公砝平等亦各不相同，全国各种"平"有上百种之多，令人头晕目眩。各地所铸宝银的成色也是高低不齐。这些平色繁杂的银两，折算起来非常麻烦，阻碍了商品经济的发展，却为官吏敲诈百姓提供了一种借口，为钱商盘剥客户提供了一种手段。因银两平色不同，各地均设有专营铸造宝银的银炉（或称炉房，清代有官营和民营之分），设有专门鉴定宝银成色和重量的公估局。每个地方的银炉要将外地流通进来的宝银回炉重铸成当地的宝银，经当地公估局批定后才能在当地流通。经过银炉的铸造和公估局的批定，使得在当地市场交易时白银可按锭数授受，不必每次都经过秤量和成色鉴定，为地方市场的交易提供了一定的便利。但是这些宝银如果流到其他地方去，又得回炉重铸，这样仍然给较大范围内商品经济的发展带来了不便。

因为各地银两平色繁杂，即使是专门从事银钱业者，也需花很大功夫去记忆和辨别它们，所以银钱业流传着一些平码歌和口诀。例如，过去山西票号就有这样一首口诀：

> 天津化宝松江京，纹银出在广朝城，上海豆规诚别致，公估纹银西安行，
>
> 票色重贵足纹厚，云南票锭莫忘情，川白锭出成都省，荆沙老银沙市倾，
>
> 二四估宝属武汉，桂梧化银记分明，常纹周在湘潭县，长沙用项银出名，
>
> ……

银钱业者只有牢记这些口诀，才能在金融界混口饭。

由于中国所铸元宝等形状不一，成色和平砝千差万别，给市场交易带来了种种不便，而外国银元重量和成色都有一定标准，制作也精美，使用方便，因此它们很快受到人们的欢迎。随着清代对外贸易的发展，流入中国的外国银元也逐渐增多。它们的种类先后有几十种，其中重要者有西班牙本洋、墨西哥鹰洋、香港英属银元和日本龙洋等。银元虽然成色较低，但都要含较大份量的铅，它们对白银的作价却被越抬越高。有人计算，中国白银兑换外国银元要亏 11% 以上。洋商本来是用银元来买中国的茶叶、丝绸和瓷器等，后来见银元价格被抬高，就运来大量低成色的银元来"买"中国白银，运回去铸成更多的银元再行运到中国，辗转往复，获利丰厚。日本商人则干脆把铸造银元的炉子、模具和铅放到船上，开到中国沿海，就近铸造银元换中国宝银，再铸再换，利润"大大的"。

笔者曾经请教过清代金融史专家张国辉先生，为什么清政府在初期不把铸造铜钱的制度推广到铸造银钱或银元上来？老先生沉思良久，最后说只能用"守旧"来解释。

早在道光、咸丰年间，林则徐等就曾经一再向清政府提议自铸银元，但都遭到当权的守旧势力反对，被拒而不用。中国因清政府货币制度的落后又白白损失了数以亿万两计的铸币利润。

由于外国银元的流通越来越广，对中国金融的损害越来越大，清政府不能再漠视，终于在 1887 年批准两广总督张之洞的提议，在广

东设造币厂，用机器铸造银元。广东造的银元每枚重为七钱两分，与当时在中国广泛流通的墨西哥银元相仿，因其背面铸有蟠龙纹，俗称"龙洋"。清政府下令所有捐税钱粮的征收等均得使用这种银币。民间交易也将其与墨西哥银元同样看待，所以它的流通较为顺利，它是中国正式铸造新式银币的开端。

不过，这时候英商麦加利银行、汇丰银行，德商德华银行，法商东方汇理银行等纷纷把在华发行纸币作为它们吸收中国资金、扩张金融势力的一个重要手段，外钞在中国流通量不断增大。到19世纪80年代，仅汇丰银行在厦门一地发行的钞票就有六七十万，[1]正如近代洋务官僚所感叹的那样：外国银行"以数寸花纹之券，抵盈千累万之金"。随着中外贸易网的扩大，外钞不仅广泛流通于中国沿海口岸市场，而且已经深入到汉口等内陆城市，到19世纪90年代，外钞已成为中国通货种类中一个重要的组成部分。

清代外国银元和外商银行纸币可谓点向清政府破旧币制的"一阳指"，它们的广泛发行，加重了外国资本对中国人民财富的掠夺程度，也暴露了清政府币制的破漏及守旧。

宋鸿兵指出："明治维新的成功与洋务运动的失败，其根本差别就在于日本守住了自己的金融高边疆，外国金融势力未能有效地控制日本的货币体系。尤为重要的是，日本没有形成一个强大的洋买办阶层。因此，外国银行在日本难以开展业务，更别说控制日本的金融命脉了。"[2]宋鸿兵的观点为比较明治维新与洋务运动的成败原因提供了很有说服力的新解释。清代中国在国际货币战争中一再处于被动挨打的局面，使中国利益遭到巨大流失。

---

① 洪葭管：《从汇丰银行看帝国主义对旧中国的金融统治》，《学术月刊》，1964年4期。

② 宋鸿兵：《货币战争3》，2011年，第30页。

第二编　企业、企业家及工商社团研究

从"大生"模式看张謇在企业制度方面的历史贡献

19—20世纪之交,近代著名爱国实业家张謇刚刚建成了南通大生纱厂,又以积极进取精神着手创办通海垦牧公司,其宏大的经济创新事业由此开始从创建单个企业阶段向创建跨行业、跨部门的企业集团阶段迈进。章开沅先生曾经指出,大生纱厂建成于1899年,通海垦牧公司创设于1901年,"这恰好是两个世纪交接的年代,张謇的企业群体恰好成为中国旧世纪终结与新世纪发端的众多标志之一"。[①]除了纺织、农垦企业外,张謇后来又相继创办了航运、码头、机械、面粉、榨油、制盐、贸易、金融、房地产等企业,组成大生企业集团。在这一过程中,张謇进行了一系列企业制度创新,形成了中国企业制度演变史上的"大生"模式。在近代中国企业制度演变史上,张謇创造的"大生"模式从多方面体现了章老所说"旧世纪终结与新世纪发端"的划时代意义。本文着重讨论有关"大生"模式的主要制度特征及这一模式在中国企业制度演变史上的地位,由此来加深对中国企业制度在近代发展变化历程的认识,以及对张謇在这方面所作历史贡献的认识。

---

① 《论张謇——张謇国际学术研讨会论文集》,江苏人民出版社,1993年,第27页。

一、中国最早的民营股份制企业集团

(一) 靠股份公司制兴办"大农、大工、大商"

甲午战争后,面临日益深重的民族危机,张謇大力鼓吹实业救国,并于1895年不惜以"文章魁首"的状元之尊,打破封建文士耻于言商的旧风气,开始在南通筹办纱厂。当时,虽然国内在船舶修造业、缫丝业、轧花业等部门已经出现了一些民营工厂,但是它们多为独资或合伙企业,规模较小。张謇要兴办大工厂,但是他只是一介寒儒,自家并没有多少财产,只能"仿照洋厂"①,依靠股份制向社会集资。股份制是商品经济发展和生产社会化的产物,它克服了传统独资企业及合伙企业固有的规模狭小和风险集中这两大缺陷,给东西方各国近现代经济的发展注入了强大的活力。19世纪末股份制在中国仍处于起步阶段,社会"风气未开",张謇经历"千磨百折,首尾五载,忍侮负饥"②,多方集资,才好不容易办起了大生纱厂。可以说,没有股份制就没有大生纱厂。在南通地区,大生纱厂开了实行股份制的先例。在全国范围内,还不能完全肯定大生纱厂是最早的民营股份制工业企业,但是至少可以说它在民营工业企业中位居最早实行股份制的一批企业之列。

1901年张謇又创办通海垦牧公司,开垦苏北沿海滩涂荒地,"广植棉产,以厚纱厂自助之力",保障纺纱所需棉花原料的供应。在《通海垦牧公司集股章程启》一文中,他提出要"仿泰西公司"依靠股份制集资,并进一步强调公司组织的重要性,他说:"公司者,庄子所谓积卑而为高,合小而为大,合并而为公之道也……甚愿天下凡有大业者,皆以公司为之。"③通海垦牧公司的集资过程也不容易,由于以农垦公司形式进行大规模的沿海滩地围垦,在中国是开天辟地之事,风险极大,而获得回报的时间则很晚,有钱人一般不愿投资,

---

① 《兴办本末》,载张謇编:《通州兴办实业之历史》(上册),《大生纱厂》,第3页。
② 《张季子九录·政闻录》(卷九),第20页。
③ 张謇:《通海垦牧公司集股章程启》,《张謇全集》(卷三),江苏古籍出版社,1995年,第212页。

以致公司至 1904 年时只实收股本 20.9 万两银，不足筑堤修渠之用。
1905 年公司决定再招新股 8 万两，但当时只有大生纱厂投资 2 万两。
后来张謇又陆续招集到一些股金，直至 1910 年才收足 30.9 万两。①
中国第一家新型农业公司终于办成。公司股东中有富商、地主、官
僚，也有企业法人。

大生纱厂不仅是通海垦牧公司的大股东，在垦牧公司创立之初还
不断给予其借贷资金支援。两个企业在张謇统一领导下，结成多方面
的经济联系。按照著名经济学家厉以宁给"企业集团"下的定义，
它"是企业之间横向经济联合的产物"，"是若干个企业在同一地区、
同一部门或跨地区、跨部门的经济联合体"。②可以说，1901 年通海
垦牧公司的创设，标志着跨行业、跨部门的大生企业集团已开始形
成，它是中国最早的民营股份制企业集团。

此后，大生企业集团不断壮大。张謇强调实业救国必须兴办突破
小生产方式的"大农、大工、大商"③，同时他又希望"天下凡有大
业者，皆以公司为之"。他将其主张付诸实践，除了上述大生纱厂和
通海垦牧公司外，从 1903 年起张謇又依靠股份制向社会集资，才得
以较为迅速地扩大经济事业的规模，相继创办了广生油厂、大兴面粉
厂、阜生蚕桑公司、同仁泰盐业公司、大生轮船公司、天生港大达轮
步公司、资生铁厂、资生冶厂、大生二厂、大生三厂、泽生水利公
司、新通贸易公司、淮海实业银行等 40 多家企业。这些企业在融资
关系、人员派遣、原材料供应、产品销售、技术支持等方面建立紧密
关系，协调行动，都是大生集团成员企业。

1907 年，大生纱厂改为"大生股份有限公司"，并另外成立"通
海实业公司"，统管大生系统各企业的投资。后来张謇曾在南通设立
联合办事处，作为集团内各公司传递信息、接洽业务的机关。1922
年，正式成立了"南通实业总管理处"，由张謇亲自任处长，下设纺
织管理处、实业管理处、盐垦管理处。大生纱厂驻沪事务所也发展成
为负责集团内几十家企业采办物料、购运原料、批售产品、调划头寸

① 《大生系统企业史》，1990 年，第 47 页。
② 厉以宁：《企业集团与垄断竞争》，《光明日报》，1986 年 10 月 18 日。
③ 《张季子九录·自治录》（卷四），第 10 页。

以及接待来往人员的多功能机构。①

在资本组织形态上，大生集团的企业基本上都实行股份制。集团内都是相对独立的法人企业，虽然企业间经济往来十分密切，但是各自独立核算，产权关系明晰。如果其中一企业严重亏损办不下去了，就停歇拍卖，不致因一厂关闭而牵动全局。②

张謇创造的"大生"模式在企业制度上最基本的特征，就是用股份公司制，在南通地区兴办了民族资本主义的"大农、大工、大商"，建立了在清末民初时中国最大的民营企业集团。可以说，没有股份制就没有大生企业集团。

（二）受时代环境的影响——股息"官利"制等

股份制在近代中国经历了一个坎坷的发展过程。研究中国近代企业制度演变的一位专家认为，1904 年清政府颁布《公司律》之前，中国股份制企业的发展是处于起步时期，这一时期中国股份制企业的制度性特征主要有：请准制度、无限责任制度、专利垄断制度、官督制度和股息官利制度等；而 1904 年《公司律》和《商人通例》的颁行，"标志着中国近代股份制企业的制度性建设发展到一个新阶段"。③

大生企业集团实行的股份制也难免受到时代大环境的影响。例如，大生纱厂初创时，张謇在企业性质上主要是强调实行股份制，至于纱厂是实行无限责任制，还是实行有限责任制，张謇没有对此做明确规定。根据当时社会习惯，大生纱厂可能采用的是无限责任制。④到 1907 年，大生纱厂第一次股东会议根据股东郑苏堪（孝胥）的提

---

① 《大生系统企业史》，第 101、170、123、124 页。

② 参见《近代改革家张謇——第二届张謇国际学术研讨会论文集》，江苏古籍出版社，1993 年，第 450 页。

③ 王处辉：《中国近代企业组织形态研究》第六章，南开大学 1999 年博士论文。

④ 笔者查阅了张謇及大生企业有关史料，找不到这方面的明确内容；考虑到大生创业时中国股份制企业的发展还处于起步阶段，不少问题还很模糊，因此认为张謇没有对此作明确规定。但是在第一次股东会议上，股东郑苏堪指出纱厂在此之前"一切组织是无限制无法律之办法"（《通州大生纱厂第一次股东会议议事录》，载张謇编：《通州兴办实业之历史》（上册），《大生纱厂》，第 134 页）；又有专家认为，1904 年清政府颁布《公司律》之前，这一时期中国股份制企业主要采用无限责任制度（见王处辉：《中国近代企业组织形态研究》第六章，南开大学 1999 年博士论文）。据此可以认为纱厂在此之前根据当时社会不成文法，采用的是无限责任制度。

议，由全体股东议决，明确了企业今后改为实行有限责任制。[1]

大生企业的股份制受时代大环境影响最明显的就是实行股息"官利"制度。股息官利制度是因为在中国经济发展水平还很低、高利贷活动猖獗的情况下，股份制超前起步，因集资困难，为了招徕社会资金而形成的。中国传统资金流向主要是购买土地、放高利贷和商业活动，难以转化为产业资本。张謇在为大生纱厂集资过程中屡遭挫折，自称"仰天俯地，一筹莫展"，曾被迫借月息高达1.2分的高利贷以渡难关[2]。因集资困难，为了招徕社会资金，维持工业投资，像大生这样的纱厂，乃至其他的民族近代企业中，普遍实行股息"官利"制度，即不管生产与否，不论企业盈亏，股东定期必分官利股息。张謇曾认为当时中国如无官利制度，则"资本家一齐猬缩矣，中国宁有实业可言？"[3]

按照著名经济史家严中平先生的分析，官利是国内"高利贷资本统治中国投资市场的落后情形"的表现。[4]官利的水准，受当地高利贷利率所左右。[5]大生纱厂的官利为年息8厘。大生集团里的许多企业，除纺织系统各厂外，如广生油厂、天生港大达轮步公司、大兴面粉厂、阜生蚕桑公司、资生铁冶公司等，在其集股章程中都载明"股银正息（官利）八厘"等，以后不论企业盈亏，股东定期必分官利股息八厘。

官利因不论企业盈亏都要支付，所以实际上类似债息。所不同的是借债必须还本，债息支付主权在债权人，而支付官利的主权在企业，必要时可以缓付。但是官利对于企业来说，仍然是一个沉重的负担。根据大生纱厂盈利分配情况统计，一般盈余年份官利要占纯利的20%—30%，盈余少的年份则占的比重更大，有时还造成账面上的亏损现象。[6]官利制度是大生企业的股份制受时代大环境影响的产

① 《通州大生纱厂第一次股东会议议事录》，载张謇编：《通州兴办实业之历史》（上册），《大生纱厂》，第134页。
② 详见《大生系统企业史》编写组：《大生系统企业史》，1990年，第10—23页。
③ 张謇：《通海垦牧公司集股章程启》，《张謇全集》（卷三），第212页。
④ 严中平：《中国棉纺织史稿》，1963年，第146页。
⑤ 详见汪敬虞：《中国近代工业史资料》（第二辑下），1957年，第1011—1015页。
⑥ 《大生系统企业史》，第141页。

物，它的存在是大生等近代中国民族工业企业资本积累过程难以顺利开展，以致后来陷入困境的一个重要原因。①

二、机构精干、章法严明的企业管理机制

"大生"模式另一重要特征就是建立了一套机构精干、章法严明的企业管理机制。

大生纱厂是张謇赖以成就其宏大事业的基础。在纱厂创办过程中，张謇备尝艰辛，深知"坚苦奋励，则虽败可成；侈怠任私，则虽成可败"②，因此在经营管理上极为用心。张謇等人起初对管理近代工厂并不在行，他们就花大力气"考诸上海各厂，而加以斟酌"③，研究企业管理办法。在纱厂管理机构方面，张謇贯彻因事设人的组织原则，使纱厂在开车之始就建立了一套精干的企业管理机构：纱厂总负责人为"总理"，由张謇自任（后来张謇为农垦事业及其他新办事业在外奔波时，请其兄张詧辞官回乡任纱厂协理，协同管理企业）；下设进出货、厂工、杂务、银钱四所，各所负责人称为"经董"，直接对总理负责；经董之下各自选用并管辖若干"执事"（职员），进出货董之下还另设一名驻沪帮董以协助上海进出货事务。张謇还亲自拟定一个《厂约》，作为企业管理的基本规章。在《厂约》中，张謇首先说明办纱厂目的是"为通州民生计，亦为中国利源计"。《厂约》明文规定了总理和各经董的各自职责：总理的职责是"通官商之情，规便益之利，去妨碍之弊，酌定章程，举错董事，稽察进退，考核功过，等差赏罚"，即负责与官方联系，决定企业方针大计，掌管重要人事任免及功过的考核赏罚等，总揽纱厂大权；进出货董负责掌握棉花收成的丰歉，市场行情的变化，仓库原料和成品的进出，棉花原料的质量等；厂工董主要负责管理机器设备的保养及维修，考察工人的勤惰和技术水平，检验成品及半成品的质量，决定煤油物料的储备数量等；杂务董负责全厂保安与防火，房屋、车船、港岸的保养修建及

---

① 参见严中平：《中国棉纺织史稿》，第 146—148 页。
② 张謇：《厂约》，《张謇全集》（卷三），第 20 页。
③ 张謇：《大生崇明分厂十年事述》，《张謇全集》（卷三），第 209 页。

其他杂务等；银钱董负责全厂账目，如销售货款的收入、收购棉花款项的支出、稽查各种单据等，还兼管备给工料，管理股票公文函牍，接应宾客等。张謇还在《厂约》中对各级职员的工资待遇、利润分配、各所章程的制定办法和定期考核制度、功过赏罚办法等事项都作了明确、具体的规定。《厂约》体现了张謇这一开明、务实的状元公治理新式工厂的个人特色：它对各级职员既晓之以"办厂是为民生，为救国"的大义，又明确告之以纱厂奉行总理独裁制和部门分工负责制的管理原则，告之以各部门职员各自的责、权、利，以及考核与功过赏罚办法，使各级职员的责权利挂钩；张謇在《厂约》中又将自己置于大家的监督之下，鼓励各级职员对自己提意见，对厂务提建议。[①]

张謇又于 1899 年颁布《大生纱厂章程》，其中包括银钱总账房章程、进出货处章程、子花栈章程、净花栈章程、批发所章程、工料总账房章程、工账房章程、工账房新章、物料所章程、机账房章程、拣花厂章程、清花厂章程、粗纱厂章程、细纱厂章程、摇纱厂章程、成色厂章程、杂务账房章程、稽查章程、巡丁章程、火险章程、管水龙章程等 21 项有关纱厂各车间和各职能部门管理办法。[②]这 21 项具体章程共有 195 条规定，对纱厂各道工序和各个岗位的人财物管理等作了详细具体的规定，使部门分工负责制的管理原则进一步具体化。一位专家认为，在 19 世纪末 20 世纪初全国建立的约 20 家纱厂中，大生纱厂的管理制度较完善。[③]《大生纱厂章程》是张謇及其同事们学习外厂以及自己治厂经验的总结。因当时中国不少新式纱厂在管理上缺乏经验，漏洞很多，张謇在《大生纱厂章程书后》一文中再三强调治理纱厂一定要谨慎，并希望《章程》能给"凡为纺厂者"提供参考。[④]

张謇自己以身作则，严格按章办事。他在为筹建纱厂到处奔波、"忍悔负饥"的五年间，有时因旅费不够，宁可上街卖字维持，也不

---

① 参见张謇：《厂约》，《张謇全集》（卷三），第 17—20 页；及《大生系统企业史》，第 33 页。
② 张謇：《大生纱厂章程》，《张謇全集》（卷三），第 24—42 页。
③ 穆烜、严学熙：《大生纱厂工人生活的调查，1899—1949》，江苏人民出版社，1994 年，第 215 页。
④ 张謇：《大生纱厂章程书后》，《张謇全集》（卷三），第 42—43 页。

肯动用厂款。在这五年间，他"生计赖书院月俸"，未支厂一钱。张謇以身作则，带动其他同事也节俭办事，"全厂上下……除洋工师外，一切俸给食用开支，未满万金（开办费'仅九千三百余两'）"，与当时其他企业的糜费形成鲜明的对照，以至两江总督刘坤一知道此事后，对大生勤俭办厂的做法赞叹不已。①

张謇对企业高中级管理人员"绳之以大义"，并且赏罚严明，用规章制度实行开明而严格的管理。张謇兄弟与沈敬夫、高清、蒋锡绅（银钱董）等本地商人"沥胆相扶"，组成大生领导集团。张謇创办通海垦牧公司及其他企业时，也在这些企业建立了机构精干、章法严明的企业管理机制。在张謇以身作则、统一指挥下，这些企业的高中级管理人员无不兢兢业业，恪尽职守。他们分工负责，层层管束，管理十分严格，使企业取得了很好的效益。例如，当大生开办初期资金难以周转，纱厂处于生死关头之时，进出货董沈敬夫献计"尽花纺纱，卖纱收花，更续自转"，被张謇采纳，使纱厂渡过了难关，进而有所发展。沈敬夫等还利用他们在花布同业中的社会关系，动员棉花商、布商等投资于大生纱厂。厂工董高清负责组织生产事宜，曾经"遍考纺法于上海中外各厂"；他"督工甚勤，竟日无懈……举职称事，十五年如一日"②。大生纱厂赖以起家的生产设备原是官方长期搁放在上海码头芦席棚中的一批纺纱机，经数年风吹雨打，锈蚀损坏十分严重③，可谓先天不足。但是在高清等人努力下，这些机器设备经过整修，生产出了质量"比苏沪厂纱为优"的机纱，以至"行销亦旺，中外争购"④，当"沪上纱滞如山"时大生所产之纱销售"独畅"，帮助纱厂渡过了资金周转困难的险关。⑤大生纱厂经营管理的重点放在市场营销方面，而在比较不受重视的生产环节上仍然取得了

---

① 张孝若：《南通张季直先生传记》，中华书局，1930 年，第 72—73 页。

② 张謇：《高君立清墓志》，《张謇全集》（卷五），第 405 页。

③ 《候补道林查验官机复南洋督部刘讯》，载张謇编：《通州兴办实业之历史》，《大生纱厂》，第 52 页。

④ 《刘坤一奏张謇筹办南通大生纱厂折》，载上海档案馆编：《旧中国的股份制》，中国档案出版社，1996 年，第 78 页。

⑤ 张謇：《通州大生纱厂第一次股东会议报告》，载张謇编：《通州兴办实业之历史》，《大生纱厂》，第 122 页。

这样好的业绩，应该归功于高清等纱厂职员恪尽职守、精心督导和严格管理。①

相比之下，中国第一家棉纺织厂——李鸿章主持下的上海机器织布局，其筹备工作经历了漫长的十五载光阴，工厂尚未开工，资本却已亏折了 30%。②而苏州在籍绅士、前国子监祭酒陆润庠在苏州创办的苏纶纱厂也是"未开车以前坐食糜费十万余两"③。张謇与陆润庠同时被清政府委派在各自家乡创办新式工业，并在 19 世纪末分别都办成了一家纱厂，由于张謇所办纱厂管理严格，效益明显高于陆氏所办之厂。可以说，大生纱厂之所以成为第一次世界大战前"华资纱厂中唯一成功的厂"④，其机构精干、章法严明的企业管理机制起了重要作用。

通海垦牧公司及其他企业也是这样。一位研究近代苏北盐垦史的专家认为，通海垦牧公司之所以比其他农垦公司的经营效益好，"其原因就在于严格的管理"⑤。

三、特殊的两权关系

（一）经营权大于所有权

在所有权与经营权关系上，大生集团企业实行了一种比较特殊的两权分离程度较大的方式。大生集团中的企业两权分离程度比较大，股东们除了在股东大会上讨论企业大政方针外，一般不能直接介入企业的经营。通海垦牧公司甚至在《集股章程》中明确规定，在筑堤工程开工后 10 年内，各位股东"可以查察议论（公司总理等）所办之事，不得干预办事之权"⑥。 在整个大生集团的创建和发展过程

---

① 有些论著中认为高清"根本不懂技术"，"对生产技术一窍不通"（例见《大生系统企业史》第 121、24 页），但是根据纱厂生产业绩以及张謇对高清的评语看来，这一说法恐不准确。

② 《申报》，1887 年 7 月 27 日，转引自严中平：《中国棉纺织史稿》，第 104 页。

③ 《通州大生纱厂第一次股东会议议事录》，载张謇编：《通州兴办实业之历史》（上册），《大生纱厂》，第 150 页。

④ 严中平：《中国棉纺织史稿》，第 129 页。

⑤ 《近代改革家张謇——第二届张謇国际学术研讨会论文集》，第 669 页。

⑥ 张謇：《通海垦牧公司集股章程启》，《张謇全集》（卷三），第 219—221 页。

中，企业的经营管理大权一直掌握在张謇、张詧兄弟手里。

与一般两权分离的企业不同，"大生"模式有其特殊之处：从一般法理上讲，企业产权所有者——股东或其代表——董事会有权罢免企业经理或其他经营管理人员，更换企业领导人。但在大生集团中，这一理论很难发挥实际作用。集团内最重要的两个企业——大生纱厂和通海垦牧公司——都是在成立 10 年以后才召开第一次股东会议，在此之前，两个企业的总理都由张謇担任，大权由张謇独揽。即使在召开股东会议后，张謇作为企业领导人的地位也很难动摇①，以至有的学者认为，张謇"完全垄断了那里的企业经营权。他中年以后的30 年时段内，通、海的主人是张謇，没有人能与他抗衡"②。这一学者的论断是否准确，我们暂且不论，但是根据大生集团在进行企业利润分配、资本积累比例和发展方向的决策时基本上是按照张謇办企业的宗旨，利用企业盈余来进行整个南通地方实业的兴办，以及对教育、社会福利、社会公共等事业进行资金支持等许多事实，至少可以说在大生的重要企业里，张謇的经营权大于股东们的所有权。

有些论者对张謇的经营权大于股东们的所有权，大生纱厂等企业一直到在成立 10 年后才召开第一次股东会议的做法有微词。③我们认为，评论这一问题不能以现代股份制企业的情况作简单类比，应考虑当时的历史条件，主要是以下四方面问题：第一，大生刚创办时社会"风气未开"，大多数股东不知道办厂是怎么回事，10 多年来始终不知厂在何处、作何状的大生纱厂股东几乎占八九成，④他们参与企业经营的知识基础很薄弱；大生各主要企业几乎都是由张謇一手创办的，他对西方工业文明比起同时代多数人有较清醒的认识，又经历了

---

① 从 1907 年大生纱厂第一次股东会议记录来看，这次股东会议强调按公司法办事，是较为民主的，张謇也很尊重股东们的意见。这次股东会议虽然组建了董事局等，对总理的权力作了一些限制，对纱厂的经营管理体制作了部分调整，但总的来讲还是认可了总理独揽大权和部门分工负责的管理原则，并选举张謇继续担任总理。见《通州大生纱厂第一次股东会议议事录》，载张謇编：《通州兴办实业之历史》（上），《大生纱厂》，第111—251 页。
② 常宗虎：《南通现代化，1895—1938》，中国社会科学出版社，1998 年，第 179 页。
③ 例见《大生系统企业史》，第 121 页。
④ 张謇：《大生纱厂第一次股东会议之报告》，《张謇全集》（卷三），第 87 页。

筹建企业的艰难历程，在企业经营管理的知识基础方面较厚实。而且状元公张謇的经济思想及地方自治思想，也有较大的感召力。因此张謇在知识基础和思想基础方面，具有无人可比的优越条件。第二，作为集团核心企业的大生纱厂，是由政府和商人两方面投资创办的，政府的官股占有很大比重，由张謇这位受官方信赖的"绅"领用[①]；企业的商股投资者虽有各种动机，但有不少人是因与张謇的私人关系较好而投资协助办厂的，是所谓面子款，这就为他以后代表这些股东行使产权奠定了基础。所以，张謇虽然自己在纱厂的股份不多，但是他总揽大生大权仍然有较大的资本基础。第三，大生纱厂初创时，国家尚无公司法、商法等，股份制企业的发展还处于起步阶段，不少问题诸如股东大会权力等还很模糊，而张謇则有"奉旨总理通海商务"的权威身份。第四，张謇虽然在大生集团里大权独揽，但是他治理企业有很高透明度，有关各企业"章程"等都明文公布，每年还将各企业的"账略"和"说略"公之于众，自觉接受监督。从有关企业的股东会议记录来看，张謇也很尊重股东们的意见。他的这些做法也得到了股东们的拥护。

大权独揽，同时又有很高透明度，自觉接受监督，是张謇治理企业的一个明显特色。在大生集团企业里，张謇的经营权大于股东所有权这一特殊体制，是在当时的历史条件下自然形成的，得到了股东们的认可。

当代美国著名经济学家约·肯·加尔布雷斯曾经提出，"（企业）权力始终归最重要的生产资料占有者所有"。许多历史事实表明，这一论断是正确的。我们认为，在清末中国创办企业所需的各种生产要素之中，土地、劳动等并不缺乏，资本虽短缺但可以用较为优厚而固定的"官利"来吸引，办企业最缺少又最重要的生产要素是企业经营者的创新能力。[②]在大生企业创业阶段，张謇在大生企业的经营权大于股东们的所有权，有其内在合理性。在当时的历史条件下，

---

① 《官绅约欵》，载张謇编：《通州兴办实业之历史》（上），《大生纱厂》，第37—40页。

② 清末著名学者梁启超也认为当时中国太缺乏企业经营人才。见梁启超：《敬告国中之谈实业者》，载《饮冰室合集》（文集二十一）。

这一特殊体制减少了不必要的扯皮，降低了经营成本[①]，提高了办事效率，使得企业得以克服种种困难，逐渐发展起来。

（二）按资与按经营劳动相结合的利润分配制度

大生企业不仅经营权大于所有权，而且经营者也分享企业利润。张謇在大生纱厂《厂约》中规定：每年余利除提保险金、公积金（包括固定资产折旧）外，分为13股，10股归股东（约占77%），按资分配；3股（约占23%）作为总理和各级职员的花红，按经营劳动分配。3股花红中，2股归总理和经董，1股归众执事。归总理和经董的2股，再分10成，进出货、厂工、银钱这3位经董必须住厂值守，较辛苦且责任大，各得2成；而张謇自己作为总理，虽然职务更高，责任更大，却只得一成半；杂务董及帮董得一成半；余1成，提充善举。归众位执事的那1股，分到4个部门，再由总账年终汇齐各功过单，根据功过分三等酬给。[②]"厂约"公布后，有股东曾经致函张謇，认为按照"厂约"中规定的利润分配办法，董事以下分红太优。张謇则认为众位经董和执事的经营劳动应当得此酬劳，因而未改初衷。[③]1902年以后，大生的利润分配具体办法有一些小变动[④]，但是分配按资与按经营劳动相结合的原则仍然保持下来。

大生集团其他成员企业，如通海垦牧公司、广生油厂、天生港大达轮步公司、大兴面粉厂、阜生蚕桑公司、资生铁冶公司等，都仿照大生纱厂，在其集股章程中订明股东们所得利润与企业管理人员的花红比例为10∶3，企业利润按此比例在股东与经营管理人员之间进行分配。[⑤]

大生集团企业的职员，不仅领取固定的薪水，还按照企业章程所定的"花红"参与企业利润分配。这是将职员经营劳动与企业经营效益挂钩的一种激励方式。这种按资与按经营劳动相结合的利润分配制

---

① 例如股东散居各地，当时南通交通不便，召开股东会议等要加大经营成本。参见张謇：《大生纱厂第一次股东会议之报告》，《张謇全集》（卷三），第91页。

② 参见张謇：《厂约》，《张謇全集》（卷三），第19—20页。

③ 张謇：《大生纱厂第一次股东会议之报告》，《张謇全集》（卷三），第86页。

④ 《大生系统企业史》，第131页。

⑤ 例见《张謇全集》（卷三），第221、668、716、725、736页。

度，也可以说是适应当时"最稀缺、最重要的生产要素是企业经营者的创新能力"情况的一种反映。

大生企业利润分配中的这种花红，过去被认为是按资分配[①]，我们认为应属于按经营劳动分配，是将职员经营劳动与企业经营效益挂钩的一种激励方式。这种按经营劳动分享利润的激励方式，在中国有较长久的传统。清前期中国北方的旅蒙商、票号商、粮商，四川的井盐业，云南民营铜矿业等，都广泛存在着一种被称为"身股"或"人力股"的利润分配制度——企业经理人员及手下职员，按其经营劳动实绩和职责大小，分得高低不等的股份，参与利润分配。这种利润分配制度将职员经营劳动与企业经营效益挂钩，对企业职员，特别是中高级职员的经营积极性，是一种有效的激励。这种利润分配制度，将企业经营者的经营劳动视为生产要素之一，使之参与利润分配，有其内在合理性。当代企业中的"经营股"、"技术股"等，可以说是古代"身股"、"人力股"原则的一种延续。而大生企业利润分配中的的"花红"，是这一历史流传下来的企业激励链中的一环。

四、重视市场营销的经营方针

"大生"模式第四个重要特征就是实行"土产土销"、重视市场营销的经营方针。之所以实行这样的经营方针，除了为适应南通区域经济的特点外，还与当时国内社会经济环境有很大关系。在清末民初，中国企业经营的外部条件异常恶劣。首先，当时的政府顽固坚持实行厘金制度等危害民族工商业发展的税收政策；而且当时国内没有形成完整的市场体系，社会法规制度及基础经济部门等都很不理想。基于以上原因，大生纱厂等民营工业企业为了减少市场购销过程中的交易费用，一方面采取了向纵向一体化企业集团方向发展的战略，将市场交易的一部分纳入到企业集团内部，使交易行为内部化，以此来减少交易成本，增强竞争实力，同时也减少因异地流通而带来的厘金等税收盘剥[②]；另一方面就是实行"土产土销"的经营方针，与当地商界

---

① 《大生系统企业史》，第32页。
② 参见《张謇全集》（卷一），第158—159页。

头面人物保持紧密联系，利用他们帮助企业收购原料及推销产品。

清末南通年产皮棉180余万担，张謇在此设厂使大生集团获得了靠近原料产地的优势。但是日资棉纺织厂依仗着雄厚的资本，也到南通收购棉花，所以张謇十分重视在收购棉花原料过程中的市场竞争。张謇在为大生纱厂所拟"厂约"的一开头，就把日资纱厂在南通收花之事作为重要问题提出来。大生纱厂建立了一整套棉花收购系统，利用地利人和，对当地棉农存花量进行较为精确的预测，采取了"人弃我取"、"人取我舍"等灵活方式收购棉花，在与日厂竞争中取胜，以获得物美价廉的原料。①在大生的棉花收购系统中，有大生自己设立的"门庄"；也有棉商以自己资金收花，并与大生预先定下供应数量，从中收取佣金的"抄庄"；有大生供给部分资金，专门代厂收花的"下庄"。②为了更彻底地解决原料问题，张謇还创办了通海垦牧公司等一系列农垦公司，以发展棉花种植，保证有足够的原料供应大生纱厂。为了管理新开垦地区的棉花收购，大生又建立了许多称为"分庄"的辅助机构，其总数高达23个。③

大生企业还非常重视当地的土布业市场。大生纱厂销售的重点对象是本地手工织户，以实行土产土销的方针，所以生产重点也放在纺12支纱上。大生将所产之机纱以"魁星"为商标，象征它是状元办的厂，以扩大社会影响帮助推销；并在通海地区组织一批殷实的纱庄为基本户，优先销售大生的"魁星"纱。张謇兄弟还通过劝说入股大生、结成儿女亲家等方式，与通海地区关庄布巨商沈敬夫、刘一山、章维善等建立密切关系，使他们在门市收布时竭力向织户推荐大生的"魁星"纱。④张謇等还注意与大生集团以外的其他商人发展联系，例如同地方钱庄一道为当地土布商人提供特别的信用贷款⑤，等等。大生的棉纱都是通过开盘方式批发给各纱庄销售。大生各厂时期还在企业中设立门市，不过1913年以后即停止门售，全部论件批给

---

① 详见《大生系统企业史》，第113—115页。

② 《大生系统企业史》，第111页。

③ 《论张謇——张謇国际学术研讨会论文集》，第198页。

④ 《大生系统企业史》，第41页。

⑤ 《论张謇——张謇国际学术研讨会论文集》，第199页。

纱庄。大生纱厂的开盘时间由自己掌握，每年仅开四、五盘，而且都选定在花纱价格对企业有利时才放纱出厂。①

由于重视市场营销，在大生纱厂机构设置上，负责掌握棉花收成的丰歉，市场行情变化的进出货董，设有帮董，而负责生产的工董则是单枪匹马。从花红的人均分配额看，进出货处的花红也比工董多，通常超过25%，有些年份超过50%。②

为了更好地开展上海等地市场营销业务，大生纱厂在进出货董下设驻沪账房。1907年第一次股东会议将原驻沪账房地位提高，改为驻沪事务所。随着大生系统企业的不断增设，大生资本系统逐渐发展成为具有多种联系纽带、多角化经营的企业集团，驻沪事务所也发展成为集团内几十个企业掌握市场行情、采办物料、批售产品、调划头寸以及接待来往人员的多功能机构，事实上已成为大生集团的"神经中枢"。③

实行重视市场营销的经营方针，使得大生企业集团在激烈的市场竞争中，能采取较为灵活的营销策略，取得了令世人注目的成功。

五、重视人才开发与管理，重视新式教育的发展战略

实施重视人才开发与管理，重视新式教育的发展战略，也是"大生"模式一个重要特征。在用人方面，张謇首先坚持了因事设人、组织精干和部门分工负责的设岗原则，避免产生冗员和浪费人才；其次，人才一经任用，则通过规章制度进行约束，而不做任何人为的干涉。他要求各部门负责人定期汇报支用、盈亏详情，定期考核功过，评定等级使之与奖酬花红直接挂钩；企业职员如有贪污或渎职行为并造成损失者，除赔偿损失外，还要处以责罚，直至辞退。④张謇在企业经营管理中贯彻招贤纳士、重用人才的思想，选拔人才重才学，重品行，而"不问贵贱，不问年龄，不问所操何业，不问男女"⑤。大

---

① 《大生系统企业史》，第117页。
② 《论张謇——张謇国际学术研讨会论文集》，第199页。
③ 《大生系统企业史》，第123—125页。
④ 常宗虎：《南通现代化，1895—1938》，第55页。
⑤ 张孝若：《南通张季直先生传记》，中华书局，1930年，第373页。

生各企业的中层管理人员一般有四种来源：从精于业务的"熟手"中选拔，如驻沪事务所所长林兰荪与吴寄尘等；从张謇的学生和南通各校毕业生中遴选，如长期执掌通海垦牧公司的江知源等；张謇故旧和亲属中的有才能者，如刘厚生①、沈燕谋②等；从英美回国的留学生和从国外招聘的技术人员，如对大生作过详细考察的日本人驹井德三就发现大生各企业中"学于英美者不少"。③张謇曾说他自己在用人方面"无论教育实业，不但打破地方观念，并且打破国家界限"。④他不惜以重金聘用外国专家，大生纱厂曾聘用过英国的工程师汤姆斯、忒特和玛特，同仁泰盐业公司聘用过日本盐工师，南通保坍会聘用过荷兰的特莱克，在教育方面也用了不少外国专家。

张謇认为"苟欲兴工，必先兴学"，认为"有实业而无教育，则业不昌"，必须"以实业与教育迭相为用"。当他兴办实业初见成效时，他就用企业盈余，着手兴办近代教育事业。他又认为"师范为教育之母"，于1902年成立了中国第一所私立师范学校——通州师范学校，大生纱厂和通海垦牧公司等企业都分出一定的股份给通州师范学校，以解决办学经费问题。1906年又成立南通女子师范学校。创办职业教育机构是大生企业集团培养中低级职员的最佳途径。企业集团自办学校有着显著的优点：可以有选择地培养企业急需的各类人才；可以把所学理论和实际操作随时结合起来，有助于提高学习水平，学生一毕业就可以进行实际操作，进而独当一面；企业自己培养的学生对本企业有一种特殊的感情，而且他们也容易获得信赖。在张謇的推动和影响下，南通掀起兴办职业教育和为经济建设事业服务的各类教育热潮。至20年代初，南通已有农科大学、医学专门学校、纺织专门学校等高等学校，有通州师范学校、女子师范学校、甲种商业学校等中等学校，还有约350所小学，并开办了多种"传习所"、"讲习班"等，使教育直接服务于民生，形成了较完备的新式教育体系。南

---

① 张謇挚友何梅生之婿，品格高洁有远识，1908年即被推选为大生公司董事、股东常会议长等。

② 沈敬夫长孙，曾留学美国，历任大生纱厂董事、三厂经理等职。

③ 常宗虎：《南通现代化，1895—1938》，第55页。

④ 《张季子九录·教育录》（卷六），第4页。

通的新式教育，大大改变了传统教育"只读圣贤典籍"的内容，代之以传授世界先进的自然科学与社会科学知识；在教育方法上，重视理论联系实际，取得了很大成绩。

在大生集团自办的教育机构中，最成功的可能要数 1912 年创办的南通纺织专门学校。该校毕业生完成了大生三厂全部纺织新机的排车设计与安装工程，使得大生开始摆脱技术上对外籍人员的依赖。[①] 南通纺织专门学校的毕业生不仅为大生所用，而且也"服务于沪汉津锡通海各大纱厂，勤朴精敏，素为一般人所钦服乐用"，[②]成为中国各地纺织企业倚重的人才。

六、从实际出发的劳动制度

大生企业的劳动制度，与同时代国内其他民族资本主义工业企业一样，采用资本主义雇佣劳动制度；并且在实行工头制、抄身制、体罚制、存工制[③]、雇用大量童工，实行 12 小时工作制，采用"计件工资"与"计时工资"并存，以"计件工资"为主等方面，也采用了与同时代国内其他民族资本企业相似的做法。这说明在一个特定的历史时期，企业劳动制度必然要受这一时期社会经济文化环境的影响和制约，带有明显的时代印记。

但是大生集团各企业的劳动制度，也有着不同于国内其他资本主义企业的个性特征。例如，在当时国内其他资本主义工矿企业中，无论是在瑞记纱厂、开滦煤矿等外资管理的企业，还是在后来的荣家申新纱厂等中国民族资本企业中，都流行"包工制度"。在这种制度下，"由工头包揽一切职工招雇、解雇及发放工资等事……月末，公司按制品数量把相当全体职工工资的那笔钱付给工头，工头再……分给各个职工"[④]。包工头对工人的控制，往往带有较多的封建强制成

① 《大生系统企业史》，第 212 页。
② 佚名：《二十年来之南通》，南通自治会 1930 年印行（上），第 47 页。
③ 每一个新进厂的工人最初两周工资必须存留在厂里，以后如果被开除或因其他缘故离厂时再发还，见穆烜、严学熙：《大生纱厂工人生活调查，1899—1949》，第 199—200 页。
④ 汪敬虞编：《中国近代工业史资料》（第二辑），第 1236 页。

分。与南通一江之隔的上海，虽然较早受到西方资本主义文明的影响，但是这里的日资纱厂和申新等华资纱厂到 20 年代还实行着封建奴役性更强的包身工制。而在南通大生纱厂，却没有实行过上述两种落后的用工制度，大生的工人人身较为自由。

大生纱厂劳动制度最突出的个性特征，就是严学熙先生所总结的"亦工亦农，工耕结合"。大生的工人大多是尚未破产的贫苦农民，许多工人下班后还要参加农田劳动或家庭手工业劳动。每到农忙季节，大生纱厂还关门停产，放工人回乡忙农活，这在其他工厂是罕见的。这种"工耕结合"劳动制度，"使大生纱厂工人谋生的手段多样化，有安全感"[1]。这更说明，大生的工人比其他工厂工人较为自由。大生纱厂的女工，生孩子时厂里发给补贴；孩子小需要人照顾时可以把孩子带到厂里，由厂里雇人专门照看。[2]大生企业鼓励工人学习技术，工人中的技术能手（包括女工）可以升级、加薪，以至升为工头。[3]在通海垦牧等农业公司，实行雇佣劳动制和租佃制度相结合的劳动组织形式。在公司修筑拦海大堤，进行排涝、蓄淡、洗盐等大规模的农田基本建设工程中，实行雇佣劳动制度；在已围滩地进一步改良、开发方面，采取"公司加农户"式的经营方式。这种劳动组织安排是符合公司生产经营活动实际的。[4]从上述事例可以看出，大生集团领导人能够考虑到企业的体力劳动者主要是从本地招收的农民，因此实行了从实际出发、照顾传统文化特点的劳动制度。

七、从"大生"模式看张謇在企业制度方面的历史贡献

（一）"大生"模式代表了近代中国产业民营化的主流

上述"大生"模式的六方面主要特征，在清末民初曾对当时中国

---

[1] 穆烜、严学熙：《大生纱厂工人生活的调查，1899—1949》，第 200—215 页。

[2] 穆烜、严学熙：《大生纱厂工人生活的调查，1899—1949》，第 185、2 页。这本书原是 60 年代为阶级教育服务而作的调查，主要基调是述说工人的苦难，但是也记录了老工人们反映的一些大生劳资关系实情。

[3] 例见穆烜、严学熙：《大生纱厂工人生活的调查，1899—1949》，第 6、9、10、12、16、17、216 页。

[4] 参见林刚：《长江三角洲近代经济三元结构的产生与发展》，《中国经济史研究》，1997 年 4 期。

企业制度产生很大影响。要认识张謇创造的"大生"模式在中国近代企业制度演变史上的地位，有必要对中国近代企业制度演变的历史线索有一个大致的了解。

企业是市场经济的主体。在近代中国由传统经济向市场经济过渡的过程中，曾经涌现出大大小小各色各样的企业，其中有商业企业、金融业企业，也有工业企业、交通运输业企业。后两者可以合称为"产业资本企业"。毛泽东所讲的"四个不能忘记"①之人，都是属于近代"产业资本企业"的代表人物。近代中国企业发展史，可以说是有多条发展线索交织的历史，其中最能体现时代变化特征的主线就是产业资本企业制度的历史演变。

顺着这条主线，我们可以看到：甲午战争之前，"官营"模式在国内产业领域占据着统治地位；19 世纪末至 20 世纪 20 年代，"大生"模式代表了当时国内产业民营化的发展主流，在国内产业界独领风骚；20 年代至抗战前，是荣宗敬兄弟的"茂福申新"模式、郭乐兄弟的"永安"模式、刘鸿生的"中华"模式、范旭东的"久永黄"模式、卢作孚的"民生"模式等群雄并起的时代。

"官营"模式又可分为"官办"和"官督商办"两个模式。从 19 世纪 60 年代开始，曾国藩、李鸿章、左宗棠等清政府洋务派官僚相继创办了江南制造总局、福州船政局、金陵制造局等军用企业，开启了近代中国民族产业发展的历程。这些企业虽然引进了西方资本主义先进的生产力，用机器生产取代手工劳动；在内部生产关系上，采用了资本主义雇佣劳动制度；但是它们都是官办，资金来源于清政府的财政拨款，企业的兴办、扩充或闭歇，主持人的进退等，都必须由清朝封建政府来决定；其产品基本上由清政府无偿调拨给各地清军。在管理体制上这些军用企业沿袭了封建衙门的一套制度，企业的职员大多有清朝军衔，封建的人事关系充斥于企业内部，机构臃肿、因循推诿、营私舞弊、贪污中饱等腐败现象比比皆是。从 19 世纪 70 年代开

---

① 20 世纪 50 年代毛泽东主席在与中国民主建国会创始人黄炎培先生交谈时曾经指出，"讲重工业，不能忘记张之洞；讲轻工业，不能忘记张謇；讲化学工业，不能忘记范旭东；讲交通运输，不能忘记卢作孚"。参见《大生纺织公司年鉴，1895—1947》，江苏人民出版社，1998 年，附录一。

始，李鸿章等人又相继创办了轮船招商局、直隶开平煤矿、上海机器织布局等民用企业，官督商办是洋务派民用企业的主要形式。官督商办企业开办初期从唐廷枢、郑观应等买办那里吸收了较多的资金和西方商务管理知识，使得"官督商办"模式比"官办"模式发展水平较高。但是官督商办企业在管理体制中仍然沿袭了封建衙门的一套办法，商人股东处于无权地位。官督商办企业大都采取总办（或督办）、会办（以及帮办）制度，总办、会办中虽有不少人是商人或买办出身，但他们并不是由股东选举的，而是由官府任命的，容易形成"结党营私，毫无顾忌，而局务遂日归腐败"的局面。曾任上海电报分局总办、轮船招商局会办、后又经营上海织布局的郑观应，在80年代时曾是官督商办的积极倡导者，但他后来竭力抨击官督商办的弊病。他还在一首诗中慨叹："名曰保商实剥商，官督商办势如虎。"①

19世纪末和20世纪初，"官办"模式虽然在军工行业继续存在，但是在民用行业的"官督商办"模式已走向没落，中国产业发展进入民营化时期。民营化大致分两条途径进行：一是新的民营企业大量创办，逐渐在数量上占据了中国企业的主要地位；二是旧的官办、官商合办或官督商办企业被主持的官僚化公为私，转为商办（民营），企业掌权人还是原来的官僚，但其摇身一变，身份已变为商股大股东。

前一条途径取得了较大成就，成为这一时期中国新式产业发展的主流，以及中国资本主义发展的标志。1895—1927年间仅民营纺纱企业就新建了100多家，新建的民营缫丝企业有400多家，其他如染织、呢绒、丝织、面粉、火柴、造纸、卷烟、榨油、制盐、机械、化工等行业新建的民营企业数量也相当多。②其中，张謇相继创办了包括纺织、农垦、航运、码头、机械、面粉、榨油、制盐、贸易、金融、房地产等行业在内的数十家企业，组成大生企业集团，这是清末民初中国最大的民营企业集团。张謇等适应形势发展的要求，采纳外

① 参见许涤新、吴承明等：《中国资本主义发展史》（第二卷），人民出版社，1991年，第435—445页。
② 参见杜恂诚：《民族资本主义与旧中国政府》，上海社会科学院出版社，1991年，附录。

来先进的科学技术和管理方法，将创新、进取与务实精神相结合，使得大生企业在制度特征上与同时代国内其他企业相比，有着自己的特色，形成了上述具有一定先进意义的六方面特征，即近代中国企业制度演变史上的"大生"模式。

后一条途径情况却不十分理想，原"官营"模式企业转为商办后经营状况没有多大改善。原李鸿章创办的轮船招商局是中国近代化进程中较大且有影响的洋务企业，20世纪初主持轮船招商局的官僚盛宣怀将它由官督商办转为商办（民营）后，招商局的亏损反而越来越重，负债累累。张之洞创办的汉冶萍公司原是中国近代最早的钢铁煤炭联合企业集团，其生产的生铁质量被欧美行家称为"极品"，生产的钢轨、桥料等，不仅有广阔的国内市场（包括香港），美国、日本也纷纷来求购。一外国记者曾预言汉冶萍所在地区不久将成为"中国的匹茨堡"。但是1908年盛宣怀将它由官督商办也转为商办（民营）后，经营状况也不好，后因借日债而沦落为日本侵略势力的附庸，从生产到经营的一切重要活动，都必须听从于日本势力。汉冶萍钢产量处于停顿状态，沦为专给日本开采铁矿石的殖民地性质企业。输往日本的矿石和生铁价格受到日本人的控制，公司的利益也受到了严重的损害。①后一条途径的企业经营有所发展者，以周学熙的启新洋灰公司为代表。周学熙出身显宦家庭，靠经管北洋官营经济发家。他利用袁世凯的庇护，假公济私，将启新洋灰公司原官产转化为北洋官僚私人投资的企业。②启新洋灰公司成为后来周学熙企业集团扩张的基础。清末民初周学熙集团在华北的发展，除了周学熙经营有方外，离不开袁世凯和其他北洋官僚所给予的特权和种种便利，靠的是"以官权为神奇的'点金棒'"。③

可以说，清末民初执中国实业界牛耳的"南张北周"，分别代表

① 详见张国辉：《论汉冶萍公司的创建、发展和历史结局》，《中国经济史研究》，1991年2期。
② 周学熙的胞侄、曾任启新洋灰公司总经理的周叔弢也不得不说：周学熙是靠"白手起家"得到启新的。参见郝庆元：《周学熙传》，天津人民出版社，1991年，第115页。
③ 马敏：《官商之间——社会剧变中的近代绅商》，天津人民出版社，1995年，第145页；亦可参见郝庆元：《周学熙传》，第123—137页。

了民营化的两条途径，代表了两类不同的企业制度，"南张"代表的是当时国内企业制度发展的主流，而 "北周"代表的只能算是支流。在当时中国企业民营化发展的主流中，虽然另外也有一些成功者，但是无论其经营业绩，还是在国内的影响，都不及张謇创造的"大生"模式。清末民初时，"大生"模式在国内产业界独领风骚，南通也一度成为中外闻名的区域经济发展样板地。

（二）张謇在中国企业制度演变史上所作的重要贡献

张謇在中国企业制度演变史上所作的贡献主要分两大方面：一是他通过创造"大生"模式所作的贡献；二是他在担任北洋政府农商总长时，通过主持制定一系列政策、法规等所作的贡献。本文主要讨论前者。

近代著名学者胡适曾这样评论张謇："他独力开辟了无数新路，做了三十年开路先锋，养活了几百万人，造福于一方，而影响及于全国。"[①]我们认为，张謇所开之路，也包括他在企业制度方面开辟的新路。在中国近代企业制度演变史上，李鸿章等人开启了"官营"模式之路，而张謇创造的"大生"模式则开辟了解决官商关系问题、发展中国民营产业的新路。相比之下，张謇所开之路在中国企业制度变革进程中占有更重要的历史地位。

在张謇创办企业的年代，"官督商办"模式虽然已走向没落，但是清政府不少官员对于民间办厂总是不肯放手。解决官商关系问题，是清末中国企业制度变革的关键。当时在这一问题上大致出现了三种情况：

第一种以清末重臣张之洞为代表，虽然意识到"官督商办"名声已臭，又不愿放松官的权利，就换汤不换药，改为提倡"官商合办"等。张之洞提出"不能听商民专之者权"，主张"招商助官"。[②]但是由于商人们害怕再上官府当，所以张之洞的"招商助官"一再碰壁。[③]

---

① 张孝若：《南通张季直先生传记》，中华书局，1930 年，胡适序。
② 《张文襄公全集·奏议》（卷三十五），第 19 页。
③ 参阅陈锦江著，王笛等译：《清末现代企业与官商关系》，中国社会科学出版社，1997 年，第 102—112 页。

第二种是主持原官营企业的一些官僚，如盛宣怀、周学熙等，化公为私，变官为"商"。他们将原官营企业转为"商"办，这里的"商"还是原来的官僚，但是其身份变成了商股大股东。这类"商"办企业，可以说是腐败舞弊的产物，在转为"商"办后也难以避免腐败风气的影响——靠特权经营，贪污渎职，内部派系斗争激烈等。例如，盛宣怀在转为商办后的汉冶萍公司"为所有的高级官员立有大笔的家用开支账户……还有盗用公司资金的情况，其中许多被那些冗员们用于与盛建立裙带关系和表示效忠。"盛宣怀"在那些明确地享有垄断和大量官方津贴的企业是成功的，但常常在其他存在竞争的企业中失败"。①

第三种以张謇等人为代表，他们在创办企业过程中不得不同形形色色的官吏打交道，又尽量设法摆脱官府对企业经营的干涉，设法革除官营企业体制的弊病。张謇曾经指出，官府控制的企业"排调恢张，员司充斥，视为大众分利之薮，全无专勤负责之人……于财政上徒有增豫溢出之嫌，于实业上不能收商贾同等之利，名为提倡，实则阻之"②。张謇创办大生纱厂时，最初打算走完全"商办"之路，但是经张謇多方奔走努力，仍不能解决集资问题，完全"商办"的办法落空，只得加入官股，并在刘坤一的支持下，使纱厂"名虽为官商合办，一切厂务官中并未参与"③。张謇将这种方式称为"绅领商办"④。入股大生纱厂的官机作价 25 万两，后又加上地方政府的 4 万多两公款，使得官股在大生纱厂 44.51 万两原始资本⑤中占了 65% 以上比重，企业经营权却不在官府手里。将大生纱厂改为"绅领商办"，以利于更多的商人投资纱厂，这是张謇等人在企业组织方式上的一次创造。在中国企业制度演变史上，"绅领商办"是对前不久在国内产业领域占据着统治地位的"官督商办"模式的一次改革。大生纱厂产权

---

① 陈锦江著，王笛等译：《清末现代企业与官商关系》，第 60、120 页。
② 张謇：《宣布就部任时之政策》，《张季子九录·政闻录》（卷七），第 4 页。
③ 《南洋督部刘讯》，第 37 页，转见《大生系统企业史》，第 15 页。
④ 张謇：《大生纱厂第一次股东会议之报告》，《张謇全集》（卷三），第 80—83 页。
⑤ 参见《大生系统企业史》，第 18 页。该书循旧例，将地方政府公款划入商股。我们认为现在应当根据其实际性质重新考虑，并将其划入官股。

关系明晰，官股长期存在，经营权却始终不受官府干涉。张謇以后创办的其他企业，基本上都是完全商办。这一时期在中国企业制度方面，中国传统文化和西方工业文明这新旧两大影响力产生了激烈的碰撞，因而大生企业在制度特征上免不了带有这两大影响力激烈碰撞所留下的时代印记。总的来说，由于"大生"模式在当时较好地解决了官商关系问题，在企业产权关系、经营管理体制和利润分配制度等方面，对"官督商办"模式进行了改革，进而又进行了一系列制度创新，使得"大生"模式成为清末民初中国民营股份企业制度的典范。

张謇在鼓吹实业救国，兴办民营产业过程中，与两江总督刘坤一和湖广总督张之洞经常联系。在其办厂获得初步成功后，刘坤一和张之洞联衔三上奏折，推动了清末新政的实施，从而使民营工商业发展的政策环境较前宽松。张謇办厂的初步成功，与刘坤一、张之洞的"江楚会奏三折"、清末新政，应该有着内在的关联。张謇在辛亥革命后任南京临时政府实业总长、北洋政府农商总长期间，制定了一系列有助于中国实业发展的法规和制度等，其中融入了他自己经营企业的经验。张謇后又被选为全国华商纱厂联合会首任会长。他还热心帮助汉冶萍、招商局、中国银行、交通银行、商务印书馆、上海商业储蓄银行等国内一些企业渡过难关。山西、云南、新疆、甘肃等地方政府官员向张謇请教如何办实业，张謇也总是"代为设计，详为答复"，总想中国"多几件实业，多几个开发富源的地方"。①凡此种种，都扩大了"大生"模式在国内的影响。

张謇是中国民营企业家的先驱，他创造的"大生"模式"造福于一方，而影响及于全国"，代表了近代中国企业制度变革的方向，又向世界证明，中国民营产业初兴时期在企业制度上就有了一个较高的起点。本文开头所引章老关于大生企业所标志着"旧世纪终结与新世纪发端"的划时代意义，可理解为在企业制度方面——"大生"模式的形成标志着"官营"模式占统治地位时代的终结，民营化成为中国企业制度发展时代的主流。虽然到 20 年代中期，在帝国主义加强对华侵略的大环境影响及其他种种因素共同作用下，大生企业陷入债权

---

① 张孝若：《南通张季直先生传记》，1930 年，第 272—276 页。

人的控制之下，但是"大生"模式曾在国内独领风骚近 30 年，所作出的历史贡献不可磨灭。张謇创造的"大生"模式在解决官商关系方面的经验，张謇树立的爱国爱民的企业精神，以及企业产权关系明晰、靠股份公司制兴办社会化大生产、建立公开而严明的企业管理机制、按资与按经营劳动相结合的利润分配制度、重视市场营销的经营方针、实施重视人才开发与管理，重视新式教育的发展战略、从实际出发的劳动制度等一系列制度创新，为后来的中国企业家树立了榜样，对我国现代企业制度建设也仍然有着重要的历史借鉴意义。

张謇与中国近代两次经济立法高潮

清末民初，中国出现了两次经济立法高潮，在一定程度上改善了近代民族经济发展的法制环境，推动了中国早期现代化的进展。中国早期现代化的前驱张謇，在这两次立法高潮中都发挥了积极作用。本文旨在通过对张謇先生与这两次经济立法高潮关系的探讨，进一步地了解张謇在促进中国早期现代化方面的历史贡献和他留给后人的精神遗产。

一、张謇与清末经济立法高潮

（一）清末经济立法酝酿过程中张謇的推动作用

世界各国近代经济的发展，都需要有一整套相对完善的制度条件。在这一整套制度条件中，法律制度对社会经济制度的演变往往起着决定性的作用。但是在近代中国，封建守旧势力十分顽固，迟至清政府统治摇摇欲坠时，第一次经济立法高潮才姗姗到来。为了变旧法、立新法，当时中国仁人志士之中，有的人如谭嗣同等，不惜慷慨赴死，以一腔热血与顽固守旧势力抗争；有的人如张謇等，冷静观时局，抓住时机竞相奔走，努力推动新法的建成。

1895 年清政府被迫与日本签订《马关条约》后，列强对华侵略更加深入，中国民族危机空前严重。这时张謇大力提倡实业救国，同时也强调要设法"护商"。他在为张之洞代拟的《代鄂督条陈立国自强疏》中，进行了中日两国官商关系的比较，指出中国过去"但有征商之政，而少护商之法"①，希望能改变当时混乱无序状况，订立保护民族工商业之法律。

张謇支持当时康有为、梁启超等维新派的变法主张，曾署名成为上海强学会的发起人之一。但是他也冷静地看到，顽固派不会轻易放弃权力，变法不会一帆风顺。张謇由于秉性务实，一方面对康有为等"一再劝勿轻举"，认为他们"至是张甚，事固必不成，祸之所届，亦不可测"②；一方面投身于创办大生纱厂，进行实业救国的社会实践；同时他与思想较为开明且又掌握地方实权的两江总督刘坤一、湖广总督张之洞等保持密切联系，常与刘坤一讨论朝政。

庚子之役后，顽固派官员失势，清政府统治危机加重，已到了非改弦更张不可的地步。张謇即于1901年2月作《变法平议》，报送刘坤一。《变法平议》对清政府各部工作提出了一整套改革方案，提倡"置议政院"、"设府县议会"、"普兴学校"、"酌变科举"等，主张工商业、公司、银行、矿山等都"当定章程"，借鉴外国法律，参照中国"禁令风俗"，修订民法和经济法等。③张謇在短短几天拟就这一整套改革方案，可见他一直在思考全国性的变法改革，时机一到就立即提出自己的改革方案。1901年4月，刘坤一和张之洞开始联衔上奏提出变法主张。他们合上的"江楚会奏变法三折"，提出了"兴学育才"办法四条，采用西法十一事等，是为清末"新政"的重要蓝本。

刘坤一在"东南互保"、清末"新政"等大事上成为地方实力派的"领头羊"，而原先风头较足的张之洞只是刘坤一的附和者。刘坤一在其一生的最后几年，之所以能在中国历史上写下浓墨重彩的两笔，与张謇作为他的"智囊"是分不开的。张謇在清末"新政"的推进中起到了积极作用。

（二）清末经济立法及其对张謇经济活动的影响

经济法规的制定，是清末新政的重头戏。清政府意识到原先的大

---

① 《张季子九录·政闻录》（卷一），又见《张文襄公全集》（卷37，奏37），第30页。
② 《张謇全集》（卷六），江苏古籍出版社，1995年，第858页。
③ 《变法平议》，《张謇全集》（卷一），江苏古籍出版社，1995年，第69—70页。

清律例"非参酌适中，不能推行尽善。况近来地利日兴，商务日广，如矿律、路律、商律等，皆应妥议专条"。《辛丑条约》签订后已将清政府置于其严密控制下的西方列强，也要求清政府"改革"其法律制度。中国商人也一直要求改变"无法之商"的局面。因此，1904—1908年，清政府相继颁布《商人通例》、《公司律》、《公司注册试办章程》、《商标注册试办章程》、《商会简明章程》、《重订铁路简明章程》、《破产律》、《奖给商勋章程》、《商船公会章程》、《农会简明章程》、《钦定大清矿务章程》、《大清银行则例》等，出现了中国近代经济立法的第一次高潮。

新政时期所订立的经济法规，较早出台的是1904年1月颁布的《商人通例》和《公司律》。《商人通例》共9条，简明规定了商人的身份、享有的权利、应遵循的通行规则等。规定"凡经营商务贸易买卖贩运货物者均为商人"；"商人营业或用真名，或另立某店某记某堂字样，均听其便"；商人须有规范的簿记制度等。《公司律》共11节，131条。规定公司的组织形式有合资公司、合资有限公司、股份公司和股份无限公司四种；公司的创办呈报办法主要是按规定呈报商部注册。有限责任制的实行，减少了投资风险，有助于促进传统的封建性收入转化为资本主义的投资。注册制的实行，减少了创办公司时的不必要环节，原则上保护了华商的设厂经营权。《公司律》明确规定商办企业与官办、官商合办企业"享一体保护之利益"，处于平等地位。《公司律》还对经营管理方式和股东权利作了详细的规定，基本是西方近代企业制度的搬用。1904年，清政府还颁布了《公司注册试办章程》18条。同年，又颁行中国历史上第一部商标法《商标注册试办章程》28条①。1906年，颁行中国历史上的首部破产法《破产律》。奏定的《破产律》共69条，详细规定了处置破产的办法，其条款多仿自日本同类法规。②这一系列立法的重要意义在于：引进西方资本主义经济法思想，正式确认中国私人工商资本和自由竞争市场

---

① 由于列强的无理阻挠，有关商标的法规未能实施。
② 该律颁布后，上海钱业界对第40条提出异议，主要是担心银行等金融机构一旦倒闭，公款受损。商部奏请第40条暂缓实行。见"商部修律大臣会奏议订续破产律折"，《大清光绪新法令》，第16册。

体制的合法地位，并首次明确了各类公司设立、组织、活动及破产等方面的规范。

1904 年《公司律》颁布之前，中国股份制企业的制度性特征主要有：请准制度、无限责任制度、专利垄断制度、官督制度和股息官利制度等；而 1904 年《公司律》和《商人通例》的颁行，"标志着中国近代股份制企业的制度性建设发展到一个新阶段"。①

张謇在清末经济立法高潮期，提出"法无行之百年而不弊者"等重要观点，主张"当变一切之死法"。②当时他尽管要花大量精力忙于处理大生企业活动事宜，仍然花时间撰写诸如《同度量衡、铜元、盐、鱼、制造奏》、《变通盐法奏》、《代某给谏条陈理财疏》等，尽力促进立法活动开展。③

清末经济立法，初步改变了昔日那种"无法之商"的局面，在近代中国经济法制建设上有重要意义，对当时国内资本主义经济发展亦有一定推动作用。

这一切，对张謇兴办实业的活动有重要影响。张謇只是一介寒儒，自家并没有多少财产，只能"仿照洋厂"④，依靠股份制向社会集资办厂。大生纱厂初创时，是实行无限责任制，还是实行有限责任制，张謇没有对此作明确规定。根据当时社会习惯，大生纱厂可能采用的是无限责任制。到 1907 年，大生纱厂根据清政府所颁布的《公司律》，由全体股东议决，明确了企业今后改为实行有限责任制。⑤1901 年张謇初办大豫、大丰盐垦公司时，"债数已逾股数"，而"工程尚不及三分之一、五分之一"，债权人催付"语言之拶逼，意气之凌沓"，使张謇受到极大侮辱。当时如有破产法为之疏导，张謇便可容易地从困境中解脱出来。⑥在中国近代股份制企业发展到有法可依

---

① 王处辉：《中国近代企业组织形态研究》第六章，南开大学 1999 年博士论文。
② 详见《张謇全集》（卷二），1995 年，第 20、30 页。
③ 详见《张謇全集》（卷六），1995 年，第 865 页；《张謇全集》（卷一），第 83—88 页。
④ 《兴办本末》，载张謇编：《通州兴办实业之历史》（上册），《大生纱厂》，第 3 页。
⑤ 《通州大生纱厂第一次股东会议议事录》，载张謇编：《通州兴办实业之历史》（上册），《大生纱厂》，第 134 页。
⑥ 章开沅、田彤：《张謇与近代社会》，华中师范大学出版社，2001 年，第 275 页。

的新阶段后，张謇得以较为迅速地扩大经济事业的规模，大生企业集团也进入一个发展更快、制度更为完善的新阶段。在资本组织形态上，集团内的各企业都是相对独立的股份制企业，虽然企业间经济往来十分密切，但是各自独立核算，产权关系明晰。如果其中一企业严重亏损办不下去了就停歇以至拍卖，不致因一厂关闭而牵动全局。①

（三）清末经济政策的局限性

清末经济立法虽然作为近代中国第一次经济立法高潮，在中国经济法制史上占有重要地位，但是它也有其时代局限性。华中师大朱英教授认为，清末经济立法存在法规种类不全、内容不详尽，没有邀请工商界代表参与制定因而不能充分满足资产阶级要求，受帝国主义干涉多、缺乏相应配套保护法规落实的具体规定，某些法规颁布不几年就被清政府自行否定等多方面局限性。②

清末新政标榜要"恤商惠工"，促进中国近代工商实业的发展，但在实际执行中，却往往南辕北辙，出现了种种矛盾。在兴办新式产业过程中，常常发生官府依仗权势实行垄断、与民争利之事。清政府还顽固地坚持实行危害民族工商业发展的税收政策，特别是坚持实行"结扎商业脉络"③的厘金制度。各地方政府往往借口"稽查偷漏"，从交通要冲的市镇征收厘金的局、卡，遍及偏僻地方，使得各地厘卡林立。20 世纪初，"大运河上的厘金卡，可以保险地说，平均每十英里就有一座"④。"镇江至淮安，不过一百三十英里，已有厘卡十二；淮安至邳州，不过一百英里，又有十二"⑤。这些厘卡常常向过往货商"任意讹索"厘金。这个原来税率为 1% 的流通税到了 20 世纪之初，在有的地方，已经变成 10% 以上。而在江西，"定章名为取十，其实乃取三十、四十。又况查验不时，羁滞留难，无卡无

---

① 参见《近代改革家张謇——第二届张謇国际学术研讨会论文集》，1993 年，第 450 页。

② 详见朱英：《晚清经济政策与改革措施》，华中师范大学出版社，1996 年，第 217 — 224 页。

③ 《北华捷报》（North-China Herald），1907 年 7 月 19 日，第 605 页。

④ 《北华捷报》（North-China Herald），1907 年 11 月 22 日，第 454 页。

⑤ 《东西商报》，1900 年，参阅彭泽益编：《中国近代手工业史资料》（卷二），1957 年，第 305 页。

之"①。"行之愈远，则商货成本愈重。是禁止商货之流通，迫其近售，而罚其远行者也"②。厘金制度，严重地阻碍了商品流通，危害中国民族工商业的发展。张謇曾一再提出厘金于国于民都有害，是一种恶税；他慨叹"闻厘捐扰民，为之发指"③，要求改革厘金制度。但是张謇这一合理要求遭到清政府各级官吏的反对。张謇还一再提出要改变过去由封建专商垄断盐运销的旧盐法，以在盐业产销领域发展资本主义工商业。但是他这一合理要求也遭到清政府的拒绝。

清末新政实行不几年，清政府又开始倒行逆施。在张謇与浙江一些社会贤达讨论请开国会事时，浙江有人对当时国势持悲观态度，激愤之下认为"国不亡，无天理"。张謇驳曰，"我辈在，不为设一策而坐视其亡，无人理"④，反映了张謇忧国忧民之心和强烈的社会责任感。张謇当时所作的主要努力就是尽力推动立宪运动的开展。他主张学习日本，希望政界和学界能"外集良法，内审国势，明辨而笃行之"，搞好宪政。他还指出"注重民生"和"实行宪政"之间有密切关联，实行宪政"须将农工商各实业已办者，实心保护；未办者竭力提倡，以培元气"。⑤他积极推动有关商法的讨论，一再强调"实业之发达，必恃有完备之法律，以为之监督保障。内地各种已举之实业，旋起旋灭，非法律不备，即用法不善"，希望宪政能解决实业发展之法律保障问题。⑥

二、张謇与民初经济立法高潮

（一）民初张謇努力推行经济立法

民国之初，张謇当年提出实业救国等口号所表达的新观念，立即成为中国资产阶级和广大民众的迫切要求。1913 年 9 月，北洋政府任命张謇为工商、农林两部总长（后并改为农商总长），又为张謇更

---

① 《江西商务说略》，参阅汪敬虞编：《中国近代工业史资料》（第二辑），第 1148 页。
② 张謇：《张季子九录·政闻录》（卷七），1931 年，第 2 页。
③ 章开沅：《开拓者的足迹》，1986 年，第 24 — 25 页。
④ 《张謇全集》（卷一），1995 年，第 870 页。
⑤ 《张謇全集》（卷一），1995 年，第 164 页。
⑥ 《张謇全集》（卷一），1995 年，第 167 页。

好地实现其经济立法思想提供了机遇。

1913 年 10 月，张謇在国务会议上发表了《实业政见宣言书》，强调要扶植民族工商企业。为此，他提出了"乞灵于法律"、"求助于金融"、"注意于税则"、"致力于奖助"四条措施。他把立法放在诸项措施的首位，认为许多中国企业之所以失败就是"无法律之导之故也。将败之际，无法以纠正之；既败之后，又无法以制裁之，则一蹶而不可复起。或虽有法而不完不备，支配者及被支配者，皆等之于具文"。他指出，这样导致"斫丧人民之企业心、合群心，耗散最可宝贵之资本"。他特别强调："无公司法，则无以集厚资，而巨业为之不举；无破产法，则无以维信用，而私权于以重丧，此尤为显著者。加以自今而后经济潮流横溢大地，中外合资营业之事必日益增多，我无法律为之防，其危险将视无可得资为尤甚。故农林工商部第一计划，即在立法。"①

张謇在担任北洋政府工商、农林和农商总长期间，主持修订与颁布了大量经济法规则例等，加上此前北洋政府所订立的一些法规，形成近代中国经济立法的第二次高潮。

当时每颁布一项法规，张謇先要规划制定方针，统一内部意见，然后写出说帖，分送各有关单位和人员，以制造舆论；再拟具提案到国会上争取通过，还要到一些带有学术性专门会议上作演讲，扩大社会影响；还需拟写具体实施方案，在收罗多方意见后，再将法规条文删改送法制局审议，最后送总统批准颁布。②可见当时每项法规的制定，都花费了张謇等人的大量心力，都来之不易。

（二）民初经济立法的主要内容

民初颁布的经济法规主要内容可分为：倡导兴办公司，扶植幼稚的民族工商矿企业；确立保息、专利、示范与奖励制度；鼓励垦荒，规划水利，奖励植棉、制糖、牧羊、造林等农副业生产；提倡国货，裁厘减税，鼓励出口；开放门户，引进外资，吸引侨资；统

---

① 《实业政见宣言书》，《张謇全集》（卷一），1995 年，第 272—274 页。参见《近代改革家张謇——第二届张謇国际学术研讨会论文集》，1993 年，第450 页。
② 《编辑说明》，沈家五编：《张謇农商总长任期经济资料选编》，南京大学出版社，1987 年。

一度量衡，改革币制，提倡新式金融业；改组商会，规范经济社团。

在张謇任职期间制定和颁布的各项法令中，有些是在清末有关法规基础上进一步修改完善的，如《公司条例》与《商人通例》等。与清末《公司律》（131条）和《商人通例》（9条）相比较，民初的《公司条例》（251条）与《商人通例》（73条）在详密程度和可行性上均有较大提高。两项条例明确公司受国家法律保护的法人地位，规定法人代表及其所用人的资格与条件。《公司条例》对公司的各种组成形式、设立的条件、集股手续、股东人权利和义务、对外营业的法律责任、公司章程、变更乃至解散与债务清算等各方面各阶段事项，都作了详尽细致的规定。《商人通例》虽以"商人"为名目，实则其内容囊括了买卖（贸易）、制造、水电、文化、银行、信托、保险、运输、牙行等一切工商行业的主体人。两条例的出台，确定了公司这一新兴经济组织形式的形态与范围，有助于维护公司的信用，保障投资者的权益。与此相应，北洋政府还颁布《公司注册规则》、《商业注册规则》等，使得工商企业注册制度渐趋完备。这些法规促使民国早年大批公司企业得以集股创办，并注册登记。以法制建设方式表现的倡导和规范作用，有益于中国近代公司制度的形成和规范化。

当时一些地方官吏在商人禀请注册时故意耽延，或"与法定应缴册费之外，另加勒索情事"。1915年2月，张謇得知这一情况，专门下发《关于制止各级政府对商人注册刁难勒索致各省区咨文》，明令禁止，并鼓励被勒索人向上级部门投诉。[1]

民国初年，百废待兴，而财政困窘，资金紧缺，为此张謇提出要利用外资振兴实业，认为"救国方策无逾于此"，认为矿业发展"需本尤重，非用开放主义，无可措手。但使条约正当，权限分明，既借以发展地质之蕴藏，又可以赡贫民之生活。其由钢铁而生之机械铁工厂，亦可听欧美人建设，于工业可省远运之资，于工学尤得实习之

---

[1] 沈家五编：《张謇农商总长任期经济资料选编》，1987年，第73—74页。

167

地"。同时又主张要订立有关法律以规范外资在中国的企业活动。①在民初所颁布的《矿业条例》等法规中就体现了张謇这方面的思想。

在鼓励垦荒，规划水利，奖励植棉、制糖、牧羊、造林、捕鱼等农副业生产方面，张謇主持制定了《国有荒地承垦条例》、《边荒承垦条例》、《植棉制糖牧羊奖励条例》和《森林法》等。其中，1914年11月公布的《森林法》及次年6月公布的《森林法施行细则》规定了国有森林的范围和权利，同时规划在黄河、长江、珠江上游地区预防水患、涵养水源、公共卫生、航行目标、利便渔业、防蔽风沙者，都要编为保安林，由农商部委托地方官署管理和营造保安林。该法鼓励个人或团体承领官荒山地造林；并宣布对非国有林，地方官署不得禁止开垦，可限制原业主滥伐，还可限期强制造林；对盗窃、烧毁和损害森林者，按情节轻重，规定给予相应处罚。②这部《森林法》是中国第一部有关保护森林的基本大法，它所确立的有关保护森林的原则对以后中国有关的森林法规有重要影响。

民初颁布《矿业条例》、《矿业注册条例》及它们的施行细则，规定矿业权归中国公民所有，合资企业中的外国股份不得过半；其他内容表现出轻地主之权、重矿商利益与优先权的倾向，有助于解除封建土地所有制对矿业发展的阻力，旨在鼓励商民投资矿业。

总的来说，这些法规所反映的政策内容可分三个层面：首先，界定和规范社会经济生活的主体组织及其行为方式。例如，明确公司、商人、商会、交易所的定义，它们如何设立、如何运作，其行为应有何规范，乃至如何解散和取缔。此类条例细则数量多，且相对完备；其次，保护、扶持和奖助社会经济生活中的各种合法活动。例如专利、保息、示范和奖励各项制度的确立，税制改革以提倡国货等；最后，为新兴资本主义工商业造就所需的社会条件和环境，包括必备的公共手段和设施。例如，统一币制、整顿金融、划一权度，设置化验稽核、调研统计的有关机构，引进外资和招徕侨资的努力等。可以说，近代中国第二次经济立法高潮，比清末的经济立法更加完备，更

---

① 《宣布就部任时之政策》及《筹划利用外资振兴实业办法呈》，《张謇全集》（卷二），1995年。

② 沈家五编：《张謇农商总长任期经济资料选编》，1987年，第348—352页。

加合理，在很多方面有明显的进步。

张謇当时除了制定正式法规外，还时常发布即时的部令。例如，1914年欧洲帝国主义列强间爆发战争，对中国经济的影响首先是进口锐减、出口呆滞，各商埠一片短缺与萧条。1914年12月，农商部向各省发出长篇通饬，指出欧战"未始非工商发达之转机。凡各省种种实业，俱应切实整顿，所有大小工厂悉予竭力维持。一面趁外货入口稀少之时，改良土货仿造外货"，挽回利权，强调"通商惠工，在此一举"，"时不再来，稍纵即逝"，并附"维持工厂办法大纲七条"，凡糖类、瓷造、麦粉、纸张、文具、罐头食物、玻璃、线织衫袜、肥皂、蜡烛、棉毛织物等制造厂家，均在应予维持之列。该大纲责令各地方长官，在抵押贷款、产品改良、运输费用、拓展销路等方面，为厂家提供条件并给予补助，还要向地方公私团体介绍上述工厂所产国货以供购用，将足抵外货的精良产品送部考验，以资奖励。[①]这类部令，对当时民族经济的发展也发挥了积极作用。

（三）民初经济立法的局限性

民初经济立法程序多是由张謇等部门长官提出，经国会讨论或直接经大总统批准颁布，带有应急特色，具有浓厚的个人色彩；法规在种类构成上仍有许多缺门，如地租、公债、航海、保险、劳动用工等类尚为空白，票据法、破产法和公司法诸项草案始终未能议定公布。1914年4月张謇致全国商会联合会函中指出，"今法律已颁行者十之二三，未颁行者十之七八"，反映了民初政策法规的发育程度与资产阶级的政策需求相去甚远。1915年，张謇不满袁世凯倒行逆施、妄图恢复帝制活动，辞职退隐，其有关经济立法的努力也因此而中断。

1916年，袁世凯妄图恢复帝制失败而死。其后，北洋军阀混战，丘八横行，武人当道，北京政权对多数省份已失去控制。在这种情况下，政府在经济立法方面再没有多大建树，已颁布的经济法规也多成空文。

张謇执掌农商部之初，便深感"现在中央政府之事权，当不能如

---

① 《申报》，1914年12月5日。

一外省之都督。论事权则不能统一，论财政则库空如洗，借债则条件严酷，不借则无米为炊"。后来他在为《第一次农商统计》作序时，总结经济政策的制定和实施，谓"夫政策之行不行，或亦有天命存焉"，这位在中国尽力创办近代企业集团及推行经济法制的先行者，难以掩饰其对北洋军阀统治的失望情绪。①

三、结　语

张謇先生是中国现代化的前驱，他自谓"半生精力，耗于实业，艰难辛苦，所历已多"。在从事实业救国过程中他对经济立法的重要性有深刻的认识，一再鼓吹要订立保护民族实业健康发展的法规。他由早先提出订立"护商之法"，到他耗费数年经历投身兴办实业的社会实践后主张工商业、公司、银行、矿山等都"当定章程"，主张借鉴外国法律，参照中国"禁令风俗"，修订民法和经济法；后来又强调《公司法》、《破产法》的重要性等，反映了他的经济立法思想逐步深入的过程。张謇是个实干家，一有时机他就努力去实现其经济立法思想，所以他在近代中国第一、第二次经济立法高潮中都发挥了积极作用，特别是民初经济立法高潮中当之无愧的领军人物，为中国近代经济法制建设作出了重要贡献。这些贡献是张謇先生所作历史贡献的重要部分。

由于清末和民初时局所限，张謇的经济法制思想未能全部实现。因此，他也认识到，法制建设与政治体制改革密切相关，"实业之命脉，无不系于政治"。②他的经济立法思想，立法实践所得历史经验教训，以及他对"振兴实业"、"法制建设"、"政治改革"三者之间关系的有关认识，都是他留给后人宝贵精神遗产的重要部分。在今天中国现代化建设过程中，市场经济发展与法制建设、政治改革之间仍然有着密不可分的关联，张謇这方面所留下的宝贵精神遗产对我们仍然有着重要的历史借鉴意义。

---

① 详见《中国经济发展史》（第四册），中国经济出版社，1999年，第7章，第4节。
② 《实业政见宣言书》，《张謇全集》（卷一），1995年，第271页。

试论清末民初中国产业民营化的两条途径

——以盛宣怀、张謇的企业活动为案例

官商矛盾是清后期中国资本主义发展过程中的一个主要矛盾，可以说1911年官商矛盾的激化直接促发了辛亥革命。在清末官商关系的变化中，出现了新式产业民营化的趋势，这一民营化过程主要分两条途径展开，盛宣怀、张謇分别是这两条途径的代表人物。盛宣怀和张謇两人在清末中国产业资本企业①发展中起着举足轻重的作用，而在辛亥革命运动中这两人又分别扮演了两个大不相同的重要角色。本文试图以清后期官商关系的变化为背景，盛宣怀、张謇的企业活动为案例，分析清末中国产业民营化的两条主要途径，希望能从企业制度层面增加对辛亥革命前中国资本主义发展及中国资产阶级组成特点的一些认识，也希望能为当代的企业改革提供一些历史借鉴。

一、重要背景——清后期官商关系的变化

从19世纪60年代开始，曾国藩、李鸿章等清政府洋务派官僚相继创办了江南制造总局、金陵制造局等军工企业，开启了中国新式民族产业发展的历程。新式产业在创办初期是由官营体制占据统治地位，30多年后又出现了民营化趋势，而清后期官商关系的变化是出现产业民营化趋势的重要历史背景。

曾、李等人创办的军工企业都是官办体制，在管理上沿袭了封建

---

① 主要包括近代工业和交通运输业的企业。

衙门制度，企业的职员大多有清朝军衔，封建的人事关系充斥于企业内部，机构臃肿，因循推诿、营私舞弊，贪污中饱等腐败现象比比皆是。

从 19 世纪 70 年代开始，李鸿章等人又相继创办了轮船招商局、上海机器织布局等民用企业，官督商办是洋务派民用企业的主要形式。官督商办企业虽然在开办初期从唐廷枢、郑观应等买办商人那里吸收了较多的资金和近代商务知识，官商结合促进了企业的发展，但是这些官督商办企业管理体制中仍然沿袭了封建衙门的一套办法，企业的督办由官府委派，总办、会办中虽有不少人是商人出身，但他们并不是由股东选举，而是由官府任命的。这些企业的其他用人之权"操自督办，股东不能过问"。官督商办体制中官权侵压商权，在经营管理上已近乎于官办体制。在这种体制中，容易形成"结党营私，毫无顾忌，而局务遂日归腐败"，商人股东"敢怒不敢言"的局面。19 世纪 80 年代以后官商矛盾趋于恶化，原来对洋务企业寄有厚望的商人等大都"望影惊心，谈虎色变"，[①]对兴办新式企业的态度消极起来。经营管理的腐败及商人们的消极态度，使得进入 19 世纪 90 年代后官督商办体制走向没落。

官办和官督商办可以合称为官营体制。甲午战争前 30 多年间，在中国新式产业中官营体制占据了统治地位。这一时期官商矛盾的日益恶化，沉重地打击了民间投资新式产业的积极性，成为当时中国新式产业发展的极大障碍。

甲午战争失败后，迫于《马关条约》给予外商设厂制造权和财政困难的沉重压力，在当时社会上"设厂自救"强烈呼声中，清政府放宽了对民间投资创办新式产业的限制，个别的还给予一定的资助与扶持，官商关系有所改善。此后，民间投资创办工矿交通企业的活动曾出现了一个高潮。20 世纪初，清政府又相继颁布了《商律》等保障商人权益的综合性法规，《商会简明章程》等经济社团方面的章程，以及其他有关奖励工商实业的章程等，也促进了民营工商企业的发

---

① 陈炽：《庸书外篇》（卷上），转引自汪敬虞主编：《中国近代经济史，1895—1927》，2000 年，第 1445 页。

展。从宏观上看，清末十数年间在中国工矿交通等新式产业里民间投资不断增多，企业体制民营化的趋势日益明显。

但是，清朝当权者始终把维护封建专制王朝的统治放在第一位，清末官僚中即使如张之洞这样积极鼓吹新政者，也希图利用商之同时，仍毫不放松官的权利。张之洞的原则是："国家所宜与商民公之者利，所不能听商民专之者权。"这与当时商人势力的代表向他提出的"官商相维而商为尤重"的要求是显然对立的。商人希求的是"官助招商"，张之洞的心目中却是"招商助官"。如同汪敬虞先生所说，"官助"与"助官"，一字之颠倒，决定了中国资本主义的命运。①

清政府顽固地坚持实行危害民族工商业发展的税收政策，特别是坚持实行被称为"恶税"的厘金制度。各地方政府往往借口"稽查偷漏"，从交通要冲的市镇直至偏僻地方，遍设征收厘金的局、卡。这些局、卡常常向过往货商"任意诈索"厘金。厘金税率原为1%，到了20世纪初有的地方已经变成10%以上。在江西，"定章名为取十，其实乃取三十、四十。又况查验不时，羁滞留难，无卡无之"②。致使"行之愈远，则商货成本愈重。是禁止商货之流通，迫其近售，而罚其远行者也"③。著名绅商张謇等曾一再提出厘金于国于民都有害，要求改革厘金制度，但遭到清政府各级官吏的反对。

清末新政虽然颁布了不少奖励工商的章程等，但是在其实施过程中经常表现出抑商的一面。例如，张之洞拟将川汉铁路沿线两旁30里内的煤矿统统划归铁路公司开采，得到清廷同意；一位绅商在江苏幕府山勘有煤矿，禀明地方政府后，集资试办，开工后矿苗颇旺，两江总督端方竟硬将该矿改归官办，称为阜宁煤矿。④在民营铁路问题上，清政府的倒行逆施尤为明显。清政府在1904年的《重订铁路章程》中，曾鼓励民间参与建设铁路，规定地方官对于华商集股创办铁路公司活动"均应一体保护"，并"不得干预公司办事之权"。在章程

① 汪敬虞主编：《中国近代经济史，1895—1927》，2000年，第63、71页。
② 《江西商务说略》，转引自汪敬虞：《中国近代工业史资料》（第二辑），第1148页。
③ 张謇：《张季子九录·政闻录》（卷七），1931年，第2页。
④ 《时报》，1907年6月22日、9月24日；《华制存考》，端方奏，第5页；张人骏奏，第11页。转引自汪敬虞主编：《中国近代经济史，1895—1927》，2000年，第1510页。

的鼓舞下，从 1904—1907 年间各省先后成立了 18 个铁路公司。然而，那些民间向商部提出修建铁路的申请，什九被批驳回来，而其所以批驳不准，什九是受到外国资本家的反对。①从 1908 年起，清朝统治集团内部开始信奉"造路不如赎路"，即先让外国出钱修路，然后政府再借钱赎路，以后则进一步把民有改成国有。1911 年 5 月，清政府在帝国主义列强压力下，悍然宣布铁路干路国有和"统一路政"等国策，给了民间铁路创业活动以"摧折性的一击"。这一来，舆情激昂，认为清政府此举是"夺商办铁路供之外人"，"假国有之名，行卖路之实"。②清政府的干路国有令传达至四川、湖南、广东等省，顿时激起了群众保路风潮，接着又促发了辛亥革命。

总之，甲午战争后原来的"官督商办"体制走向没落，中国新式产业发展进入民营化时期。清末新政中官商关系的若干变化，促进了这一时期产业民营化的发展。但是，清政府对外妥协投降，对内实行封建压榨的本性，又使得其经济政策矛盾混乱，并一再倒行逆施，使得民族工矿交通企业的进一步发展受到极大限制，政治革命成了为资本主义发展开道的必要手段。

二、主流——民间新企业的大量创办

清末新的民营工矿交通企业大量创办，逐渐占据了中国产业的主要地位，成为这一时期中国新式产业民营化的主流，成为中国资本主义发展的标志。以新式棉纺工业为例，1894 年前仅设立了上海机器织布局、华新纺织新局、湖北织布局这 3 家企业，性质分别为官督商办、官商合办、官办。③此后至辛亥革命前，新设了 20 家华资棉纺企业，全都是商办，这个行业已转变为"以民营为主了"。④创办资本额在 1 万元以上的民营机器缫丝企业，到 1911 年已有近 200 家。

---

① 宓汝成：《中国近代铁路发展史上的民间创业活动》，《中国经济史研究》，1994 年 1 期。
② 汪敬虞主编：《中国近代经济史，1895—1927》，2000 年，第 2007 页。
③ 上海机器织布局遭到火毁后，1894 年李鸿章等在其旧址上设立华盛纺织总厂，仍为官督商办。
④ 杜恂诚：《民族资本主义与旧中国政府》，1991 年，第 52 页。

其他如染织、呢绒、丝织、面粉、火柴、造纸、卷烟、榨油、制盐、机械等行业新建的民营企业数量也相当多。[①]在矿业，甲午战争后已经有一些华商创办了若干企业，在 20 世纪初收回矿权运动期间更是形成了一个民间办矿高潮，新设民营矿场约 40 家，投资约 1 400 万元。[②]据吴承明先生估算，1894 年时全国工矿业中官营资本有 3 063 万元，民营资本仅 1 891 万元；而到清末民初的工矿业，官营资本有 8 417 万元，民营资本 20 515 万元，民营已大大超过官营。[③]在交通运输部门，甲午战争后民营轮船业也有了较大发展，原来的木帆船大量为轮船和拖驳船所代替。到 1911 年全国有大小近 600 个轮船企业，资本约 2 100—2 200 万元，各种轮船 1 100 艘，总吨位 14.7 万吨。[④]在上述这些行业，新设的民营企业已在数量上占据了主要地位。

　　这一时期，在新式产业中民族资本不仅在数量上有很大增长，而且已向组建跨行业、跨部门的企业集团方向迈进。其中，张謇相继创办了大生纱厂、大生轮船公司、通海垦牧公司、翰墨林印书局、同仁泰盐业公司、广生油厂、大兴面厂、阜生蚕桑公司、颐生酿造公司、资生冶厂、资生铁厂、大中通运公行、通州大达小轮公司、泽生水利（船闸）公司、达通航业转运公司、大生二厂等包括纺织、农垦、航运、码头、机械、面粉、榨油、制盐、贸易等行业在内的 20 多家企业，组成清末中国最大的民营企业集团——大生企业集团。张謇适应形势发展的要求，采纳外来先进的科学技术和管理方法，将创新、进取与务实精神相结合，使得大生集团在企业制度特征上成为清末国内民营企业的典范。

　　张謇等人在创办企业过程中不得不同形形色色的官吏打交道，又尽量避免官营企业体制的弊病，设法摆脱官府对企业经营的干涉。张謇曾经指出，官府控制的企业"排调恢张，员司充斥，视为大众分利之薮，全无专勤负责之人，……于财政卜徒有增豫溢出之嫌，于实业

---

① 参见杜恂诚：《民族资本主义与旧中国政府》，1991 年，附录。

② 许涤新、吴承明主编：《中国资本主义发展史》（第二卷），1993 年，第 641 页。

③ 吴承明：《中国的现代化：市场与社会》，生活·读书·新知三联书店，2001 年，第 207 页。

④ 樊百川：《中国轮船航运业的兴起》，四川人民出版社，1985 年，第 457 页。

上不能收商贾同等之利，名为提倡，实则阻之"①。张謇创办大生纱厂时，最初打算走完全"商办"之路，但是经张謇多方奔走努力，仍不能解决集资问题，只得加入官股，并在刘坤一的支持下，使纱厂"名虽为官商合办，一切厂务官中并未参与"②。张謇称这种方式为"绅领商办"。入股大生纱厂的官机作价25万两，后又加上地方政府的4万多两公款，使得官股在大生纱厂44.51万两原始资本中占了65%以上比重，企业经营权却不在官府手里。将大生纱厂改为"绅领商办"，以利于更多的商人投资纱厂，这是张謇等人在企业组织方式上的一个创造。在中国企业制度演变史上，"绅领商办"是对前不久在国内产业领域占据着统治地位的"官督商办"模式的一个改革。大生纱厂产权关系明晰，官股长期存在，经营权却始终不受官府干涉。张謇后来创办的其他企业，基本上都是完全商办。

张謇在《通海垦牧公司集股章程启》一文中进一步强调股份公司组织的重要性，他说："公司者，庄子所谓积卑而为高，合小而为大，合并而为公之道也……甚愿天下凡有大业者，皆以公司为之。"张謇依靠股份制向社会集资，相继创办了通海垦牧公司、广生油厂、同仁泰盐业公司、大生轮船公司、资生铁厂等一系列企业。这些企业互相在融资关系、商品供售、技术支持等方面建立紧密关系，协调行动，都是大生集团成员企业。大生集团的企业基本上都实行股份制。集团内的各企业都是相对独立的法人企业，虽然企业间经济往来十分密切，但是各自独立核算，产权关系明晰。

首先，在管理机制方面，大生纱厂等企业首先是有一套章法严明、系统完善的规章制度。大生纱厂是张謇赖以成就其宏大事业的基础。在纱厂创办过程中，张謇深知"坚苦奋励，则虽败可成；侈怠任私，则虽成可败"③，因此在经营管理上极为用心。张謇等人起初对管理近代工厂并不在行，他们就花大力气遍访上海等口岸的中外纱厂，"考诸上海各厂，而加以斟酌"④，研究企业管理办法。在管理

① 张謇：《宣布就部任时之政策》，《张季子九录·政闻录》（卷七），第4页。
② 《南洋督部刘訊》，第37页，转见《大生系统企业史》，第15页。
③ 张謇：《厂约》，《张謇全集》（卷三），1995年，第20页。
④ 张謇：《大生崇明分厂十年事述》，《张謇全集》（卷三），第209页。

机构方面，张謇贯彻因事设人的组织原则，使纱厂在开车之始就建立了一套精干的企业管理机构：纱厂总负责人为"总理"，由张謇自任（后来张謇为农垦事业及其他新办事业在外奔波时，请其兄张詧辞官回乡任纱厂协理，协同管理企业）；下设进出货、厂工、杂务、银钱四所，各所负责人称为"经董"，直接对总理负责；经董之下各自选用并管辖若干"执事"（职员）。张謇还亲自拟定《厂约》，作为企业管理的基本规章。《厂约》体现了张謇这一开明务实的状元公治理新式工厂的个人特色：它明文规定了总理和各经董的各自职责；对各级职员既晓之以"办厂是为民生，为救国"的大义，又明确告之以纱厂奉行总理独裁制和部门分工负责制的管理原则，告之以各部门职员各自的责、权、利，以及考核与功过赏罚办法，使各级职员的责权利挂钩；张謇在《厂约》中还将自己置于大家的监督之下，鼓励各级职员对自己提意见，对厂务提建议。张謇又于 1899 年颁布《大生纱厂章程》，其中包括银钱总账房章程、进出货处章程、粗纱厂章程、火险章程等 21 项有关各车间和各职能部门管理办法。①这 21 项具体章程共有 195 条规定，对纱厂各道工序和各个岗位的人财物管理等作了详细具体的规定，使部门分工负责制的管理原则进一步具体化。张謇在 19 世纪末拟定的大生纱厂《厂约》和《大生纱厂章程》，可以说是中国纺织企业最早的较完善的规章制度。②

其次，作为企业领导人的张謇自己能以身作则，严格按章办事，起到了重要的榜样作用。他在为筹建纱厂到处奔波的五年间，有时因旅费不够，宁可上街卖字维持，也不肯动用厂款。在这五年间，他"生计赖书院月俸"，未支厂一钱。张謇的榜样作用，带动全厂上下节俭办事，与当时其他企业的糜费形成鲜明的对照。

再者，张謇不仅用规章制度实行管理，而且还与沈敬夫、高清、蒋锡绅、江导岷等大生企业的高级领导人结成相互敬重、"沥胆相

<hr>

① 详见张謇：《大生纱厂章程》，《张謇全集》（卷三），第 24—42 页。
② 因当时中国不少新式纱厂在管理上缺乏经验，漏洞很多，张謇曾撰文再三强调治理纱厂一定要谨慎，并希望《章程》能给"凡为纺厂者"提供参考。见《张謇全集》（卷三），第 42—43 页。

扶"的朋友关系。张謇对企业中下级职工也以礼相待。①这反映了张謇的儒商特色，也暗合现代管理学所说"人本管理"的精髓。

沈敬夫、高清等大生企业的高中级管理人员无不兢兢业业，恪尽职守。他们分工负责，层层管束，管理十分严格，使企业取得了很好的效益。例如，当大生开办初期资金难以周转，纱厂处于生死关头之时，进出货董沈敬夫献计"尽花纺纱，卖纱收花，更续自转"，被张謇采纳，使纱厂渡过了难关。沈敬夫等还利用他们在花布同业中的社会关系，动员棉花商、布商等投资于大生纱厂。厂工董高清负责组织生产事宜，曾经"遍考纺法于上海中外各厂"；他"督工甚勤，竟日无懈……举职称事，十五年如一日"②。大生纱厂赖以起家的生产设备原是官方长期搁放在上海码头芦席棚中的一批纺纱机，经数年风吹雨打，锈蚀损坏十分严重，可谓先天不足。但是在高清等人努力下，这些机器设备经过整修，生产出了质量"比苏沪厂纱为优"的机纱，以致"行销亦旺，中外争购"，当"沪上纱滞如山"时大生所产之纱销售"独畅"，帮助纱厂渡过了资金周转困难的险关。③

通海垦牧公司及其他大生集团企业也是这样。一位研究近代苏北盐垦史的专家认为，通海垦牧公司之所以比其他农垦公司的经营效益好，"其原因就在于严格的管理"④。

清末中国企业经营的外部条件异常恶劣。当时的政府顽固坚持实行厘金制度等危害民族工商业发展的税收政策，而且当时国内没有形成完整的市场体系，社会法规制度和基础经济部门等都很不理想。基于以上原因，大生纱厂等民营工业企业为了减少市场购销过程中的交易费用，一方面采取了向纵向一体化企业集团方向发展的战略，将市场交易的一部分纳入到企业集团内部，使交易行为内部化，以此来减少交易成本，增强竞争实力，同时也减少因异地流通而带来的厘金等税收盘剥；另一方面就是实行"土产土销"的经营方针，与当地商界

---

① 例见姚谦：《张謇农垦事业调查》，江苏人民出版社，2000年，第26、27、39、77页。
② 张謇：《高君立清墓志》，《张謇全集》（卷五），第405页。
③ 张謇：《通州大生纱厂第一次股东会议报告》，载张謇编：《通州兴办实业之历史》，《大生纱厂》，第122页。
④ 《近代改革家张謇——第二届张謇国际学术研讨会论文集》，第669页。

头面人物保持紧密联系，请他们帮助企业收购原料及推销产品。

大生纱厂建立了一整套棉花收购系统，利用地利人和，对当地棉农存花量进行较为精确的预测，采取了"人弃我取"、"人取我舍"等灵活方式收购棉花，在与日厂竞争中取胜，以获得物美价廉的原料。在大生的棉花收购系统中，有大生自己设立的"门庄"；也有棉商以自己资金收花，并与大生预先定下供应数量，从中收取佣金的"抄庄"；有大生供给部分资金，专门代厂收花的"下庄"。① 为了更彻底地解决原料问题，张謇还创办了通海垦牧公司等一系列农垦公司，以发展棉花种植，保证有足够的原料供应大生纱厂。为了管理新垦区的棉花收购，大生又建立了许多称为"分庄"的辅助机构，其总数高达23 个。②

大生纱厂销售的重点对象是本地手工织户，以实行土产土销的方针，所以生产重点也放在纺 12 支纱上。大生将所产之机纱以"魁星"为商标，象征它是状元办的厂，以扩大社会影响帮助推销；并在通海地区组织一批殷实的纱庄为基本户，优先销售大生的"魁星"纱。张謇、张詧兄弟还通过劝说入股大生、结成儿女亲家等方式，与通海地区关庄布巨商建立密切关系，使他们在门市收布时竭力向织户推荐大生的"魁星"纱。张謇还注意与其他商人发展联系，例如同地方钱庄一道为当地土布商人提供特别的信用贷款等③。大生的棉纱都是通过开盘方式批发给各纱庄销售。大生纱厂的开盘时间由自己掌握，每年仅开四五盘，而且都选定在花纱价格对企业有利时才放纱出厂。④

为了更好地开展上海等地市场营销业务，大生纱厂在进出货董下设驻沪账房，后来将其升为驻沪事务所。随着大生系统企业的不断增设，大生资本系统逐渐发展成为具有多种联系纽带、多角化经营的企业集团，驻沪事务所也发展成为集团内几十个企业掌握市场行情、采办物料、批售产品、调划头寸以及接待来往人员的多功能机构，事实

---

① 详见《大生系统企业史》，第 111、113—115 页。
② 《论张謇——张謇国际学术研讨会论文集》，第 198 页。
③ 《论张謇——张謇国际学术研讨会论文集》，第 199 页。
④ 《大生系统企业史》，第 117 页。

上已成为大生集团的"神经中枢"。①实行重视市场营销的经营方针，使得大生企业集团在激烈的市场竞争中，能采取较为灵活的营销策略，取得了令世人注目的成功。

这一时期在中国企业制度方面，中国传统文化和西方工业文明这新旧两大影响产生了激烈的碰撞，因而大生企业在制度特征上免不了带有新、旧两大文明激烈碰撞时代所留下的印记。总的来说，由于"大生"模式在当时较好地解决了官商关系问题，在企业产权关系、经营管理体制和利润分配制度等方面，对"官督商办"模式进行了改革，进而又进行了一系列制度创新，使得大生集团企业成为清末国内新式工矿交通企业中的佼佼者。

三、支流——原官营企业被化"公"为私

清末产业民营化的第二条途径是旧的官办、官商合办或官督商办企业被主持的官僚化公为私，转为商办（民营），企业掌权人还是原来的官僚，但是其摇身一变，身份已变为商股大股东。这类企业数量不多，只是产业民营化的支流，但是影响很大，特别是轮船招商局和汉冶萍公司，它们在各自的行业中都具有举足轻重的地位。我们可以以清末盛宣怀在轮船招商局、汉冶萍公司的企业活动为案例，分析产业民营化第二条途径的主要特点。

甲午战争失败后，盛宣怀尽管被言官指责他督办洋务企业时"害则归公，利则归己"，仍然得到北洋大臣王文韶的特殊信任。为了利用官方权力压制轮船招商局股东们对官督商办体制的批评，1896年盛宣怀向王文韶报告说招商局股东"正在筹商删除官督，悉归商办"，并表示自己反对商办，要对招商局进行整顿，得到了王文韶的支持。盛宣怀趁机在招商局排除异己，使"局中主要负责人成了清一色的盛派人物"。1897年，在盛宣怀主持下，招商局股本增至4万股，盛一人独占1.1万股。盛宣怀用巧取豪夺手段套购了招商局大量股票，成为招商局的最大股东。盛宣怀还利用招商局承办漕运的特权，利用招商局的巨额资金进行局外连锁投资，与有关衙门相互勾结，上下其

---

① 《大生系统企业史》，第123—125页。

手，获取暴利，使自家资产急剧膨胀。①

1901 年，袁世凯接任北洋大臣后，千方百计谋求夺取盛宣怀长期控制的招商局。盛宣怀不甘心将这颗摇钱树拱手相让，转以股商领袖自居，以股商名义向袁施加压力，并借"中外谣言"指责袁世凯抢夺商利。但是，袁世凯还是利用其官权，强撤了盛宣怀的招商局督办之职，于 1903 年委派亲信杨士琦为该局督办，控制了招商局。

盛宣怀不甘心，不断造舆论攻击袁派官督时期的经营腐败，伺机夺回招商局。1908 年，邮传部打算把北洋控制的轮、电二局收为部管，慈禧死去后袁世凯又被撵回老家"养疴"，盛宣怀随即开始以"完全商办"为方针，开展从袁世凯亲信手中夺回招商局的行动。盛宣怀利用股东们对杨士琦等人的不满，联络分散在各地的股东，于 1909 年 8 月召开招商局第一次股东大会，会上选出 9 名董事，盛宣怀为董事会主席。这 9 名董事及另外选出的查账员基本上都是盛氏集团成员。②招商局改为商办隶部（邮传部），盛宣怀又掌握了该局实权，只是由原来官方委派的督办变成了股东选出的董事会主席。

在盛宣怀等官僚的控制下，招商局在技术与管理上长期依赖洋员。总船长一职由英国人蔚霞③把持了 20 多年，1910 年底蔚霞年老退休后仍然由洋员把持。蔚霞任总船长期间，跋扈擅专，以至"洋商视蔚霞如招商局督办"。招商局新造轮船及购买设备、材料等，都通过蔚霞向其兄在英国之厂订购，即使该厂无这类材料，也由"其兄转购"，所开价格虽昂，但"从无一驳"。蔚霞视局产为儿戏，曾为发泄个人不满而将"新丰"轮锅炉凿破。董事们虽屡次要求将他辞退，局方不允。他退休时，盛宣怀还建议向他授勋，虽遭郑观应等董事反对，但是邮传部仍然于 1911 年 4 月授予蔚霞三等宝星一座。招商局的总大车、总钱柜，局属所有江海轮船船长、大副、二副、三副及大

① 详见张后铨主编：《招商局史》（近代部分），人民交通出版社，1988 年，第四章。
② 详见夏东元：《盛宣怀传》，四川人民出版社，1988 年，第 380—382 页。
③ 关于蔚霞的英文原名，笔者曾查了有关资料，却一直未查到。后来请教汪敬虞先生，他根据《北华捷报》（North-China Herald）1902 年 2 月 12 日、1903 年 8 月 28 日、1907 年 8 月 9 日有关 Thomas Weir 的资料，认为 Thomas Weir 很可能就是蔚霞。在此谨对汪先生给予我的教导和帮助表示衷心的感激。

车（轮机长）等，以及栈务管理方面的重要职务也长期全由外国人担任，形成了对洋员的严重依赖。1908 年，招商局总数 31 只轮船船长以下 179 个高级职员中，只有作为大车副手的二车、三车各有 2 名是中国人，其他 175 个高级职位全被洋员把持。洋员薪金远远高于中国职员，1898 年洋员薪金达 51 万余两，约占该年全局开支的 25%，成为招商局最大的支出项目之一。不少洋员玩忽职守，酗酒误事，有的人还特别热衷于收集中国"各省兵备要隘、宝藏优劣"等情报。尽管如此，招商局主管者对他们的信任和依赖程度都一如既往。①

大量任用私人，是招商局管理体制的一大特色。盛宣怀曾用"人山人海"来形容招商局所用私人之多，而任人唯亲正是盛宣怀等官僚用以控制招商局的重要手段。在该局，一些重要职位简直成了封建世袭制的典范。例如，盛宣怀的姻亲施紫卿自 1893 年担任汉口分局总办后，"汉局不啻施氏世袭之私业。兄授其弟，父传其子，恬不为怪"②；与李鸿章、袁世凯关系密切的麦佐之及其子，控制天津分局达数十年之久；烟台分局被陈氏把持，香港分局归卢氏控制，广州分局听陈姓世袭等等。③在该局，"各船之买办④，何一非某巨公之私人乎？盖不特其私人而已，其私人之私人，亦靡不充满其间"。⑤所用私人，大都是些"豪猾之徒"，他们"挂名文案，得支乾修；或图船上坐仓之职，事由副手代理，彼则坐地分肥；或为分局帮办，时与当道酬应，于局事无裨，而糜费愈多"。⑥

营私舞弊，在招商局也成为普遍现象。从督办、会办、局董到各船坐舱、各地司栈等，并不以支领高薪为满足，而是想方设法谋取私利，正如 1910 年汉口股东在一份意见书里所指出的那样，"招商局腐

---

① 详见张后铨主编：《招商局史》（近代部分），1988 年，第 249—250 页。

② 李孤帆：《招商局三七案》，转引自汪敬虞主编：《中国近代经济史，1895—1927》，2000 年，第 2069 页。

③ 汪敬虞主编：《中国近代经济史，1895—1927》，2000 年，第 2069 页。

④ 亦称"坐舱"，最初仅充当外国船长的翻译，后权利不断扩大，成为招商局轮船上客货业务主持人。

⑤ 《刍言报》，1910 年 11 月 7 日页。转引自张后铨主编：《招商局史》（近代部分），1988 年，第 245 页。

⑥ 郑观应：《郑观应集》（上），上海人民出版社，1982 年，第 641 页。

败极矣，弊端极多，买煤有弊，买船有弊，揽载水脚短报有弊，轮船栈房出入客货有弊……种种弊端不胜枚举。"①招商局对各分局、各轮船实行以包缴包办为主要内容的承包制，也使得内部管理黑幕重重，经营状况弊窦丛生。该局被时人评之为"无人不弊，无事不弊"。局里虚靡款项数额庞大，仅修船油漆和煤炭消耗两项，如果撙节核实，"每年省数十万金非难事"。②

招商局转为商办后，盛宣怀及其后人在经营管理上沿用旧法，上述依赖外人、任用私人，营私舞弊等状况非但没有消除，内部派系矛盾反而更为激化，以致因经营管理不善而频繁发生海损事故，一再出现贪污大案，"愈发陷入困境，每年债息高达数十万两，完全无力支付。船舶破旧，栈房失修，'经济竭蹶，每况愈下'，已经面临破产的边缘"。③

汉冶萍公司是以湖北汉阳铁厂、大冶铁矿和江西萍乡煤矿为主干组成的中国近代最早的钢铁煤炭联合企业。汉阳铁厂原属官办，因原主持人张之洞在铁厂选址、机器购置和燃料基地的开拓上都出现了失误，铁厂建设遇到重重困难。1896 年，张之洞因难以解决铁厂资金方面的严重困难，只得将铁厂及所属大冶铁矿交由盛宣怀招商承办，铁厂改为官督商办。盛宣怀并没有招来多少私人资本，只得调动他所控制的轮船招商局、电报局、中国通商银行等企业的资金来进行铁厂的初期改造。盛宣怀重用李维格对铁厂的重要设备进行改建和扩充，再用张赞宸开发江西萍乡煤矿以为铁厂建立可靠的燃料基地，都取得了比较满意的成效，在这方面显出了盛宣怀比张之洞的高明。汉冶萍所产生铁曾被"欧美行家称为极品"，远销海外；其所产钢轨、桥料等，不仅有广阔的国内市场（包括香港），美国、日本等地也纷纷来求购。一外国记者曾预言汉冶萍所在地区不久将成为"中国的匹茨

---

① 盛档：《郑观应致盛宣怀函》，附件，汉口股东意见书，转引自张后铨主编：《招商局史》（近代部分），人民交通出版社，1988 年，第 246 页。
② 张后铨主编：《招商局史》（近代部分），人民交通出版社，1988 年，第 246 页。
③ 张后铨主编：《招商局史》（近代部分），人民交通出版社，1988 年，第 363 页。

堡"①。

但是，资本不足的难题长期困扰着汉冶萍。清政府既要支付巨额庚子赔款，又背负着外债还本付息的沉重包袱，不能对汉冶萍追加投资，只得于1908年同意盛宣怀关于将汉冶萍改为商办以多招商股的方案。1909年4月汉冶萍公司召开第一次股东大会，选出董事9人，并推举盛宣怀为总理，李维格为协理，开始了完全商办时代。但是社会上对公司的投资并不像盛宣怀所期望的那样"踊跃"。到1910年，"充其量只招集到股金1 200余万元，与原期集股2 000万元的目标相去甚远"。

面对汉冶萍公司资金紧张的窘境，盛宣怀仍然继续搞大肆铺张糜费、营私舞弊的那一套。盛到转为商办后的公司视察时，"全厂必须张灯结彩，陈设一新"，厂员必须身着礼服，"站班迎迓"。至于酒席赏耗之费，那更不用提了。这些费用都"列入公司账内"。平时所有公司高级官员的公馆一切器具、伙食、烟酒等家用开支及雇佣亲兵等保镖的开支，"均由公司支给"。公司职员"不下千二百人，大半为盛宣怀之厮养，及其妾之兄弟，纯以营私舞弊为能"。公司上下侵款自肥者"不可胜计"。例如，李维格出名承办的汉口扬子江机器公司是由汉阳铁厂搬出的旧机器所组成，并有铁厂提银5万两作为股本，得利由各厂员均分，"实则厂员并无一钱股本在内，即窃汉厂之旧机器及五万金为彼数人之私产耳"②。

那么如何解决公司资金紧张的难题呢？盛宣怀转而依赖外资，大借日债。据统计，清末1903—1911年汉冶萍借日债13笔，共约1 800万日元，民国时期仍继续大借日债。日本因为其国内钢铁工业的发展，缺乏铁矿等原料，就利用汉冶萍借债的机会，把它们的势力逐步渗透进来。例如，1910年11月日本方面与盛宣怀达成"预借生铁价值借款"草合同，次年3月签订了正合同。合同规定由日本横滨正金银行向汉冶萍贷放600万日元借款，年息6厘，以15年为期；

---

① 详见张国辉：《论汉冶萍公司的创建、发展和历史结局》，《中国经济史研究》，1991年2期。

② 《时报》，1913年3月4日，转引自汪敬虞编：《中国近代工业史资料》（第二辑），1957年，第474页。

规定了在这 15 年每年汉冶萍作为还债向日本提供的生铁数量、质量和价格，及每年增加供应的矿石数量，日本势力加强了对汉冶萍的约束。为了保证日债合同的执行，汉冶萍"在生铁、钢和煤焦的生产上、矿石资源的开发上，以及企业的扩充与否的决定上，事事都要仰承日本资本的鼻息"。汉冶萍的生产方向出现明显变化，原先以生产钢轨、钢料为主，后来逐步变为以采矿石及炼生铁为主，所产矿石半数以上输往日本。汉冶萍滥借日债的后果，不仅使公司的生产经营方向等受到日本人的控制和利用，而且在输往日本的矿石和生铁价格问题上，公司的利益也受到了严重的损害。特别是在第一次世界大战期间，输日矿石和生铁价格不合理的问题就更加尖锐。汉冶萍向日本提供原料的价格与市场价格相差很远，以生铁为例，1918 年日本东京生铁市场价格达到每吨 480 日元，然而汉冶萍输往日本的生铁受借款合同所定价格约束，长期维持在每吨 36 日元。后来经公司多次交涉，才略有增加，但与市价相比仍然很少，只有市价的 1/4 左右。仅1914—1918 年的 5 年内，公司输日价格与市价的差额估计约 1 亿元左右。假如汉冶萍这几年按市价将产品销往日本或美国等，"所得外汇偿还全部日债还有余"[1]。日本人利用借款步步进逼，盛宣怀等人一再妥协，公司经营实际由日人操纵，1912 年时就有报纸评论汉冶萍"虽名系中国，实为日人也……日人在大冶驻兵筑路，借保矿产为名，俨为己有"。[2]由于盛宣怀依赖外资，对外妥协，汉冶萍逐渐沦为专为日本开采铁矿石的殖民地性的企业。

盛宣怀在官督商办时期的轮船招商局和汉冶萍公司，利用官权化"公"为私，使自己已变为这两大企业的商股大股东。在这两大企业转为商办（民营）后，他仍然是企业掌权人，其经营作风并无改变，这两大企业在转为商办后的经营业绩总的看来都是失败的。

---

[1]　详见张国辉：《论汉冶萍公司的创建、发展和历史结局》，《中国经济史研究》，1991年 2 期。

[2]　《时报》，1912 年 12 月 22 日，转引自汪敬虞编：《中国近代工业史资料》（第二辑），1957 年，第 502 页。

四、结　语

关于辛亥革命前中国资产阶级的组成特点，以往学者曾有较多的论述，有从上中下层的划分来进行考察，也有从官僚资产阶级和民族资产阶级的划分来进行研究，有人将张謇与盛宣怀一起都划入官僚资产阶级一类。笔者认为，华中师大学者最近出版的两部专著中有关"绅商阶层"的分析，能给我们以很大启发。清末中国资产阶级是近代中国资产阶级的早期形态，"绅商阶层"是这种早期形态的重要组成部分，绅商在清末民族资本工矿业投资中占据了举足轻重的地位①。华中师大的学者将绅商又分为士人型、买办型、官僚型三类，张謇属于士人型，盛宣怀是官僚型的代表人物。②根据我们对清末产业民营化途径及民营企业不同制度的研究，这种分类有其合理性。对"绅商阶层"的分析，有助于我们加深对辛亥革命前中国资产阶级组成的认识。

张謇和盛宣怀两人所主持的民营企业制度不同，业绩也大不相同，这与两人的文化素养和精神有关，也与他们的企业分别来自清末产业民营化两条途径有关。

盛宣怀之所以能成为招商局和汉冶萍这两大企业的大股东，可以说是腐败舞弊的产物，因而在企业转为"商"办后，由于盛继续掌握企业大权，企业制度也仍然带有其浓厚的个人特色，难以避免腐败风气的影响——靠特权经营，贪污渎职，内部派系斗争激烈等。一位日本学者曾指出，同张謇相比，盛宣怀的特征在于使重用亲信和官场作风蔓延于企业内部，和以"官"的权力为背景，满足于特权而放松经营企业的努力，不能充分发挥郑观应、马建中、李维格等人才的能力。③一位美国学者也指出，盛宣怀"在那些明确地享有垄断和大量

---

①　详见章开沅、马敏、朱英主编：《中国近代史上的官绅商学》，湖北人民出版社，2000年，第269—277页。

②　章开沅、马敏、朱英主编：《中国近代史上的官绅商学》，湖北人民出版社，2000年，第233—253页。

③　中井英基：《中国近代企业家史研究笔记（二）盛宣怀》，《中文研究》，1972年13期。转引自金丸裕一：《谈中井英基先生对张謇的研究》，《中国近代经济史研究资料》（卷八）。

官方津贴的企业是成功的，但常常在其他存在竞争的企业中失败"①。在清末，盛宣怀的官越做越大，其企业活动中"挟官以凌商"的色彩也越来越重，以致在辛亥革命爆发后他成为革命的打击对象。

张謇的企业是白手起家，新创办的民营企业。为了办好企业，他花大力气遍访上海等口岸的中外纱厂，结合本地实际，创立了一套企业管理制度。作为一代儒商，张謇在经办近代企业过程中发扬了一种精神，即一种将中国古代知识分子中以天下为己任、关心民族兴亡和黎民疾苦、崇尚经世致用等优良传统，与西方工业文明中企业家创新精神相结合的新型中国企业家精神。张謇认为发展民族工业是"养民之大经，富国之妙术"，是改变国穷民贫状况的必由之路。他在经营工厂、兴办实业的实际活动中，也正是按照上述思想理念去做的。他艰苦创业，使大生纱厂站住脚并获得盈利以后，就把很多盈利投向南通的近代工业、农业、商业、交通和金融等各项事业，进一步投向发展教育、文化及社会公益事业中，这更是反映了他经办企业的个人特色。上述日本学者认为，张謇极力排除"官场习气"和用人唯亲，并由本地绅商出身者组成少数精干班底，进行有效管理，维护众多民间股东的利益，为以后有民间投资者出资的现代化公司大量产生打下了基础。他认为大生同其他厂家比较而"本质上迥异的，正是主体条件，亦即企业家的作风与资质而已"②。张謇曾受封建士大夫伦理观念很大影响，但是他"毕竟是一个已经具有不少近代观念的企业家"，所以当辛亥革命发生时他较早地下定决心转向民主共和，并发挥了重要作用。③

诺贝尔经济学奖获得者诺斯曾提出"路径依赖"理论，认为制度变迁过程与技术变迁过程一样，存在着报酬递增和自我强化的机制。这种机制使制度变迁一旦走上了某一条路径，它的既定方向会在以后

① 陈锦江著，王笛等译：《清末现代企业与官商关系》，第60、120页。
② 中井英基著，池步洲、丁日初译：《清末棉纺企业的经营与市场条件——大生纱厂在中国民族资本棉纺业中的地位》，《中国近代经济史研究资料》（卷八）。
③ 详见章开沅：《张謇传·鼎盛篇》（下），中华工商联合出版社，2000年，第一章。

的发展中得到自我强化。诺斯强调，"路径依赖中起关键作用的是文化"①。我们认为，企业制度不仅包括企业产权制度、管理组织制度，还包括企业文化。从清末民初招商局和汉冶萍公司的历史教训中可以说明，企业仅从体制上改为"商办"，而不进行包括文化层面的企业管理和企业精神在内的彻底改革，是难以避免旧体制的影响，难以改善经营的。近代企业改革是这样，当代企业改革也是如此。

---

① 诺斯：《历史经济绩效》，《经济译文》，1994 年 6 期。

近代苏北盐垦事业与农村社会组织创新

中国近代许多仁人志士对当时的"三农"问题非常关注,曾经提出种种解决方案。其中,中国早期现代化前驱张謇关于开展苏北盐垦事业的主张及实践以及相关的农村社会组织创新有着独特的历史地位。

一、张謇创建垦牧公司开办
苏北盐垦事业

19 世纪末,中华民族面临深重的民族危机,此时张謇竭力鼓吹"实业救国",他在"农工商标本急策"中明确提出"商务亟宜实办……工务亟宜开导……农务亟宜振兴"①。他还认为立国之本"在乎工与农,而农为尤要"②。张謇身体力行,放弃"学而优则仕"老路,回家乡南通创办了大生纱厂。他经营纱厂时常到上海,了解到当时有很多苏北农民在上海打工,其中盐城、阜宁、淮安等县乡民多半在上海充当轮船码头装卸货物之杠棒苦力,拉洋车及推小车的绝大多数是海门人或崇明人,生活都很困苦,他们所以到上海谋生的原因"即是无田可种"③。张謇想到,通州范公堤之外原淮南盐场之地,由于海岸线不断东移,产盐条件恶化,盐产日衰,而可垦之荒田

---

① 《张謇全集》(卷二),江苏古籍出版社,1995 年,第 12 页。
② 《张謇全集》(卷二),江苏古籍出版社,1995 年,第 13 页。
③ 刘厚生:《张謇传记》,龙门联合书局,1958 年,第 250 页。

至少有 1 000 万亩以上，于是决心开办苏北盐垦事业，变沧海为棉田，为苏北人民扩大耕地面积，又为纱厂提供棉产基地。

19 世纪末慈禧太后为了挽救清廷岌岌可危的统治，下旨"劝农"，20 世纪初又颁发鼓励垦荒的空头谕旨。时任两江总督的湘军名将刘坤一也奉旨要求在江浙等地垦荒兴农。张謇正是出于上述思想背景，利用这些空头谕旨为法理依据，努力向刘坤一寻求支持，终于使刘坤一代为上奏朝廷，并于 1901 年颁发关防照会，代表清政府正式批准张謇开办苏北盐垦事业。

万事开头难，张謇开办苏北盐垦事业困难很多，其中有三大难：一是筑防海大堤、建闸控水、进行大规模的农田基本建设和水利工程等急需巨额资金；二是原先的盐碱荒滩一旦要开垦，竟有众多的地产纠纷一齐涌来；三是在盐碱地上建设优良棉产基地，需要调动广大农民的积极性，也需要提高农民的文化素质和生产技术水平。

张謇首先要解决第一大难题，他只能采用股份公司制度集资，于 1901 年创建了通海垦牧公司，公司业务以在南通、海门地区垦殖为主，以牧羊为辅。通海垦牧公司是在长江入海口北边冲积平原上进行大规模土地投资和农业开发的新型企业，其生产经营活动等受到江海冲积平原自然条件所制约。这一地区中古时期人民以"煮海为盐"谋生。明清以后，随着近海泥沙的不断沉积，陆地不断向东延伸。到 19 世纪末时，由于沿海泥沙不断淤涨，各盐场距海岸越来越远，土卤日淡，产量日薄，当地产盐条件已经恶化，盐民们生计受到威胁。由海陆变迁涨出的大片滩地，在涨潮时被海水淹没成一片汪洋，海水未浸没地区的土壤也含有极重的盐分。在这种极为恶劣条件下，垦牧公司为了将海滩变成棉田，首先必须修筑防海大堤抗击狂风大潮，还要兴修极为浩大的水利工程，解决防潮、防洪、排涝、淋盐四大关键问题，这一切都需要巨额资金，依靠旧日小生产组织难以做到，张謇只能采用公司制度进行组织创新。他在《通海垦牧公司集股章程启》一文中，提出要"仿泰西公司"依靠股份制集资，并进一步强调公司组织的重要性："公司者，庄子所谓积卑而为高，合小而为大，合并而为公之道也……甚愿天下凡有大业者，皆以公司为之。"①

通海垦牧公司的集资过程也不容易，由于以农垦公司形式进行大规模的沿海滩地围垦，在中国是开天辟地从未有过之事，风险极大，而获得回报的时间则很晚，有钱人一般不愿投资，以致公司至1904年时只实收股本20.9万两银，不足筑堤修渠之用。1905年公司决定再招新股8万两，但当时只有大生纱厂投资2万两。后来张謇又陆续招集到一些股金，直至1910年才收足30.9万两。中国有史以来第一家新型农业公司终于办成，其股东中有富商、地主、官僚，也有企业法人。

自古以来，江海平原东部沿海滩地"地卤难殖"，人民以"煮海为盐"谋生。清代这里大片"荡地"都属淮南盐场所有，还有不少"兵田"归清军苏松、狼山两镇兵营管辖，不少滩地分属坍户、酬户、批户等各类散户所有。清末控制淮南盐场的清廷两淮盐运使赵某从自身利益出发，以维护湘军统帅曾国藩所订盐法为借口，一再阻挠在这一带实行改"盐"为"农"的举措。当地还有不少被称之为"沙棍"的地痞，相互纠集，借地权纠纷经常闹事。这些都给张謇开办盐垦事业设置了种种人为障碍。张謇组织起通海垦牧公司之后，曾请两江总督来公司视察，利用总督之威震慑盐场场官及"沙棍"等地方恶势力。总督视察公司之后，又派一批装备着炮船的官兵驻扎公司附近港口，实际上对公司起到了保卫作用。②张謇尽管得到两江总督的支持，在解决繁杂的地权问题上仍然要花费大力气。通海垦牧公司时而用官场斗争方式，时而用赎买手段（包括上缴清政府的"地价"），花了8年时间和大量资金，终于使这里原来繁杂的封建地权变为公司所有③，解决了第二大难题。

公司不仅能将社会闲散资金集聚为巨额资本，也能比小农经济更为科学、合理地构建巨大的水利工程和农田基本建设。公司在围垦阶

① 《张謇全集》(卷三)，1995年，第212页。
② 姚谦：《张謇农垦事业调查》，2000年，第29页。
③ 详见《大生系统企业史》，1990年，第46页。

段，举凡工程进行、租佃事物、自垦耕种，都是统一经营的。①公司制度的历史作用在通海工程建设体系上得到了充分体现。公司海堤工程浩大，需雇农工数千人。至1905年夏，经农工们辛勤劳作，已陆续修成七条长堤和一部分河渠，并开垦了7 000多亩土地。但是8月间突遇大风暴，浪潮足有一丈多高，公司刚刚建成的各堤都被冲毁，羊群几乎全军覆没，不少农工也被风浪卷走，葬身于大海。一些股东被吓坏了，纷纷打起了退堂鼓。而张謇意志坚定，越挫越勇，他积极组织重新修复大堤与河渠等。垦牧公司花巨资终于修筑了高标准钢筋混凝结构堤坝，其围海挡潮的大堤称为"外堤"，通海河港沿岸的防潮大堤称为"内堤"，在大堤内又筑十字形格堤，即使被强潮破了大堤，格堤还可起作用。大堤和格堤筑成后均用铁碾将岸顶压实，很宽，可走汽车。垦牧公司不仅要阻挡海潮侵袭，还必须考虑垦地的排涝、蓄淡、洗盐等。因此，公司将堤内土地由格堤划分为区，每区大者2万多亩，小者七八千亩。在区和格堤之间，辟有内渠，通过地下涵洞与出海河港相通。每区内下分若干排，每排又分为若干垗，垗之间挖垗沟，排之间挖排河，区之间建区河，田间积水由沟、河最终排入大海。②这套农田水利设施对阻挡海潮、清洗土壤盐碱、降低地下水位均起到了良好作用。公司对这套农田水利设施精心维护，每段堤坝都有专人管理，公司内管理工程的人在大汛时，越是下大雨越是要上盐场检查堤岸；每年冬季公司都要雇用大量农工维修堤岸、疏浚河渠。

通海垦牧公司的《章程》规定，在筑堤工程开工后10年内，各位股东"可以查察议论（公司总理等）所办之事，不得干预办事之权"。③通海垦牧公司也确实在成立10年后才召开第一次股东会议，在此之前，公司大权由总理张謇独揽。与在大生纱厂的做法一样，张謇每年将垦牧公司的《账略》和《说略》公之于众，以接受股东们的监督。大权独揽，同时又有很高透明度，自觉接受监督，也是张謇治

---

① 《大生系统企业史》，1990年，第55页。
② 参见姚谦：《张謇农垦事业调查》，2000年，第4页。
③ 张謇：《通海垦牧公司集股章程启》，《张謇全集》（卷三），第219—221页。

理垦牧公司的特色。垦牧公司初期实行的总理独裁制减少了不必要的扯皮，提高了办事效率，也得到了股东们的认可。1911 年第一次股东会议后，确立由股东会议选举产生董事会，任命总理和协理，董事会每年开一次以讨论公司大事的机制，并选举张謇继续任总理，江知源任协理。第一届董事会议定了总理、协理、总会计、副会计、经理、测绘、庶务、文牍、收支、垦务等各自职责权限。此后，公司的管理机制发展为股东会、董事会领导下的总理负责制。①公司设总理一人（由张謇兼任），常驻经理一人，工程经理（负责筑堤、开渠等）一人，垦务经理（负责蓄淡、种青等）一人，牧务经理一人，农学堂经理一人，银钱总账一人，帮司一人。平时分头负责各方面事务，遇到有关全局之事，则聚集在一起开会商议。筑堤时另聘若干督工、巡工等，竣工后立即解聘，以节省这方面的开支。农学堂除经理外，另聘若干名化学、农学、中文书算等教师。②公司要解决地权纠纷、进行大规模的农田水利工程，推广农业科技等，事务繁杂，但是管理机构只有上述几人组成，体现了张謇因事设人，机构力求精干的企业组织原则。在张謇统一指挥下，垦牧公司的各位经理分工负责，层层管束，工作责任落实到人，管理十分严格。③

在围垦造田阶段，公司首先必须修筑工程浩大的拦海大堤，开挖排灌沟渠等（这些工程的艰巨程度前文已有所论述），必须依靠科学技术，统一规划，集中公司的人力、财力和物力的优势才可能做到的，此时公司生产经营以统一管理、集约经营为主。筑堤用工，依靠"揽头"承包招工，还利用农村招收自然灾害时实行以平粜招工的办法，使大批灾民通过参加筑堤工作领得赈济粮款。

除修筑拦海大堤外，还要进行排涝、蓄淡、洗盐等农田基本建设工程，同样需要发挥大农业的规模生产优势，才能做到科学、合理。进行这些规模宏大的水利工程和农田基本建设工程，既需要耗费极大的资金，又需要有较高的科技知识水平，当时的个体农户是不可能具

---

① 参见《通海垦牧公司开办十年之历史》，《第一次正式股东会》，第 15 —48 页。
② 张謇：《通海垦牧公司集股章程启》，《张謇全集》（卷三），第 221 页；《大生系统企业史》，第 46 页。
③ 姚谦：《张謇农垦事业调查》，2000 年，第 56 页。

备的。公司还努力推广传统小农经济所缺乏的先进农业科学技术等。

在这些方面，充分体现了农垦公司这一先进经济组织，其所代表的先进生产关系，对提高农业生产力所起到的历史进步作用。另外，在租佃事务、自垦耕种等方面，也由公司统一管理。①

二、"公司"加"农户"——近代农村社会组织创新

张謇等人在利用股份制度及水利工程经验方面吸收了来自西方的先进经验，在垦牧公司日常经营体制上起初也曾设想实行西方资本主义式大农场经营。但是张謇在实践中很快认识到，通海垦区土壤为沙质，毛细作用强，含盐量高，只有浅耕才能防止返盐。当时通海垦区种植不能依靠西方的拖拉机而只能依靠中国农民的人力；在完成筑堤、开渠、排涝、蓄淡、洗盐等工程，垦区基本建成后，原来的海滩生荒地还需要经过"种青"（种植芦苇、苜蓿等）、盖草（以减少水分蒸发，防止盐分上升，并增加土壤腐殖质）、"铺生"（河边土壤因雨水经常冲刷，盐分较少，将其挖起铺到大田当中）等工序，才能逐步改良盐渍土壤，使之可以种植棉花等作物。如前所述，海滩生荒地土壤耕作层很薄，只有少耕或免耕才能防止返盐。②他认识到中西国情相差悬殊，西方经验不可能一成不变地适宜于中土，垦牧公司的种青、盖草、铺生等工序用当时的机械无法操作，只能用人工进行，采用农户家庭生产方式较为适合这些工序的特点。因此他决定公司在已围滩地进一步改良、开发方面，实行了"公司"加"农户"的组织方式，公司与农户之间的权益关系以吸收永佃制的合理成分为基本纽带。

永佃制是明清以来在一些地区流行的租佃制度，其地权被分为"田底"和"田面"两层，地主只能拥有"田底"权，而佃农则永久占有"田面"权；地主不能随意撤佃，而佃农则可以转让、抵押或出卖"田面"权，所以永佃制也有不利于地主的一面。在永佃制下，佃农对土地有较大的支配权，其生产活动也有较大的独立性，封建依

---

① 《大生系统企业史》，第53页。
② 严学熙：《张謇与淮南盐垦公司》，《历史研究》，1988年3期。

附关系有比较明显的松弛。当时在海门、崇明一带实行的永佃制又被称之为"崇划制"。"崇划制"的议租分成制使得在歉年时业佃双方共负损害，丰年时共享其成。"崇划制"还使佃农能长久获得土地耕作权（田面权），以致佃户有较高的积极性去进行土壤改良工作。它原来起源于崇明外沙（今江苏启东），流行在崇明、海门等县份，因此通海垦牧公司采用"崇划制"招佃，海门等地农民对此较为熟悉，易于被接受。

1907 年，筑堤工程基本竣工，已围土地面积近 10 万亩，可耕地达到 2 万多亩。此后，通海垦牧公司便开始采用"崇划制"招佃方式，将土地分散给农户经营。通海垦牧公司订有招佃章程，其主要内容有：(1) 公司拥有"田底"权，由公司向国家纳田赋，并负责垦区内堤渠、涵洞、道路、桥梁等公共设施的维修。如果维修需雇用民工，则先雇用佃户，人不足再另雇。佃户不得壅塞渠沟水道，不得毁坏堤基、道路、桥梁等公共设施。(2) 公司将绝大部分垦田按每户每垛 20 亩出租给农民，佃户在领地垦种时须先交"顶首"（得到田面权的一种押金，每亩 6 元，可分期交清），此后佃户长期享有田面权，可有自由处置所佃田地的典押、转租、传与后代等权益，也可以获得因土地改良的地价升值。"如揽头、土夫自筑堤开渠始终在事，勤慎得力者，承佃'顶首'照章九折，每人以 20 亩为限。"(3) 农户退佃时，公司退还原来收押的"顶首"钱。农户耕种 7 年后退佃者，公司还要加付给农户"辛力银"每 4 亩 5 元，耕种 8 年后退佃者"辛力银"为每 4 亩 4 元，9 年后为每 4 亩 3 元，10 年后为每 4 亩 2 元，过此不给"辛力银"。农户耕种 7 年内退佃者，可以另得搬迁费。领田过 10 年继续承佃者，"届时再议"。(4) 每年分两熟收租。小熟收货币定额地租，每亩收 1 角 5 分。大熟除收沟草 1 担外，其余收实物分成地租，收获的棉豆杂粮等公司得四，佃户得六。①

通海垦牧公司采用的"崇划制"，比旧制有很大改良：(1) 原先崇明一带"崇划制"的"顶首"为每亩 10 元，公司订的"顶首"为每亩 6 元，减少了 40%；原先崇明一带"崇划制"下，佃户办理承佃

---

① 张謇：《通海垦牧公司招佃章程》，《张謇全集》(卷三)，第 222—225 页。

手续时要交的写礼钱、耕生、转圩、认粮户等费用，公司也作了较大的减免。（2）公司所收租率低于周围其他地方。（3）公司还承担了垦区内堤渠路桥等工程及公共设施的维修，所需人工则先雇用佃户。"农乐佃公司之田者，以工程悉公司任之，佃且资工值以垦也。"[1]由于通海垦牧公司采用改良了的"崇划制"招佃，使海门等地农民乐于接受，纷纷前来公司承佃土地。为了得以承佃公司土地，一次曾有"数百农民怀揣银元，数夜在堤岸边守候"[2]。后来，当"岁丰农骄雨雪盛"，以致第五、六堤筑堤工程缺少人工时，公司乃定"非作工不得承佃"之法，"佃乃踵之"。[3]承佃公司土地，成为吸引农民不避艰苦参加水利工程的"法宝"。

这种垦牧公司负责兴建基本农田水利设施，将土地租给无地的农民生产，农民有一定土地处置权的经营体制，看起来比"西法"落后，实际上更符合佃户的切身利益，从而有利于调动广大佃农垦殖的积极性，为解决第三大难题创造了条件。

垦牧公司的日常工作由张謇最得意的学生江知源负责。公司除了维护农田水利设施之外，还努力推广应用小农经济所不具有的现代农学技术去改良土壤、推广良种、改进田间管理，以达到提高棉花质量和产量之目的。公司规定："于每垗之中，公推一人为垗长，每排至多三十人中选一。公司凡有对于佃之农事改良及一切措施，先知照垗长，接受意旨，转告各佃，依法遵行，庶令朝出而夕知。"公司还派专门管理人员，对农户的技术改进和田间管理加以督促。

张謇创立的"公司"加"农户"组织不仅注重生产和经营，还努力推进农村的卫生、文化和教育等事业的发展，可以说不仅是一经济组织，亦是一社会组织。公司在招佃章程规定了有关农户住房要整洁通风，多种柏树和桐树（由公司按成本价提供树秧），不得种罂粟，不得聚赌、不得吸毒贩毒等内容；公司负责修建小学校、农学堂，供

① 张謇：《垦牧乡志》，《张謇全集》（卷三），第397页。
② 《近代改革家张謇——第二届张謇国际学术研讨会论文集》，第664页。
③ 张謇：《垦牧乡志》，《张謇全集》（卷三），第395页。

佃户子弟入学等。张謇认为，通州农民"性弱知保守，而乏振作之精神"，海门农民"性强知进取，而乏急公之思想"，应当教育农民改掉这二性。张謇主张用"改良其性质"、"革除其习惯"、"督课其田功"、"扩充其实业"、"普及其教育"这5种办法教育农民①，可谓晏阳初倡导在农村用四大教育治理"愚、贫、弱、私"四大病的思想先驱。公司还在每个大区建立小学堂，并建有农学堂等，让农民的孩子上学，以提高农民后代的文化素质和农业生产技术水平。张謇在《通海垦牧公司集股章程启》中，把为通海小学堂、农学堂储集经费作为创办公司的四大目标之一；把办好农学堂作为公司之"本"，并打算聘请外国农学教师，为本公司，亦为"他州县"，培养专门人才。从一开始就把教育作为企业体制内的一个重要内容，反映了张謇这一近代大儒商独到的眼光与个性，这在当时国内是很难得的。张謇对垦区教育曾充满信心地说："我垦牧公司二百方里之地，六千户农民之众，岂无颖异之才翘然秀出于其间，继起而增益垦地，扩张农业者乎？吾敢断言之曰：必有。"②

在解决三大难题的过程中，张謇的通海垦牧公司在江海平原扎下根，并形成了一整套独特的新型农村社会组织模式。张謇所创通海垦牧公司组织对后来的其他苏北盐垦公司有重要影响，可称之为"通海垦牧模式"。

三、"公司"加"农户"组织方式的推广与苏北盐垦事业的发展

张謇等人于1901年创办了"通海垦牧公司"。至1911年垦牧公司经过10年艰苦创业，"堤成者十至九五，地垦者十之三有奇"，基本上按科学方案设计施工的整套农田水利设施大功告成，堤内土地已得到初步改良，已能为大生纱厂等提供优质原棉。参观者可见堤内土地由河渠道路等称"井"字形或"十"字形划分成区、排、垁；每垁为长方形，约20亩，四周都有沟渠环绕；每垁南端为所承租农民之

① 《张謇全集》(卷三)，1995年，第326页。
② 《张謇全集》(卷三)，1995年，第327页。

住房，屋后有宅沟，供养鱼、贮存淡水之用，四周有菜圃、竹园等；各大区并建立起"自治公所"、初等小学、中心河闸等，昔日荒滩已建成新式农村。当时有文人赞之，认为上古亚圣孟子之井田理想已由张謇付诸实现。张謇内心亦很欣慰，作《垦牧乡志》记曰："各堤之内，栖人有屋，待客有堂，储物有仓，种蔬有圃，佃有庐社，商有廛市，行有涂梁，若一小世界矣。"①

通海垦牧公司在短短的 10 年期间取得海内外公认的巨大成绩，为近代中国解决"三农"问题开辟了一条有效途径。在其影响下，一些官僚和商人也相继在苏北开设垦殖公司。通海垦牧公司所创立的"公司加农户"组织方式，因其能结合"公司"经营和"农户"经营两方面的长处也被这些后起的公司所仿效。民国年间，先后有 40 多家垦殖公司加入开垦苏北盐碱地的行列，这些公司的棉田面积和棉花产量都超过了全省的一半。②为了吸引通海地区植棉经验丰富的农民，新建立的农垦公司不惜给予农民比通海垦牧公司更为优厚的条件，比如降低每亩田面权押金（即"顶首"）等。

1907 年迁入通海垦牧公司的农民张炎一家经历就很有典型意义。张炎于 1907 年承佃了通海垦牧公司一垗（20 亩）地，至 20 年代时不幸迭遇灾祸，家里有 4 人相继病死，因而欠下债，不得不于 1927 年卖掉所租种通海垦牧公司土地的田面权。因为土壤改良，当时田面权价格已上涨 4 倍，增值部分为张炎家所得。张炎家用这笔钱不仅还清债务，尚余 230 元，举家迁往大丰公司。大丰的三等地每亩顶首只要 1 元，租率为三七开，在苏北各盐垦公司中是最低的。③张炎家承佃了 100 亩地，顶首及写礼费共花去 130 元，还剩 100 元维持全家从春到秋的生活，"这在当时可算是中等水平了"④。原海门县佃农宋庭富家有 9 人，佃种 10 亩土地，而人均仅 1.1 亩，不得不兼营手工业，勉强糊口，1920 年春节听到大丰公司招佃，就设法借到 100 元至大丰承佃垦地，1920 年宋庭富已有大丰土地近 50 亩，后来其租种

① 《张謇全集》（卷三），1995 年，第 395 页。
② 胡焕庸：《两淮水利盐垦实录》，1934 年，第 260 页。
③ 姚谦：《张謇农垦事业调查》，2000 年，第 353—354 页。
④ 《论张謇——张謇国际学术研讨会论文集》，1993 年，第 457—458 页。

公司田又扩大至近 75 亩。①许多如张炎、宋庭富这样地少家贫的佃农,在苏北盐垦事业发展后承佃了公司的垦地,所营耕地面积大增,生活水平逐渐提高,都说"好在张謇办了公司"。②

这些垦殖公司在张謇影响下,投资数千万元,吸收了数十万移民,在大片荒漠盐滩上筑堤围圩,挖沟排盐,开荒种棉。至 20 世纪 20 年代时,这些公司已拥有南起南通,经如皋、东台、盐城、阜宁,北至灌云的沿海土地 2 000 余万亩,植棉 400 余万亩,年产棉花 60 余万担。这些棉花质量优良,在上海和国际市场上都是著名的棉纺织原料。苏北盐垦事业的发展,使一大批原先奴隶式的盐场灶民改变了身份,成为有一定生产资料的公司佃农,"他们差不多跨越了一个历史时代"③;也使原来缺乏生产资料,谋生艰难的海门、启东、崇明、南通农民大量移居垦区,在原先的滨海荒滩上建起新式农村,促进了苏北沿海地区农业的发展。当时淮南盐垦区曾流传这样的民谣:"范公堤外张公垦,饱腹何止十万家。"④

张謇去世后苏北盐垦公司的组织方式逐渐发生蜕变,20 世纪 30 年代里蜕变加剧,其原因笔者将另文探讨。必须指出的是,有些学者以此认为苏北盐垦事业失败了,笔者对这种失败论不敢苟同:原先的滨海荒漠盐滩上所筑堤圩沟渠等水利工程依然留存,新开发的数千万亩耕地依然是农民们不可缺少的生产资料,"各堤之内,栖人有屋,待客有堂,储物有仓,种蔬有圃,佃有庐社,商有廛市,行有涂梁"的新式农村仍然散布在昔日范公堤外的海滨,不能轻言"失败"二字。即使在这蜕变加剧的 30 年代里,著名学者胡焕庸等仍然在《两淮水利盐垦实录》著述中认为盐垦公司为"吾国晚近二十年来农界之曙光",对苏北盐垦事业的发展成就作了较多的肯定。张謇创设通海垦牧公司,在吸收西方先进经验的同时,又根据本国国情从实际出发进行制度创新,创立了亘古未有的"公司"加"农户"组织形式,终于集聚庞大资本之力,吸引大量移民之心,在当时起到了良好的示范

① 《大丰县文史资料》(第六辑),第 82—86 页。
② 顾毓章:《江苏盐垦实况》,通州日报社,2003 年,第 78 页。
③ 常宗虎:《南通现代化,1895—1938》,中国社会科学出版社,1998 年,第 72 页。
④ 《中国早期现代化的先驱——第三届张謇国际学术研讨会论文集》,第 364 页。

作用，带动了整个苏北地区盐垦事业的发展。当代有关"三农"问题的诸种解决方案中，强调要统筹城乡发展，统筹工农业发展已成为一种共识，而近代苏北盐垦事业中的"公司"加"农户"组织形式，有利于统筹城乡发展，可为后人提供宝贵的历史经验。

近代工商社团的经济管理功能及其现实意义

经济管理除政府的宏观经济管理与企业的微观经济管理以外，还有介于两者之间的中观经济管理（诸如行业管理等）。笔者认为中观经济管理的主体应是政府有关部门与相关社团（例如同业公会）的良性互动。这次我们先从历史经验的总结谈起。

一、近代中国工商社团发展概述

中国工商社团历史悠久，而且从一开始就执行一定的经济管理功能：

（一）从唐代至清代，工商社团以行会组织为主

唐王朝令从事工商业的同行业者皆分别聚居于同一市区之内，规定各行设"行头"或"行首"，其职责是为官府收缴赋税，差派徭役；协助官府平抑物价，管理市场；规定本行业的产品质量或技术规格等。可以说，唐代的行会组织是"官令民办"。

由宋代至清代，行会组织逐渐演变成是"民办官定"。宋代各地工商业者大多按行业分别建立自己的团体，或称"行"、或称"团"。其首领称"行首"、"行头"或"行老"，但是必须得到官府的认定。其职责一方面与唐代基本相同，即协助官府办理对同行业者的征税、募工以及平抑物价、监察不法等事；另一方面又代表本行与官府打交道，增加了维护本行同仁自身利益的功能，并协调商品的生产与买卖，以及处理本行其他业务问题。明清时期随着商品经济的进一步发

展，出现了以会馆、公所、"堂"、"会"、"宫"、"庙"、"殿"等为名的行会组织，它们主要以一定的章程和约定俗成的法规约束会众，执行经济上行业协调职能、扶贫济困的福利功能、祭祖拜神等聚心功能。在一般情况下，会馆多以同乡关系为纽带，公所则多以同业关系为纽带，进行组合。但是它们在长期自行发展中性质有些杂化，有些公所内部以同乡关系为纽带，而有些名为"会馆"者则是同业组织，有的则既讲"地缘"又讲"业缘"，联系的纽带更强。

旧式行会组织往往受地域、行业等限制，相互之间较少联络，内部运作机制易受旧式行帮陋规影响。例如，苏州金箔业行会有一规定，就是每个作坊老板一次只能雇一名学徒，只有在一个学徒期满以后，老板才能雇另一名学徒。但是1872年有一个同时又是行会首董的作坊老板，得到县官的同意，打破了行规，多招了一名学徒，受到本业同行们的威胁，他就去请求县衙门的帮助，"工匠们最后请他到公所谈判，他在几个衙役的保护下来到公所。当他到达之时，那里已经聚集了大约120名工匠。他们把衙役推出门外，然后关上大门……由于他破坏了行规，他们决定每人咬他一口，一直到把他咬死。谁要是拒绝参加这个可怕的行动，就用同样的办法对付谁。这样，他们就一起上去把这个倒霉的人绑好，在他的周身遍地咬起来，直到他死去。"[1]而在福州，在此以后15年还出现"超过行会规定多收学徒的店东被残酷地打死的故事"。可见，这种情况并不限于苏州，而"带有普遍的性质"[2]。

（二）工商社团的近代转型与发展

在1902—1903年间，在上海等工商业比较发达的城市和江苏、湖南、直隶、山东、河南、山西、福建等省份先后设立新型组织——

---

① 载于《北华捷报》(Courier, North-China Herald)，1872年12月16日，第549页。
② 1882年1月30日《申报》及 J. S. Burgess: The Guilds of Peking, 1928, New-york, p.204，转引自汪敬虞：《中国资本主义的发展与不发展》，中国财政经济出版社，2002年，第9页。

商业①会议公所。1904年初清政府颁布《商会简明章程》26条，正式在全国劝办商会。上海商业会议公所正式改组为上海商务总会，这是中国的第一个正式商会，其势力和影响也为全国商会之最。此后，商会这一新型民间工商团体依法在各地相继成立，到1912年商会已普及到除蒙古和西藏之外的全国各省区，大小商会总数近1 000家。商会是一地各业全体商人的共同组织，克服了以地区帮派和行业划分商人的狭隘性，其活动是以振兴、保护商业为出发点、中心和归宿的，其内部治理结构更具现代性。原有的行会加入商会是完全自愿的，任何行会只要交纳一定数额会费，即可推举行董入商会做会董或是会员。这样一来，以这些行董为代表的行会其实等于宣布加入了商会。

商会在各地的成立，对推动各地经济发展和社会进步起到了一定作用。清末还出现了以"公会"、"商会"等命名的新型行业组织，例如在上海1905年出现了"书业商会"，1908年出现了专事为机器面粉厂采购小麦的办麦公会，1910年报业同行组建日报公会，保险业同行组建保险公会，仪器文具业同行组建教育用品公会，1911年布厂业主组建中华布厂公会，类似还有皮货商业公会、北市花业工会、棉业公会、木器商会等30多种。

辛亥革命后，各种社会团体如雨后春笋般涌现。据不完全统计，仅民国初年成立的经济社团共有100多个，它们共同的宗旨是振兴实业、强国富民。就业别构成而言，有工业、矿业、商业、交通、农业、渔业、手工业、土产业等，其中工业团体48个，约占总数的46%；商业性团体41个，约占总数的39%。这些经济组织的广泛活动，为商会及同业公会的新发展营造了良好的社会氛围。

1914年，北洋政府颁布了民国成立后的首部《商会法》，后又于1918年4月颁布了《工商同业公会规则》及《工商同业公会规则实施办法》，饬令各地筹建同业公会，明确给予工商同业组织以合法地位，并开始对工商同业团体进行制度规范。北洋政府这几部法规可以说对工商社团是"官劝民办"。北洋政府法规促进了工商同业组织的

① 当时商业的概念相当广泛，除专事商品流通的行业外，还包括制造业和加工业、水电供给业以及出版、印刷、保险等行业，所以商业会议公所成员中也有部分人的身份是工业资本家。

发展，但是允许会馆、公所仍照旧办理，不利于原有行会组织的改组。清末民初可以说是工商社团的"新旧并存"时期。

1929 年 8 月国民党政府颁布《商会法》和《工商同业公会法》，规定"工商同业公会以维持增进同业之公共利益及矫正营业之弊害为宗旨"，要求一地同业行号在 7 家以上时均要依法组建同业公会。该法明令旧式行会组织必须改组成新式同业公会。

国民党政府对工商社团可以说是"官令民办"。它颁布的上述法规，明确了新型商会、同业公会的法人地位及相关责权，使得新型工商社团组织和运作更加规范，在社会上的法律地位进一步提高，加强了工商社团的权威性和组织力量，有助于这类组织在更广大地区城镇的推广，各地进入了同业公会改组、整顿与成立的高潮阶段。在另一方面，国民党政府也依法加强了对工商社团的监管。

从 1918 年、1929 年有关同业公会的法规条文中，以及从民国时期各地商会与同业公会的实际关系来看，同业公会是商会的基层组织。例如上海市商会拟订的《同业公会章程通则》在第四章中明文规定各同业公会"受上海市党部之指导、市社会局之监督，为上海市商会之会员"。①

按照国民党政府颁布的法规，旧式行会组织纷纷改组。据 1930 年上海市的统计，改组合并及新组织之同业公会数目共 170 个，新组织者 7 个，合并者由 58 个合并成 23 个，而由原来的公所等就是行会组织改组者有 140 个。②由此看来，在上海这样的通商口岸由传统行会基础上分转合并而来的工商同业公会占大多数。大致在 1933 年前后，全国同一区域内一行多会、互不统属的格局大都消失，绝大多数商家被集结到同业公会下，同业公会制度可以说基本确立了。与旧式公所、会馆等相比，同业公会等在活动机制上更注重规范化和制度化建设，办事讲究公开性、效率性。因此有学者指出，从行会到同业公

---

① 《上海工商社团志》编撰委员会编：《上海工商社团志》，上海社会科学院出版社，2001 年，第 679 页。
② 《商业月报》，1930 年，第 10 卷，第 7 号。

会的转化，标志着工商同业组织近代化过程的基本完成。①

到 1933 年止，全国同业公会数已达 6 000 家。到 1938 年，尽管已进入抗战时期，全国工商同业公会数已超过 1.3 万家。

国民党政府统治时期可以说是新型工商社团占主导地位的时期。

新式商会、同业公会内部组织机构各地各业情况不一，总的来讲一般都以会员大会为最高权力机关，由会员大会选举会董或委员等，再由会董或委员等推举会长等领导干部。各级选举遵循"依格选举，宁缺毋滥"的原则，按照民主方式进行，可以说这是中国新兴资产阶级走上政治民主化的开端。

二、制定和维护行规——工商社团
经济管理主要功能之一

为了规范行业市场和行业活动，维持本行业及其成员利益，清代工商行会组织往往由公所会馆的会董集议定有行规章程。有些行规内容较为细密，涉及生产经营上的各个环节，从生产组织的形式和规模、原料的获得和分配、产品的数量和质量、业务的承接、销售的范围、度量衡的标准、货物的价格、结账的日期到同行之人福利和相互关系等无所不包。此外，行规往往还对产品规格、质量、原料分配、度量衡使用进行统一规定。

民国年间，商会与同业公会也把制定和维护章程和业规作为管理会务的依据，制定和维护业规成为工商社团更好地整合同业力量，维护市场秩序，增强运作绩效，实现行业自治自律的重要保障。但是这一时期的业规与行会时期在内容以及执行方式上有很大区别。民国时期业规多是根据行业经营习惯而制定的，主要涉及到营业、价格、契约、交易等同业公认的规则，多由同业公会经过会员大会公议拟定，然后报上级主管官署备案生效；业规也并非一成不变，各业业规都规定，在业规执行遇到窒碍时，得由同业公会或社会局核准修改。业规的执行必须有奖有惩，赏罚分明。奖惩制度的有关条款多已包含在业规之中，但奖惩的执

---

① 彭南生：《近代工商同业公会制度的现代性刍论》，《当代史学评论》（香港），4 卷，4 期；樊卫国：《近代上海经济社会功能群体与社会控制》，《上海经济研究》，2001 年 10 期。

行确是同业公会的一个难点。同业公会属于民间性的自治性组织，本身并无法律执行权力，主要依赖于同业自觉与公信推进会务。如果遇到会员不服惩罚者，同业公会可以报告政府部门协助执行。①

国民党政府初期曾认为各业行规"往往含有垄断性质"，企图一概否认行规的合法地位。20 世纪 30 年代初经全国各地商会及同业公会的一再呼请，国民党政府转而承认行规在规约同业上的效力，同时也加强了对行规的审核，同业公会不得私自执行处罚，必先报主管官署同意方可执行。此后各地方政府及商会、同业公会掀起了一场大规模的"重整行规运动"。

"重整行规运动"中各地工商同业公会往往注重制定具体的生产和质量标准，以维护行业信誉。例如上海市制药业同业公会制定制药信条 8 条，前 7 条对生产规范及标准进行了规定，"制药厂应有政府许可执照或注册证书；制药厂应有相当设备，不可有名无实；制药厂应有专任负责之药师，制品要精，不可粗制滥造；药物含量应准确，须适合中华药典或规定之标准；原料应纯净，非药用原料，决不可换用作伪；工场保持清洁，消毒更宜慎重。"同业公会会员必须宣誓遵守制药信条，"如有违背政府法令、公会章程及制药信条，愿受国家及公会严厉制裁及惩罚。"对于违反质量标准，销售虚假伪劣者，同业公会予以打击。②

近代工商同业组织经常与价格欺诈、哄抬物价、虚假广告和冒牌假货等经营行为进行斗争。例如，上海的国产机制呢帽问世以来，深受消费者喜爱，市场上就出现了许多冒牌商品，上海草呢帽业同业公会先后在报上公布有关商标名称，采取协同监督等方式以防止冒牌假货事件的再现，从而有效地保护了正当经营的会员商户。苏州商务总会也宣告，凡履行缴纳会费义务加入商会的成员都可享受以下的权利：商号受到地痞流氓、贪官污吏的讹诈欺凌、滋扰，商会应代为申诉；出现假冒牌号混淆市场的伪劣商品，使正当商号受到损失，商会应立即查助。在反对假冒伪劣方面，商会与同业组织作为内行，往往能击中假冒商品的要害，有效地保护了正当经营的会员商户和消费者

---

① 朱英主编：《中国近代同业公会与当代行业协会》，中国人民大学出版社，2004 年，第 198、202 页。

② 详见魏文享：《民国时期的工商同业公会研究》（2004 年博士论文），第四、五章。

的利益，收到很好的效果。

三、商事仲裁——工商社团经济管理主要功能之二

近代中国商会、同业公会等工商社团还在调解各类经济纠纷上做了大量艰苦细致的工作。在传统中国社会，商事纠纷主要由地方官府衙门审理，各级衙门视商事纠纷为钱债细故，常敷衍延宕，有时则贪赃枉法，或不懂装懂，胡断乱判，使纠纷不仅得不到合理解决，反使商人涉讼破费，甚至倾家荡产。随着近代市场经济的发展，商事纠纷增多，矛盾更加尖锐。清政府终于在 1904 年颁行《商会简明章程》，谕令在全国普遍设立商会，同时规定商会有权调处商事纠纷。各地商会成立时，均把受理商事纠纷、保护商人利益写进章程，并设立理案处、评议处、商事裁判所、商事公断处等机构，以处理各类经济纠纷。商会理案的最大特点是，破除了葡匐公堂、刑讯逼供的衙门积习，以理服人，秉公断案，主要采取倾听原、被告双方申辩，以及深入调查研究、弄清事实真相、剖明道理的办法予以调解息讼。

由商会受理的经济纠纷最多的是钱债纠纷案，其次是行业间争执、劳资纠纷、假冒牌号、房地产继承、官商摩擦、华洋商人纠葛等。商会在调解商事纠纷方面所作的努力及显著成效，不仅受到商人的欢迎和赞誉，而且也获得官方的首肯。例如，清末商部在颁发给苏州商会的一份札文中曾提及：商会已卓有成效地理结了大量钱债讼案，"其中时有曾经纠讼于地方衙门经年未结之案，乃一至该地评论之间，两造皆输情而遵理结者，功效所在，进步日臻"[1]。

后来北洋政府专定《商事公断处章程》，又颁布《商事公断处办事细则》，各地商会的商事仲裁功能继续得到政府的肯定，一些地方商会原来无商事公断处的纷纷创设公断处，一些商会原有的理案处、评议处也改组为公断处。商会的商事仲裁保护了商事主体的合法权益、增强了商会的凝聚力，还有助于消弭当事人之间的冲突，成为当时社会治安的重要手段，对维持正常的社会经济秩序和促进社会经济

---

[1] 马敏：《商事裁判与商会——论晚清苏州商事纠纷的调处》，《历史研究》，1996 年 1 期。

的顺利发展均有着重要意义。①

各地商会商事仲裁功能的实行过程中往往需要同业组织的帮助。首先，商事公断处在理案中要借重公所等同业组织的力量，如清算账目、调查市价等，因为同业组织对于本行业经营中的许多细节问题往往比较了解，公断处必须倚重同业组织成员的专业知识；其次，商事公断处解决商事纠纷中，往往也需要同业组织进行调解或协助执行有关裁决。各地同业组织在商事仲裁方面"一直扮演公断证人、调查员、仲裁者的重要角色"②。

四、为会员企业服务——工商社团 经济管理主要功能之三

近代同业组织以促进同业公益为宗旨，将服务会员企业，促进企业发展作为自己的重要职责。工商同业公会往往重视为同业会员进行市场交易提供便利，以集团力量努力开拓国内市场和国际市场。为降低同业的交易成本，利于业务及信息交流，培育行业市场，不少同业公会不惜花费巨额资金设立交易所或建立公共市场。例如上海机器面粉公司公会在1916年就设立了面粉贸易所，"凡同业之买卖交易，每日均在该所营业"。该所采期货交易形式，凡面粉、麸皮交易均由贸易所制成期票，由厂商与买客直接订明交货付价期限，由买卖双方签印成立。此后由于同业交易增多，于是又在原贸易所基础上扩建成立中国机制面粉上海交易所。③又如上海银行公会为推动国际汇兑业务联合上海钱业公会、外商银行公会设立中外银钱业联合会等。1932年"淞沪抗战"爆发后，上海银根紧缺，金融动荡。上海银行同业公会为应付恐慌，成立了上海银行业联合准备委员会，由会员银行各自缴存一定的财产，发给公单、公库证和抵押证等信用工具，以此来灵

① 详见郑成林：《清末民初商事仲裁制度研究》，提交纪念辛亥革命90周年国际学术讨论会论文。
② 付海晏、匡小烨：《从商事公断处看民初苏州的社会变迁》，2004年3月，《华中师大学报》（人文社会科学版），43卷，2期。
③ 上海社会科学院经济研究所主编：《中国近代面粉工业史》，中华书局，1987年，第211—212页。

活同业间的资金融通。联合准备委员会的成立，起到了集中准备、调剂盈虚、实现同业互助以及安定金融的作用。1933 年 1 月上海银行公会又成立了票据交换所，使得银行的各种票据清算减掉了原来通过汇划钱庄的环节，节约了人力，缩短了时间，减少了大量票据清算费用的支出。联合准备委员会和票据交换所这两个机构的成立，标志着中国民族资本银行业向近代化方向迈出了重要的步伐。

近代商会及同业公会等经济社团都十分重视兴商学、开商智。在参加近代世界激烈的"商战"中，华商屡遭失败或常处于被动地位，他们在总结失败原因的过程中痛感掌握新式工商业知识对发展工商实业的重要性，认识到中国工商业者学习任务很重。因而，上海商务总会成立时拟定的试办章程中，将调查商情、研究商学列为该会的一项宗旨。从 1904 年到 1912 年短短几年间，经上海商务总会倡导而由所属各行业创办的实业学堂就有十多所。苏州商务总会成立之初也制定了详细的实业教育规划，其试办章程规定要先筹设商业学堂和商学研究讲习所"以开商智"。[①]其他社团也往往将有关开商智等内容列为社团应办的大事。上海商务总会在 1907 年倡议调查商事习惯或习俗一事，得到全国 80 多个地区商会的积极响应，苏州商务总会还专门制定了《研究商事习惯问题简章》以推动商事习俗调查活动的开展。一些上海银行界有识之士意识到组建银行学术团体的必要。他们通过对英国银行业的发展进行了逐步考察，指出英国"自 19 世纪以来，金融界领袖辈出，类皆学识渊博经验宏富，为各国所推许也。即一般银行职员之学识效能亦日见增高，非他国所能及。论者每归功于 1879 年创设之银行学会。盖以其设座讲学、考试给评、奖励研究、发行刊物等工作，于养成银行业人才与训练行员之技能有莫大之贡献焉"[②]。上海银行公会在筹备时期，就充分意识到传播近代金融知识、研究银行实务对于促进中国银行业发展的重要性，所以创办了《银行周报》。各地经济社团还通过创办商品陈列所、劝工会、劝业会，成立商业研究会和研究所之类组织，创办有关工商业的专业报

① 章开沅等编：《苏州商会档案丛编》第 1 辑，华中师范大学出版社，1991 年，第 30 页。
② 银行学会：《银行学会成立经过及其现状》，《银行周报》第 18 卷，第 1 号，1934 年 1 月 16 日。

刊和创办商业图书馆等一系列活动，增强工商各业之间的相互联系和市场竞争意识，以促进工商实业发展。

五、参与解决全局性的经济问题——工商社团经济管理主要功能之四

近代商会及同业组织还参与解决近代一些跨行业或全局性的经济问题，以缓解经济危机。如 1916 年北洋政府下令中国、交通两行停兑现银，上海中行分行抵制这一倒行逆施政令，上海总商会支持这一抵制活动，发布公告要求各商号对中国银行发行之钞票一律照办，维持市面；每当遇到经济波动，或因政治或社会危机对经济生活造成重大影响时，商会、会馆、公所、同业公会等往往成为缓解危机不可替代的重要角色。南开大学丁长清教授指出，对于近代市场而言，第一调控系统是国家政权，第二调控系统就是商会、会馆、公所、同业公会等，这些工商组织规范着近代市场日常的交易规则、贸易行为，在缓解经济危机方面作用更加明显。①

六、现　实　意　义

20 世纪 90 年代以来，以"NGO"、"NPO"为对象的"第三部门"（Third Sector）理论研究在西方国家逐渐热起来②，并且很快传入了中国，已经吸引了越来越多的学者在进行这方面的研究。这一理论最精彩的部分，就是明确提出存在政府与市场都失灵的问题。可以说，经济学史上的"凯恩斯革命"在理论上提出了"市场失灵"的问题，强调了政府干预在市场经济发展中的作用，从而促进了传统经济体制向现代经济体制的转变；而当代第三部门理论打破了沿袭已久的"政府—市场"两分法模式，提出了"双失灵"（政府与市场都失灵）的问题，并提供了解决这一问题的新思路，将促进西方人所

---

① 详见丁长清：《近代商会——市场第二调控系统》，提交首届"商会与近代中国"国际学术讨论会的论文；亦可参见胡光明等：《首届商会与近代中国国际学术讨论会综述》，《历史研究》，1998 年 6 期。
② 参见赛拉蒙：《第三域的兴起》，《社会》，1998 年 2 期。

谓"结社革命"的发展，将促使21世纪成为多元化发展的"公民世纪"。

在中国近代复杂曲折的社会转型过程中，商会、工商同业公会等工商社团是推进近代中国城市经济社会发展不可替代的重要社会角色，往往在多方面发挥了重要作用。近代中国也存在政府与市场都失灵的问题，在解决这类问题方面，近代工商社团所起到的积极作用十分明显。经初步总结，可以说在中观经济管理方面，工商社团与政府部门相比有着独特的三大优势：专业、民主、节支（尤其是节省财政开支）。这种工商社团的优势在当代依然存在，应该有更大的现实意义。近代中国政府给予工商社团商事仲裁权的经验、将跨行业的商会与同业组织分开来立法的经验也值得我们借鉴。

工商社团的发展在解决高学历人才就业方面也有重要意义。近代工商社团的会长、副会长等往往从工商企业家中选任，但是社团的日常运转往往需要另外聘请专职的秘书或秘书班子来进行，当时大多从高学历人员中选聘。近代工商社团选聘的专职人员中也出了不少人才。20世纪80年代末中国私营企业获得合法地位后，不久就出现了大发展势头。预计当代工商社团也会出现类似的发展趋向，如果能够在近几年给工商同业组织单独立法，使其参与中观经济管理等职能得到法律承认，其数额将会很快发展到全国十来万家，再加上跨行业的工商社团等，所需高学历人才将达到数十万人。这些人才在这些岗位上同样会为中国的发展作出必不可少的贡献，是大有可为的。

第三编　经济史研究概论

经济史研究若干基本问题探讨

吴承明老师辞世一年了，谨以此小文纪念吴老。笔者有幸在硕士生、博士生以及毕业后参加研究工作等阶段不断得到吴老的教导。现在笔者也在培养经济史专业的研究生，在教学中研究生常会问一些有关经济史学科的基本问题。为了使学术薪火代代相传，笔者往往要把从吴老那里所学结合自己所思给研究生们答疑解惑。本文即根据有关问答记录整理而成，藉此与同仁们交流。

一、"一通"、"二合"、"三侧重"

清华大学经济史专业的研究生曾问笔者南开大学经济学院、中国社科院经济所这两个中国经济史研究重镇各自研究特点及笔者自己的研究取向。笔者在回答自己的研究取向时说，简言之为："一通"、"二合"、"三侧重"。

"一通"，即"通古今之变"，注重历史连续性。笔者在大学读书时，读到司马迁"究天人之际，通古今之变，成一家之言"一句，心里曾激起强烈的"共鸣"。之后笔者在硕士生阶段选修过吴承明等先生开设的《前资本主义政治经济学》课程，吴老所讲"时间上广义"和"空间上广义"，结合严中平老师讲的"破四就"（即不要就中国论中国，不要就近代论近代，不要就经济论经济，不要就事论事），大大开拓了笔者的视野，使笔者开始注重历史的连续性。2001 年，吴老发表《经济史：历史观与方法论》一文①，提出"今天我们的问题正是要反对割断历史"，主张恢复"重视连续性"的史学传统。吴老的这一主张对笔者启发很大。笔者认为，人类社会的历史发展是在连续性与不连续性的对立统一中前进的，历史发展的连续性常占主要方面。而改革开放前我国经济史研究偏重生产关系，重视阶级斗争及一些事件对经济的影响，强调这些事件所引起的"断裂或转变"，即强调历史的不连续性。随着改革开放以后经济史研究领域的拓展，这种状况逐渐改变，但是这种改变有一个"时滞"，近30年来我国断代史研究成果斐然，但是也出现了为了突出自己所研究朝代（或某一时段）的发展成就而有意贬低前一朝代（或前一时段）发展水平的学风偏差。于是笔者在2003年发表《新世纪经济史学：在多样化发展中注重历史连续性》一文②，认为20世纪里断代史研究是中国经济史学研究的重点，但是过于强调断代史研究，容易割裂事物的前后联系，容易束缚研究者的视野；21世纪里经济史学研究重点将转移到跨代专题研究上来，与之相适应，研究者们也日益注重有关历史连续性的研究。其后，至2008年，我国对30年改革开放的经验进行了多方面的认真总结，这些总结大多做得很好，但是也存在为了突出这30年的成就而有意压低30年前我国所取得成就的偏差。这种偏差妨碍了2009年对共和国成立60年来的历史进行客观认真的总结。所以笔者认为目前学界重"断裂"轻"连续"倾向仍很强，还是要继续注重历史连续性研究。笔者自己就在做有关中外贸易史的贯通古今的专题研究。

"二合"，主要指融合社会经济史、经济思想史研究于一炉。这也是受吴老的启发。笔者在读博士生专业基础课时，吴老推荐读熊彼特（J. A. Schumpeter）的《经济分析史》。我向吴老汇报读书心得时，吴老提出经济史研究要与经济思想史研究相结合。当时他批评了新古典经济学，认为德国历史学派的"国民经济学"理论对研究中国经济史有用。他的这些思想后来写成《经济学理论与经济史研究》一

---

① 载于《中国经济史研究》2001年3期。
② 载于《中国经济史研究》2003年3期。

文，在《经济研究》1995 年第 4 期发表。后来笔者也认识到，近代中国不仅社会经济开始大转型，政治制度大变革，人们的思想观念也在不断更新，经济转型是与思想变化相伴而行的。近代经济思想的变化影响经济政策的变化，继而制约经济的转型与发展；经济转型的成败又反过来检验思想的正误。研究越深入，越感到吴老提出的经济史研究要与经济思想史研究相结合才有意义。笔者在研究近代中国外债史时，发现李鸿章、张之洞等晚清重臣有利用外资思想，实践中却被外资所利用。而研究近代中国外债思想史者却一直在赞赏李、张等人的利用外资思想。因此笔者打算把近代中国外债史与外债思想史研究结合起来，写一本名为《利用与被利用——近代中国外债思想与实践史》的专著。近年来，有的经济史专业博导对我说，博士生论文选题好像没什么题目可选了，笔者认为，经济史研究要与经济思想史研究相结合大有文章可做。诸如中国工业化思想与实践，近代中国货币理论演进与货币制度变迁，近代中国国共两党解决"三农"问题思想与实践比较等，都是很好的选题。

"三侧重"既是笔者的研究取向，也是笔者对经济史与经济学其他分支分界标志的一种考虑。在国家社科基金评委会理论经济专家组一次讨论时，几位专家要笔者提供某一具体年份作为经济史与经济学其他分支的项目分界标志，即研究这一年之前经济活动的项目作为经济史项目，研究这一年之后经济活动的则作为经济学其他分支项目。笔者答曰：这一分界标志，以往曾用"二战后"（外国经济史）或"新中国成立后"（中国经济史），但是现在都过时了，现在改用其他年份很快都会过时；不如换一种思路，可借鉴法国年鉴学派布罗代尔等人的观点。布罗代尔等人认为，人类社会历史发展是在多元时间体系中进行的，多元时间体系的量度大致可分为长时段（百年以上）、中时段、短时段（个到十年）；而经济史研究可以说有"三个侧重"，即规范分析与实证分析相结合，侧重实证分析；短期考察与中长期考察相结合，侧重中长期考察；突变因素与渐变因素的考察相结合，而侧重渐变因素的考察。在这个意义上，经济史好比是地质学，现实经济研究各分支好比是地理学各分支。经济史研究侧重中长期考察，那么十年以上经济活动的项目都可列入经济史类。

二、经济史学如何预测未来？

2012 年清华大学研究生学术新秀评选会上，一位候选人（经济史专业博士生）讲到经济史好比是地质学，现实经济研究各分支好比是地理学各分支，接着一位来自经管学院的答辩委员追问："经济史学如何预测未来？"那位博士生当时没答好。会后几位博士生与笔者交谈，另一位经济史专业博士生质疑这位经济学教授的提问，认为不应该这么问，经济史研究属于基础理论研究，不应该要求经济史学用于预测未来。

笔者发表了自己的意见：有关预测未来的问题确实不容易回答好，但是以经济史研究属于基础理论研究为理由反对经济史学用于预测未来也不对，属于基础理论研究的学科并非没有预测未来的社会功能。就像气象科学工作者进行长期、超长期预报及气候展望时离不开对历史资料的分析一样，预测未来经济形势也离不开经济史研究。

那位经济学教授的提问并没有否认经济史学预测未来的功能，只是要考察研究生学术新秀候选人在这方面的认识及反应。这位教授的问题涉及对经济史学科性质认识、经济史与经济学其他分支学科的关系等，其不容易回答的主要原因在于"未来"是多层次、多方面的，而"经济史学"也是包含多方面内容的。

笔者也曾被国家社科基金评委会理论经济专家组的一位教授问过同一问题。笔者当时答曰：关于"经济史学如何预测未来"的全面回答，可写一本书。概要地讲，人类社会历史发展是在多元时间体系中进行的，分别受慢变量、中变量、快变量的作用，将 3 种时段结合起来研究，才能显示历史发展的本质和趋势。过去、现在和未来都是慢、中、快这 3 类变量共同发挥作用。预测未来经济形势实际上要结合慢变量、中变量、快变量的分析。经济史研究侧重长时段和中时段考察，侧重渐变因素（慢变量、中变量）分析，再结合经济学其他分支学科的研究来预测未来经济形势。

这样的回答既肯定了经济史学预测未来的功能，也不否认经济学其他分支学科这方面的作用，得到那位经济学教授赞同。

从目前国内经济学人才培养、科研项目评估及成果评奖等话语权状况看，经济史学科的弱势非常明显。从事经济史研究的师生一是自己对本学科地位与作用要有清醒认识，二是难免要回答上述提问或相似的问题。自卑和自大都不好。

吴承明先生曾以"源—流"来比喻经济史与经济学的关系，即经济史是经济学的源，而不是经济学的流。他指出经济学理论是从历史的和当时的社会经济实践中抽象出来的，但是不能从这种抽象中还原出历史的和当时的实践。他还曾介绍诺贝尔奖得主索洛（Robert M.Solow）的观点。曾任经济计量学会会长和美国经济协会会长的索洛谴责当代"经济学没有从经济史那里学习到什么"，而是脱离历史和实际，埋头制造模型；索洛批评美国的经济史也像经济学"同样讲整合，同样讲回归，同样用时间变量代替思考"，而不是从社会制度、文化习俗和心态上给经济学提供更广阔的视野。他说，经济史学家"可以利用经济学家提供的工具"（按工具即方法），但不要回敬经济学家"同样一碗粥"。[①]另一位曾任经济计量学会会长和美国经济协会会长的著名经济学家熊彼特把经济史作为研究经济学的四种基本学科中最重要的一种，认为经济史不仅"是经济学家材料的一个重要来源"，而且，"如果一个人不掌握历史事实，不具备适当的历史感或所得历史经验，他就不可能指望理解任何时代（包括当前）的经济现象。"[②]吴承明先生、索洛先生和熊彼特先生关于经济史与经济学关系的意见也值得我们重视。

三、"史无定法"与"方法规范化"

在经济史研究方法上，吴承明先生一再主张"史无定法"。[③]而北京大学一些著名教授则提出要"问题本土化、方法规范化、视野国际化"。清华大学一位研究生对此感到困惑，曾问笔者方法"无定"

---

① Robert M.Solow, "Economics：is something missing?" In Economic History and the Modern Economist, 1986.转引自吴承明：《经济史：历史观与方法论》，上海财经大学出版社，2006年，第219页。
② J.A.熊彼特：《经济分析史》（第一卷），商务印书馆，1991年，第29页。
③ 例见吴承明：《经济史：历史观与方法论》，上海财经大学出版社，2006年，第179、181、183页。

与"规范"哪个更好？

笔者答曰：吴老认为所谓方法，就是一种帮助我们认识客观对象的视角，或者说是一种思路（approach）。在历史研究中，不仅各种具体研究手段，而且一切理论，都应视为方法。从此观点出发，经济史研究的方法包括了具有不同涵义和不同层次的三种内容，即（1）世界观意义上的方法；（2）认识论意义上的方法，包括解释、求证和推理方法；（3）专业和技术研究方法，包括社会科学各学科的方法。方法"无定"抑或"规范"这一问题也分三个层次来谈较好。关于世界观意义上的方法，我们一般强调要遵循历史唯物主义，吴老认为不要受此"限制"[1]，但是笔者认为年轻学者还是要从历史唯物主义出发，先"掌握"再"突破"，先"规范"再"无定"。关于认识论意义上的方法，笔者也强调年轻学者还是要先掌握逻辑学方法，至于吴老所说形象思维、直观思维等"非逻辑思维"[2]，只能学问达到一定层次以后再说，也是要先"规范"再"无定"。至于第三层次的方法，经济学、社会学等研究领域都有学者提出研究方法要"规范"，但是如何规范？这些学者本人，包括北大的一些教授在内，都没有讲清楚，后来不了了之。也有人提出研究方法要"入主流"，有人提出要"与国际接轨"，但是何为"主流"？如何"接轨"？都语焉不详。目前看来，第三层次所谓"方法规范化"只是在技术层面摸索，如计量分析的具体步骤等。再大的方面，目前基本上还是"无定"状态，都在不断创新。过去讲阶级斗争一抓就灵，有人主张以阶级斗争为红线来研究历史；80年代刘佛丁老师曾对笔者说要以现代经济学（新古典经济学）为模式来研究经济史，而笔者认为还是吴老的"史无定法"更好，刘老师说笔者受老先生思想束缚太重；90年代又有人鼓吹用新制度经济学来研究经济史。吴老则认为新古典经济学和新制度经济学都有局限，他认为至今仍"没有一个古今中外都通用的经济学"[3]。吴老鼓励方法创新，却又反对把使用老方法说成是"保守"，认为方法有新老之别，但无高下优劣之分。因此，笔者在清华

---

[1] 吴承明：《经济史：历史观与方法论》，2006年，第181页。
[2] 吴承明：《经济史：历史观与方法论》，2006年，第189—191页。
[3] 吴承明：《经济史：历史观与方法论》，2006年，第214、215、219、221—224、282页。

220

大学给研究生讲课时，要求研究生在方法上要记住清儒梅文鼎的名言："法有可采，何论东西；理所当明，何分新旧……务集众长以观其会通，毋拘名相而取其精粹。"①

实际上吴老的方法"无定"论中也含有"规范"。例如，他认为"经济史首先是史，是历史学的一个分支"。将过去的经济实践清楚地描绘出来并展示给世人，乃是经济史研究的主要目标之一，在此方面，没有其他方法可取代传统的史学方法。研究经济史，唯一根据是经过考证认为可信的史料，"绝对尊重史料，言必有证，论从史出，这是我国史学的优良传统"。②尊重史料，论从史出，这就是吴老的"规范"；还有，从吴老讲课中，及其有关文章中，可以看出他对各种方法的价值判断仍有一个排序：即"孤证"优于"无证"，"罗列"优于"孤证"，计量分析优于"罗列"。吴老多次强调了经济史研究中计量方法的重要性，他希望在有关经济史的研究中"凡是能够计量的，尽可能作些定量分析"。③定量分析可以检验已有的定性分析以尽量避免随意性定性判断，它还可以揭示多种变量相互之间的内在关系，揭示经济事物发展变化趋势，可以使人们对许多历史问题的认识不断深化。吴老曾以清代江西景德镇制瓷业研究为例，告诉我们从当时史料数量看景德镇官窑留下的史料多，民窑的很少，不做计量研究则会给人以清代景德镇制瓷业是以官窑为主的印象，做了计量研究才发现当时官窑的产量和占用的技术力量都不到民窑的1%。吴老同时也告诫我们，计量研究是一项要小心谨慎、刻苦用功的工作，统计是经济史计量研究的基础。他还身体力行，带领一批经济史专家对近代中国工农交商等各部门的收入、各类资本在不同时期的增长、国内市场的变化等进行了一系列的计量分析，这些分析使人对近代中国经济史上主要数量关系有了较为清晰而深入的了解。例如，在论及清代国内市场发展时，同为中国社

① 梅文鼎：《堑堵测量》卷2，转引龚书铎主编：《中国近代文化概论》，中华书局，2002年，第90页。笔者还要求研究生在选题原则上要记住清儒顾炎武的名言"古人之所未及就，后世之所不可无"。

② 吴承明：《经济史：历史观与方法论》，2006年，第281、192页。

③ 吴承明：《市场·近代化·经济史论》，云南大学出版社，1996年，有关章节。

科院经济所中国经济史室的学者 2000 年出版的两本书，一本论述了清末市场上度量衡混乱等流通"梗阻"（实际上有些"梗阻"是从清前期延续下来的），并指出中国货物由内地运至通商口岸的百里路程运费往往高出出口后万里海运的运费①，强调了当时市场不发展的一面；而另一本则强调了清前期国内市场发展的一面②，不同的作者观察问题的视角不一样。读者如果要想了解从清前期到近代国内市场发展总的过程，仍然要看吴承明等学者在这方面所做的跨阶段定量分析。吴承明等人在广泛考证了各种资料后指出，粮食、茶叶、蚕茧、棉花等主要农产品的商品值按不变价格计，1840 — 1894 年年均增长率不足 1.3%，但比起鸦片战争前已大大加速，1895 — 1920 年间年均增长率为 1.6%，1920 — 1936 年间约为 1.8%。他们又用海关的土产埠际贸易统计和历年厘金收入、常关税等还原法估算 1870、1890、1908、1920、1936 年五个基期市场商品总值（包括进口货）分别约为 10.4、11.7、23.0、66.1、120.2 亿两（规元），五个基期之间的年均增长率分别为 1.20%、1.14%、6.28%、2.89%。③这些数据使人对中国国内市场不断扩大的状况有了大致清楚的了解。可以说，计量方法已是经济史研究，特别是有关历史连续性的经济史研究不可缺少的重要工具。

吴老也告诫我们，定量分析要与定性分析相结合，"已有的定性分析常有不确切、不肯定或以偏概全的毛病，用计量学方法加以检验，可给予肯定、修正或否定"；而计量经济学方法可以用于"检验已有的定性分析，而不宜用它创立新的论点"。④

① 汪敬虞主编：《中国近代经济史，1895 — 1927》，第 102 页，2000 年。
② 详见方行、经君健、魏金玉主编：《中国经济通史，清代经济卷》（中），经济日报出版社，2000 年。
③ 吴承明：《中国资本主义与国内市场》，1985 年；王水：《评珀金斯关于中国国内贸易量的估计——兼论 20 世纪初国内市场商品量》，《中国社会科学》，1988 年 3 期；许涤新、吴承明等上引书第二、三卷有关章节；吴承明：《近代国内市场商品量的估计》，《中国经济史研究》，1994 年 4 期。
④ 吴承明：《经济史：历史观与方法论》，2006 年，第 248 页。

四、关于经济史中"人"的研究

笔者在清华大学讲授《中国近代经济史专题》研究生课后，有一名研究生问笔者：您刚才讲经济史研究要有"人"，并介绍了关于近代儒商的一些研究，是不是经济史研究"人"主要研究儒商？

笔者答曰：经济史研究要有"人"，可以说是吴老、汪老等前辈学者的一个重要治学理念。吴老曾对笔者说，人类最早用于交换的商品就是"人"。吴老不主张用数量模型研究经济史，主要是因为数量模型里无"人"，看不见"人"的主观能动性；汪老则深入到"人"的精神层面，曾专题研究近代中国人的产业革命精神。课上介绍有关近代儒商的研究、近代工商社团研究，只是举例，因时间紧没有展开说。经济史研究要有"人"，不仅是研究儒商和工商社团。笔者认为，经济史要研究"人"，大致可包括研究"人物"、"人心和人文"（思想、文化等）、"人群"（包括企业、工商社团等）、"人口"、"人力"（包括劳动、人力资本）等方面。"人物"，意为某方面有代表性或具有突出特点的人。许老和吴老曾批评说："从司马迁起，写人物就是中国史学的优良传统。但近代史学，尤其是经济史，似乎丢掉了这个优良传统"。[1]刚才提到的张謇、卢作孚等近代儒商研究可以归入经济史"人物"研究之列。经济史"人物"研究还应当包括其他企业家、工程技术专家、经济部门官员等。关于经济史中"人"的研究，实际上内容相当丰富，且符合中央"以人为本"理念，年轻学者在这方面大有可为。

五、关于 GDP 与 GDC 研究

杜恂诚、李晋合作的《中国经济史"GDP"研究之误区》文章[2]发表后，清华大学有一位研究生问笔者：吴老和您都主张用 GDP 研

---

① 许涤新、吴承明主编：《中国资本主义发展史》（第一卷），1985 年，第 12 页。
② 杜恂诚、李晋：《中国经济史"GDP"研究之误区》，《学术月刊》，2011 年 10 月。

究近代中国经济史①，而杜恂诚、李晋不主张用 GDP 作为主要的普世标准来进行纵向的时代比较和横向的国与国之间的发展水平的比较，但是也没有提出他们认为较好的经济史纵横向比较标准，基本上是"破而不立"。您如何评论他们的文章？

笔者答曰：我确实讲过学术进步需要"破""立"结合，这是从整体上看，不一定每篇文章都要如此。杜、李这篇文章写得很好，指出了中国经济史"GDP"研究中存在的主要问题，值得我们重视。他们认为模型设计的合理性和基础性数据的积累至关重要，对此笔者非常赞成，我们要做的《中国近代经济统计研究》丛书整理和编写工作就是在进行基础性数据积累。

笔者在中国经济史中 GDP 估算的资料来源与理论方法研讨会上也曾提到，旧中国自然经济仍占很大比重，新中国经济中也有较大比重不进入市场，中国经济史"GDP"研究一个大问题就是这一部分不进入市场的生产如何估值。

至于杜恂诚、李晋不主张用 GDP 作为主要的普世标准，可以说现有的评价标准都是相对的，利弊共存的，需要不断改进的。上世纪80年代初我们读研究生时，学校里已开始给研究生介绍西方经济学的一些重要概念和相关理论，其中包括 GDP、GNP 核算及广义货币理论等。但是当时我国政府相关经济部门仍然沿用传统经济理论和方法等，理论界及学校老师们对 GDP 核算等是一面介绍一面批判。几年后我国政府相关经济部门改用 GDP 核算，这只能说 GDP 核算相对合理，并不能代表它没有弊病，GDP 核算还是需要不断改进的。现在已有绿色 GDP 等新探索。

至于用 GDP 研究中国经济史，笔者认为是可以的，但仅此还不够。杜恂诚和李晋实际上给了两个 GDP 定义，一是"一国在一年内所生产的所有最终物品和劳务的市场价值之和"；二是"所有进入市场的最终物品和劳务的市场价值之和"。其中，"所生产的所有最终物品和劳务"与"所有进入市场的最终物品和劳务"之差就在于自然经

---

① 吴承明：《经济史：历史观与方法论》，2006年，第244页；陈争平：《近代中国货币、物价与 GDP 估算》，《中国经济史研究》，2011年3期。

济的生产。杜、李没有仔细分辨这两个定义差别，于是就认为巫宝三、刘大中、叶孔嘉以及罗斯基他们偏离了"GDP"的规范定义。笔者认为杜、李虽然没有分辨这两个定义的差别，但是他们的第二个定义却给我们以启发：我们可将第二个定义改给 GDC（Gross Domestic Commodity Economy，国内商品经济总值）；经济史研究中可再做一套 GDC 数据库，GDP 与 GDC 结合，可以帮助我们"更加真实地认识中国古代、近代社会和进行跨国家、跨社会的比较"，可以更好地衡量中国经济的发展水平，分析中国近代二元经济结构的演变。当然，这只是笔者一家之言，有待大家批评。

中国近代民族工业"白银时代"的组织调整

20世纪20年代，日、美等国资本加强了在中国市场的角逐，欧洲洋货也卷土重来，国际竞争的激化使得中国民族工业所经受的市场压力大大增加，在这种逆境下中国民族工业仍然获得了一定的发展。1920—1936年间中国民族工业的发展比以往有明显进步之处，主要是在市场因素作用下，进行了以产业组织合理化为主要取向的调整。本文拟结合产业经济学有关理论，讨论这一时期中国民族工业组织调整的历史过程，及其对民族工业发展，对中国企业制度演变的积极意义。

一、1920—1936年华商最主要行业
棉纺织工业发展脉络

关于民国初年"黄金时代"①之后中国民族工业发展状况，学者们有着不同的意见。过去直到20世纪70年代出版的近代经济史著述

---

① 古希腊人赫西俄德在其教谕诗《工作与时日》中，把古代人类的文明史划分为"黄金时代"、"白银时代"、"青铜时代"、"英雄时代"、"黑铁时代"。以后，历史学家便不断借用这些概念，以"黄金时代"指代最繁荣或最宝贵的历史时期，"白银时代"次之。民国初年北京政府曾颁布一系列鼓励民族工商业发展的政策，进一步激发了民间投资建厂的热情；新式交通事业的扩张、金融业的发展、市场的扩大，使中国工业企业发展的外部条件有所改善；第一次世界大战期间及战后不久，欧洲列强无暇东顾，原被洋货挤占的国内市场有相当部分改为国货市场。这些因素都促进了当时中国民族工业的发展。1912—1920年间，国产工业品销路扩大，企业利润丰厚，新厂不断开设，史家曾把这一时期称之为近代中国民族工业的"黄金时代"。

中，论及 1920—1936 年间民族工业时大多强调其"不断陷于危机和萧条"①。80 年代初，有些学者开始重新评价 20 年代民族工业的发展，但也认为 30 年代出现了衰退和破产。②新近的一份研究成果则认为1920—1936 年间中国民营工矿业"顽强地有突出的发展"，并强调"因银价与汇率的影响极大"，所以把这一时期称之为中国民族工业继"黄金时代"之后的"白银时代"。③笔者赞同把 1920—1936 年间称之为中国民族工业"白银时代"，但是认为以"银价与汇率的影响极大"为主要理由似有不妥，④而认为有必要从中国近代不同时期民族工业投资增长年率、主要产业年资本收益率等指标的纵向比较研究，以及这一时期中国工农业总产值增长速度的比较，对近代中国民族工业"白银时代"作新的论证。

1920—1936 年，中国工业最主要行业仍然是棉纺织业，我们可先以棉纺织业为典型进行考察。这一时期中国棉纺织工业发展过程中充满着中外资本的激烈竞争。日资已成为外资在华棉纺织业投资的主力，仅 1921—1922 年一年中，日本在华就新建了 11 家棉纺织厂，1924—1925 年新建达 15 家。⑤同时，英、美等国在华棉纺织业投资也有所扩张。外资棉业在华势力的扩张，使华资棉纺织厂在原料收购和销售市场上的压力加重。此外，第一次世界大战结束后欧洲工业品又重新涌来东方，日本所产棉纱也挤向中国市场。中国纱价自 1922 年初便猛跌，与此同时棉花价格却迅速上涨。棉贵纱贱，使华商纱厂 16 支纱每包（100 磅）的赢利，从 1921 年秋季前的赢 22—30 两，转为 1922 年夏秋的亏损 5—7 两，1923 年全年度亏损 8—14 两。在大

① 例见湖北大学政治经济学教研室：《中国近代国民经济史讲义》，高等教育出版社，1958 年；中国人民大学政治经济学系《中国近代经济史》编写组：《中国近代经济史》，人民出版社，1978 年，有关章节。
② 例见黄韦：《中国民族资本主义经济的发展和破产问题》，《学术月刊》，1982 年 2 期；张仲礼：《关于中国民族资本在二十年代的发展问题》，《社会科学》，1983 年 3 期。
③ 吴承明、江泰新主编：《中国企业史》（近代卷），企业管理出版社，2004 年，第 390、391 页。
④ 第一次世界大战期间及其后两年世界金价也有较大波动，但是史家称之为近代中国民族工业的"黄金时代"并非因"金价的影响大"。
⑤ 丁昶贤：《中国近代机器棉纺工业设备、资本、产量、产值的统计和估量》，《中国近代经济史研究资料》（六）。

多数纱厂出现严重亏损情况下，华商纱厂联合会不得不议决于 1922 年 12 月 18 日起停工 1/4，以 3 个月为期。1923 年又议决停工一半，2 个月为期。在这期间因亏本而易主的有德大、常州、大丰等厂，因经营困难而改组的有大纶、裕泰、苏纶、振华、太仓等厂，完全停工的有福成、鼎新、久安等厂。处境日益艰难的华商厂不断出现改组、拍卖和闭歇消息，仅 1925 年 4 月 7 日的《银行周报》上，就有 9 家纱厂宣布破产、登报拍卖。①1925 年五卅运动爆发，全国掀起了轰轰烈烈的抵制英、日货行动，这有助于华资棉纺织业从 1922 年开始的萧条中逐渐恢复，全行业总规模继续扩大（参见表 1）。

表 1 1921 —1936 年华商机器棉纺织业概况②

时间	纱锭（枚）	布机（台）	棉纱产量（万件）	棉布产量（万匹）
1921	1 238 882	6 675	119.9	177.3
1922	1 632 074	7 817	92.7	351.8
1924	1 803 218	9 481	103.2	426.6
1925	1 846 025	11 121	116.3	249.1
1927	2 018 588	12 109	123.4	426.0
1928	2 113 528	16 283	135.0	600.9
1929	2 326 872	15 503	146.1	662.6
1930	2 390 674	16 318	148.1	685.4
1931	2 589 040	18 771	142.8	824.3
1932	2 637 413	19 081	166.5	954.8
1933	2 742 754	20 926	161.7	904.0
1934	2 807 391	22 567	159.6	926.5
1935	2 850 745	24 861	143.7	896.8
1936	2 746 392	25 503	144.6	1 099.2
平均年增长率（%）				
1921 —1930	7.58	10.44	2.37	16.21
1931 —1936	1.19	6.32	0.25	5.92

进入 30 年代后正遇世界经济大危机，国际上主要资本主义国家

---

① 张国辉：《中国棉纺织业 1895 —1927 年的发展和不发展》，《中国社会科学院经济所集刊》（十），第 213 页；许涤新、吴承明主编：《中国资本主义发展史》（第三卷），第 132 页。

② 许涤新、吴承明主编：《中国资本主义发展史》（第三卷），第 120 页。

向中国转嫁经济危机，使银价和银汇率上升，中国国际贸易条件恶化；美国实行购银法案后，中国白银大量外流，导致中国市场银根偏紧，工商企业缺少流动资金；九一八事变后日本占据中国东北，使原来关内棉纺织业在东北的市场消失，同时大量日货又涌入中国关内挤占纱布市场等因素的影响，加深了中国棉纺织业市场的困难；再加上中国农村经济也遭遇严重困难，农村家庭纺织业大量破坏后导致对机纱需求的大量减少，农村市场的购买力下降，自 1932 年到 1935 年，中国棉纺织业步入危机，机纱产量逐年下降，纱厂机布产量亦降。到1935 年 11 月以后，南京国民党政府实行币制改革，1936 年国内农业丰收等因素，使得市场购销情况有所改善，又促进了棉纺织工业出现回升，1936 年机织工业的布机数和产布量都达到了近代历史上的最高峰（棉纱产量尚低于 1929 年）。

这一时期中国主要纱厂的年资本纯益率[1]可以参见表2。我们可将抗战前中国机器棉纺织工业发展大致分为 4 个时期：（1）甲午战争前，当时以上海机器织布局为主，其筹备工作经历了漫长的十五载光阴，工厂尚未开工，资本却已亏折了 30%[2]；（2）甲午战争后至第一次世界大战前，这一时期华商纱厂虽然接连设立，总数达 20 多家，但是只有张謇创办的大生纱厂是"唯一成功的厂"[3]，其余多有亏折；（3）第一次世界大战爆发至 1920 年，由于这一时期市场需求旺盛，以至"不论旧开新设，规模不同的纺织厂都可获致丰厚的利润"，"整个纺织业处在兴旺乐观的气氛之中"[4]；（4）1920 年至 1936 年，从表2 可以看出，20 年代华商主要纱厂一般来讲仍有较高的资本纯益率，1933 年出现较大幅度下滑，1934 年华商 15 大纱厂总平均资本纯益率为负数，其后又好转，1936 年主要华商纱厂平均资本纯益率达到14.2%。从这 4 个时期棉纺织业盈利情况的纵向比较来看，第 4 时期华商纱厂盈利情况仅次于第 3 时期，这可作为把这一时期称之为中国

---

[1] 年资本纯益率为各年纯收益占实有资本的百分比，是年利润率的一种表现形式。

[2] 《申报》，1887 年 7 月 27 日，转引自严中平：《中国棉纺织史稿》，科学出版社，1963年，第 104 页。

[3] 严中平：《中国棉纺织史稿》，第 129 页。

[4] 严中平：《中国棉纺织史稿》，第 186 页。

民族工业"白银时代"的依据之一。但是就在这一时期，从棉纺织业盈利情况的横向比较来看，华商纱厂大多数年份不如日资在华纱厂。

表2 1922—1936 年中国主要纱厂的资本纯益率①

（单位：%）

年份	上海永安	上海申新一、八厂	无锡申新三厂	天津华新	青岛华新	石家庄大兴	华商十五大纱厂总平均	在华日资纱厂平均
1922	11.3	26.6	46.7	26.0	17.5	—	12.7	51.3
1923	3.5	8.2	8.1	26.4	8.3	18.8	6.0	24.3
1924	6.7	?	-1.7	8.8	0.2	22.2	3.4	24.0
1925	10.1	11.8	15.6	8.7	6.5	31.0	12.9	19.7
1926	9.6	10.3	?	-3.6	8.6	30.2	6.2	11.7
1927	13.4	12.0	17.1	1.4	2.5	27.0	6.8	9.6
1928	33.9	15.5	43.4	7.5	13.9	36.3	17.5	10.7
1929	63.6	24.1	40.0	9.6	12.3	29.8	22.3	8.4
1930	16.2	-0.5	?	2.2	12.3	31.0	11.3	17.7
1931	18.6	28.1	?	7.0	13.5	36.7	16.6	18.0
1932	12.7	14.3	33.3	9.0	5.0	4.8	8.6	7.9
1933	5.9	8.7	?	-6.1	1.1	-9.1	0.9	11.6
1934	2.8	5.9	?	-5.5	2.2	-4.7	-2.8	15.8
1935	0.6	10.2	9.4	5.6	-2.3	0.7	2.6	19.5
1936	7.9	34.5	28.1	?	8.7	14.3	14.2	21.5

注："＊"被日厂钟纺兼并；"—"未开业或停顿中；"?"未详。

二、1920—1936 年华商面粉工业与缫丝工业发展脉络

机制面粉工业在当时民族工业中地位仅次于棉纺织业。1921 年以后，洋粉输入逐年增加，同时国产粉外销锐减，使得国内面粉市场竞争日益激烈，民族面粉工业发展速度比第一次世界大战期间有所减缓。尽管如此，民族面粉工业在困境中仍继续发展（参见表3），并逐步从通商口岸向内地城市扩张，其生产能力 1921—1930 年年均增

---

① 资料来源：原据久保亨：《近代中国棉业の地带构造と经营类型》，《土地制度史学》，第113号，1986年10月。转据许涤新、吴承明等：《中国资本主义发展史》（第三卷），表2—31改编。

长率为 4.5%。①

表 3   1914—1928 年华商面粉工业的发展②

设立年份	当年设立厂数	设立资本额（万元）	日生产能力（包）
1914	8	98.3	7 360
1915	8	195.3	20 000
1916	17	373.5	35 033
1917	9	153.0	17 350
1918	16	424.8	27 035
1919	12	257.0	29 380
1920	16	496.0	47 250
1921	14	566.8	45 865
1922	9	272.7	25 910
1923	9	181.4	15 550
1924	9	230.0	16 482
1925	10	158.0	12 020
1926	7	220.0	21 200
1927	2	20.0	750
1928	8	148.0	14 340

　　1931 年九一八事变后，东北沦陷，民族面粉工业丧失了近一半的销售市场。再加上世界经济危机，华粉外销锐减，而大量廉价洋粉入侵，对华粉市场造成极大威胁，使得华商粉厂大量停歇。在这种情况下，华商机器面粉业加速了生产和资本集中过程，形成了几个企业集团，其中发展最快的是荣宗敬、荣德生兄弟在无锡、上海创办的茂新、福新面粉工业集团。30 年代初，美国先后将其国内过剩小麦大量贷放给中国国民党政府。国民党政府将这些进口美麦分配给国内各面粉厂加工代磨，规定可以先用麦后付款，麦价较市价便宜，成粉后则按照市价结算给国民党政府，这一条件对面粉工厂主是很有利的。茂新、福新系统生产能力高，再加荣氏兄弟与政府当局关系密切，因此在小麦分配额上获得了总数的 2/3，从而在代磨美麦生意中获得了

①　许涤新、吴承明主编：《中国资本主义发展史》（第三卷），第 143 页。
②　据《中国近代面粉工业史》，第 426—442 页统计计算。

较大的盈利。茂新、福新系统还通过大量收购澳洲、加拿大、阿根廷等地廉价小麦加工成粉来盈利。但是茂福系统企业仍然遇到常年开工不足等问题，1936 年产粉量为 1 010.9 万袋，仅为 1931 年的47.3%，因而生产设备仍停留在 1931 年的 347 台粉磨的水平。即便如此，茂新、福新系统在全国面粉工业中的地位仍是举足轻重，其日产面粉能力仍占关内面粉工业的 1/3 左右。①

20 世纪 20 年代里，中国民族工业另一重要行业机器缫丝业也有较快的发展。从 1922 年至 1929 年，该行业上海地区开工厂数从 65 家增至 104 家，无锡地区开工厂数从 19 家增至 46 家。厂丝产量也逐渐增加，全国厂丝出口量则从 1922 年的 8.9 万担增加到 1929 年的 13.3 万担，因此有的专家认为 20 年代是中国机器缫丝行业的"黄金时代"。②从表 4 可看出，自 1894 至 1929 年，全国厂丝出口增加 49 倍，上海、江苏、广东三地厂数增加 24 倍，丝车增加了 26 倍。30 年代初，由于资本主义世界经济大危机的影响，中国生丝出口急剧衰减，国内缫丝工业也因此陷入空前困境。1930 年至 1936 年，上海丝厂开工数由的 111 厂减至 49 厂，下降了 56%；丝车减至 11 116 部；出口厂丝从 1929 年的 132 991 关担跌至 1936 年的 29 600 关担，下降了 78%。

表4　1894—1936 年中国机器缫丝工业的发展③

年度	上海		无锡		广东		全国厂丝出口量
	开工厂数	丝车（部）	开工厂数	丝车（部）	开工厂数	丝车（部）	（关担）
1894	124	076	7 526	356	22	523	
1914	5 714	964	82 118		56 766		

---

① 许维雍、黄汉民：《荣家企业发展史》，人民出版社，1985 年，第 127 页。

② 徐新吾主编：《中国近代缫丝工业史》，1990 年，第 168 页。

③ 厂数、丝车数据《中国近代缫丝工业史》，第 611—613 页，出口量据该书，第 660—661 页。1928 年广东丝车数，见许涤新、吴承明主编：《中国资本主义发展史》（第三卷），第 148 页。

年度	上海		无锡		广东		全国厂丝 出口量
	开工厂数	丝车（部）	开工厂数	丝车（部）	开工厂数	丝车（部）	（关担）
1922	6 517	260 196	220 18 090	064 18	090	064 89 248	
1929	10 423	582 4 612	862 14 672	455 14	672	455 132 991	
1930	111	26 175	49	15 108	121	62 292	104 809
1932	53	13 476	27	8 194	58	30 243	
1934	35	8 270	38	10 348	37	19 505	
1936	49	11 116	41	13 090	57	30 243	29 600

三、中国近代民族工业发展的"白银时代"

1920—1936 年间，上述民族工业三大行业发展情况各有不同，但是总的来讲都有所发展，不能以"不断陷于危机和萧条"来简单论之。从这一时期中国民族工业整体环境来看，一方面所受外国资本的压迫逐步加重，特别是日资不仅用大量日产工业品挤占中国市场，还利用中国的廉价劳动力和原料、燃料，在中国东北及上海、天津、汉口、青岛、济南等地大量设厂，对华商企业进行垄断性竞争；另一方面外国侵略的加剧，激起了 1919 年五四运动、1925 年五卅运动和 1928 年"五三"抵货运动等爱国运动的高涨，爱国运动推动了民族工业的发展。这时中国民族工业已经具备了一定的基础，在竞争压力下进行了产业组织调整，经营管理水平有所提高，若干较大的民族资本企业集团形成。据估计，1920—1928 年，新投入的工业资本在 3 亿元左右。20 年代里中国民族工业平均每年投资额折合 1913 年币值，并不低于第一次世界大战时期，每年新设企业数目还高于"一战"时期。[①]

---

① 参见许涤新、吴承明主编：《中国资本主义发展史》（第三卷），表 2—24。

表5　工业资本的年均增长率①

(单位：％)

	1911／1914*—1920年	1920—1936年包括东北	1936—1947/1948年
工业资本总计	6.63	10.15	-2.57
外国资本	4.82	10.69	-11.48
官僚资本	3.44	10.64**	14.40
民族资本	11.90	9.37	-2.97

注：＊外国资本为1914年，官僚资本为1911年，民族资本为1911年，计算增长率时各按其
　　本身年数。
　　＊＊包括伪"满洲国资本"。

　　表5反映了民国年间三个时期工业资本年均增长情况②。可以看出，1920—1936年中国境内工业资本年均增长率为10.15％，明显高于前一时期的6.63％；但是这主要是1920—1936年间外国资本和官僚资本对工业投资的快速增加所致，这一时期民族工业资本的年均增长率为9.37％，低于前一时期的11.90％，又与日本发动全面侵华战争后的年均负增长相比有很大反差。这一表的数据可以成为民族工业"黄金时代"和"白银时代"两个时期划分及命名的有力依据。

表6　中国工农交通业总产值的估计③

(单位：万元)

	1920年	1936年
工业	543 396	973 347
其中的近代化工厂	88 287	283 073
农业	1 049 494	1 450 506
交通运输业	60 937	141 659

　　表6反映了这一时期中国工农交通业总产值增长情况。从表中可以看出，1936年与1920年相比，中国农业总产值增长了38.2％，工业总产值增长了79.1％，工业增长速度快于农业；工业总产值中，

---

① 据许涤新、吴承明主编：《中国资本主义发展史》(第三卷)，表6—3改编。
② 原表还提供了甲午战争至清政府垮台的年均增长数据，笔者考虑到甲午战争前中国民族工业资本基数太低，其后主要因清政府政策变化而导致的投资增长速度较快，属于较特殊的情况，因而未将其列入本文考察范围。
③ 摘自许涤新、吴承明主编：《中国资本主义发展史》(第三卷)，表6—9，1993年。

属于近代化工厂的部分增长了 220.6%，增长速度更快。

总之，1920—1936 年间市场因素对中国民族工业发展的影响极大：20 年代市场压力的增大迫使民族工业资本自发进行产业组织调整，以调整求发展；30 年代世界经济大危机对中国市场产生多方面冲击，而日本侵占中国东北割断了关内工业与东北市场的原有联系，加剧了中国工业品市场危机，中国民族工业虽然继续以调整求发展，但发展速度减缓。但是，从上述民族工业主要行业的资本增长、生产能力增长、年产量、年利润率、整个工业资本年均增长率及工农业总产值等指标的比较研究来看，可以把 1920—1936 年间称之为中国民族工业继"黄金时代"之后的"白银时代"。

四、生产和资本的集中及其两方面效益

"白银时代"的中国民族工业，虽然用投资增长率及年利润率等指标衡量次于"黄金时代"，但是这一时代比"黄金时代"亦有明显进步之处，主要是在市场因素作用下，进行了以产业组织合理化为主要取向的调整。

"市场结构"是决定产业组织竞争性质的基本因素，它规定构成市场卖者（厂商）相互之间、买者相互之间及买者和卖者集团之间诸关系的因素及其特征。生产集中程度是决定市场结构的重要因素之一。有限的市场规模和企业追求规模经济的动向碰在一起，必然造成生产和资本的集中。[①]

生产和资本的集中是中国民族工业"白银时代"产业组织调整的一个重要方面。由于当时中国民族工业尚属于"幼稚工业"时期，工厂大多规模很小，所以加强生产和资本的集中以扩大企业规模，获取规模经济利益，已成为中国近代工业发展的内在要求。在 20 世纪 20 年代市场规模受外资强压而变狭小情况下，工业生产和资本的集中遂渐成为一大发展趋势，至 30 年代更因内外因素造成的市场危机而形成高潮，其中在纺织、面粉、火柴、水泥、造纸、制药、电器、机械等工业行业尤为突出。

---

① 杨治：《产业经济学导论》，中国人民大学出版社，1985 年，第 141—143 页。

近代中国民营企业家在商战实践中，逐渐认识到生产和资本集中的规模经济利益。例如，"火柴大王"刘鸿生总结了与瑞典火柴业主进行商战的经验，指出："吾国火柴业在瑞商竞争之下，风雨飘摇，有岌岌不可终日之势，自弟发起荧昌、中华、鸿生三厂合并为大中华之后，对内渐归一致，于是对外始有占优势之望，足见合并一事，为吾火柴业今日谋自立之要图，非此即无从对外而维持其生存也。当此对外竞争剧烈之日，自应群策群力，团结一致，厚植我之势力，以与外商相抗，始能立于不败之地。"①荣氏集团领导人在总结多年办厂经验时认为"纱厂至少要在三万锭以上，才有竞争力"。他们在报告中指出，"默察世界大势，知纺织一业非有多量产额不足与外商相颉颃……盖产额愈多，则进料、销货亦愈便宜；而管理、营业各费也愈节省也"②，已朴素地认识到规模经济可以降低单位产品生产成本和经营成本的道理。他们认为每收买一家纱厂，就减少一个竞争对手，同时也增强了自己的竞争力。荣宗敬曾说："我能多买一只锭子，就像多得一支枪。"③

扩大企业规模大致有两条途径：一是靠企业内部的力量，通过投资兴建新的更大的设备和生产线；而是通过企业兼并或联合来实现。④在近代中国产业组织调整中，这两条途径都通用。

近代民族工业企业之间经营管理水平差异很大，经营效益好的企业通过横向兼并同业，不仅有利于获得上述诸方面规模利益，还有利于企业把优秀的经营管理经验推广、移植到效益差的企业中，收到以优汰劣的经营效益。例如，1930年常州刘国钧兼并连年亏损的大成纱厂后，把他在织布业中积累的经营管理经验推广到大成纱厂，使大成很快焕然一新，扭亏为盈。刘国钧将其管理经验运用武汉震寰纱厂中也非常有成效，震寰纱厂资产200万元，负债却达300万元，早已停工停产，刘国钧经办两年，获利达300多万元。粉纱大王荣德生把自己的经营管理经验运用于连年亏损的无锡惠元面粉厂，惠元即连年

① 《刘鸿生企业史料》（上），上海人民出版社，1981年，第139页。

② 《荣家企业史料》（上），上海人民出版社，1980年，第254页。

③ 许维雍、黄汉民：《荣家企业发展史》，人民出版社，1985年，第310页。

④ 参见杨治：《产业经济学导论》，中国人民大学出版社，1985年，第160页。

获利。原厂主曾与荣开玩笑："厂租与你，大赚钱，要分点来。"荣德生说："可，但交还你，即勿赚。"①

在中国民族工业"白银时代"产业组织调整过程中，经营较好的企业通过生产和资本的集中所收上述两方面效益是十分明显的。

五、企业联合与企业集团的发展

当时在市场因素作用下，民族工业还出现了大量的企业联合，有以下主要形式：

（1）全面联合。参与联合的各企业在资产和经营管理各方面完全合为一体，有两种主要方式：一是通过资产合并，形成产权和经营权统一的企业集团。联合的各企业实行清产作价，折成股份，合为一体，经营上也完全统一调度，如1930年荧昌、中华、鸿生三个火柴厂合并为大中华火柴股份有限公司；二是参与联合的企业实行统一生产经营，但所有权上仍保持相对独立性，较典型的是1935年大成纺织染公司与汉口震环纱厂的联合。

（2）销售联合。这是最多见的企业联合，也有两种形式：一是以契约为纽带形成销售联合体，在销售量、价格、销售地区或对象、销售方式等方面经过协商订立统一的联营协议，例如1925年启新、华商两个水泥厂达成的水泥联营，又如1936年成立的以大中华火柴公司为中心的"中华全国火柴产销联营社"等；二是建立共同的销售机构，各企业产品集中到统一的商业机构。由于联合建立的销售机构实力强大，并统一进行广告宣传活动，影响面广，从而可能占有较大的市场份额，取得竞争的优势。如荣宗敬、穆藕初于1921年创建的华商纱布交易所，荣宗敬、王尧臣联合国内面粉企业组织的上海面粉交易所，胡西园组织的灯泡厂同业公会，维一、纬纶等五厂联合组织的中国骆驼绒厂总发行所等，都属于此类销售联合。

（3）不同产业的互补性联营。一般指甲企业为乙企业提供产品销路，乙企业则在其他方面扶助甲企业，形成两企业间的联合关系。最

---

① 转引自马俊亚：《中国近代企业集团形成的经济因素》，《福建论坛》文史哲版，1998年2期。

为典型如大隆机器厂所实行的"铁棉联营"。大隆厂为解决本厂生产的纺织机械的销路，1925 年以洽记公司名义租办苏州苏纶纺织厂（1927 年以后全部收买）。以后大隆生产的纺织机械主要销给苏纶厂使用，而苏纶厂的机械维修及人才培训则主要依赖大隆。到 1937 年，与大隆实行"铁棉联营"的纺织企业达到 7 个。有的企业有少量大隆投资（如常州民丰纱厂等），大隆经理兼任这些企业总经理；有的则仅仅有联营关系（如上海庆丰纱厂）。"铁棉联营"使双方企业都克服了经营上的困难，迅速由衰转盛。

（4）原材料筹集的联合。 需要同种原材料的各企业为避免相互竞争而联合起来收购原材料，或联合组织原材料生产等。①

在当时的企业联合发展过程中，民族工业企业集团逐渐兴起，其中较重要者有：

（1）以大生纱厂（设在南通）、大生二厂（设在崇明）等棉纺织企业为基础的大生企业集团，由张謇等人创办。其发展历史较早，在 1910 年时已拥有包括纺织、农垦、航运、食品加工、机械等行业在内的 10 多家企业，近 300 万两资产，是当时中国最大的民营企业集团；民国初年继续发展，到 1921 年又建成大生三厂（设在海门），有 40 多家企业，所控制的资金总额总计 2 480 余万两，各纺织厂拥有纱锭 16 万枚，布机 1 300 余台。②但是，该集团 1925 年因负债过重，大生纱厂 1925 年被债主上海银团接管。

（2）荣宗敬、荣德生兄弟创建的荣氏企业集团。其横跨棉纺织业和面粉工业两大行业，又分申新纺织和茂、福新面粉两大工业系统。申新纺织公司 1915 年在上海创建，通过租办和收买方式兼并其他企业，至 1936 年已拥有 9 家纱厂，纱机 57 万锭，布机 5 304 台，资产总值达 8 555 万元，势力扩展到无锡、汉口等地，是旧中国最大的民营棉纺织工业企业集团。茂、福新面粉工业系统始于 1903 年无锡茂新面粉厂。荣宗敬兄弟在经营粉厂过程中，努力提高产品质量，降低成本，不断改进生产设备，并招股增资，使企业规模不断扩大。荣氏

---

① 以上详见陈自芳：《论近代民族资本的企业联合》，《北方论丛》1996 年 4 期。
② 《大生系统企业史》，第 204—208 页。

兄弟又与他人合伙，在上海筹建福新面粉厂。其后，茂新、福新两系统都通过租办和收买其他厂等方式不断扩张，到 20 年代，茂新、福新系统已有 12 家厂，分布于上海、无锡、汉口、济南等地，共拥有粉磨 301 部，日生产面粉能力为 76 000 袋，占全国民族资本粉厂生产能力 31.4%，占全国粉厂（包括外商在华粉厂）生产能力 23.4%。30 年代里，其发展迟缓，但在全国面粉工业中的地位仍然是举足轻重的，日产面粉能力仍占关内面粉工业的 1/3 左右。[①]荣氏集团有效地利用了近代中国初步形成的资本市场，在扩建、租办、收买、经营中大量借债，以负债经营方式扩大生产能力，取得了显著成效。

（3）周学熙资本集团，以曾任北洋政府财政总长的周学熙所控制的工商金融资本为纽带组成。周学熙在天津、北京、唐山、秦皇岛、青岛和河南卫辉建立滦州煤矿、启新洋灰公司、京师自来水公司及天津、青岛、卫辉华新纱厂、秦皇岛耀华玻璃公司及中国实业银行，都属集团关系企业。其中，启新洋灰股份有限公司经 1910、1921、1932 年一再扩建，逐步成为年生产能力 30 万吨的大型水泥厂，曾一度垄断国内水泥市场。华新纺织公司由周学熙、杨寿枬等人于 1919 年在天津创办，先后在天津、青岛、唐山、河南卫辉等地开设纱厂，1922 年时共有纱机 10.8 万锭，成为北方一大棉纺集团。

（4）裕大华棉纺织企业集团，由徐荣廷、苏汰余等人在 1913 年租办原官办湖北布、纱、丝、麻四局基础上创办。1919 年先创办武昌裕华纱厂，1922 年继设石家庄大兴纱厂，20 年代末时已拥有纱机 6.7 万锭，布机近 900 台；1932 年在湖北大冶设立利华煤矿公司，1936 年又创办西安大华纱厂。到 1936 年底，已拥有纱机 8.55 万锭，布机 1 324 台，资产总值达 970 万元，[②]成为雄踞华中的民营企业集团。

（5）永安纺织印染公司，由郭乐兄弟集聚侨资，1922 年在上海创办。后来不断发展，到 1936 年已有 5 个棉纺织厂，1 个印染厂，1 个发电厂，1 个大仓库，1 个打包厂和 1 个正在兴建中的机器厂，有纱机

---

①　许维雍、黄汉民：《荣家企业发展史》，人民出版社，1985 年，第 20、127 页。
②　《裕大华纺织资本集团史料》，湖北人民出版社，1984 年，第 237 页。

25.6 万锭，布机 1 542 台，线锭 31 904 枚，印染机 244 台，[①]成为规模仅次于申新的棉纺织资本集团，并初具纺织印染全能企业规模。

（6）刘鸿生企业集团，由原开滦煤矿买办刘鸿生创办，是包括鸿生火柴厂、上海水泥厂、章华毛绒纺织厂、中华煤球公司、华丰搪瓷公司、大华保险公司、华东煤矿公司、中国企业银行在内的跨行业经营的企业集团。1930 年，刘鸿生主持将鸿生火柴厂与上海浦东荧昌火柴公司、南汇中华火柴公司合并为大中华火柴公司。1931 年大中华火柴公司又并进九江裕生厂、汉口燮昌厂，后又收买扬州耀扬火柴厂，承租了芜湖大昌火柴厂，并进杭州光华火柴厂，规模不断扩大。1936 年又成立以大中华火柴公司为中心的"中华全国火柴产销联营社"这一销售联合体。

（7）永久黄集团，由范旭东创办，是包括久大盐业公司、永利化学工业公司和黄海化学社在内的生产科研一体化企业集团。1915 年，范旭东创办久大精盐公司（后发展为久大盐业公司）。1917 年，范旭东聘任化学家侯德榜为总工程师，在天津创办永利制碱公司，打破了中国碱类市场长期被外人垄断的局面。范旭东又于 1922 年在塘沽创办黄海化学工业研究社，除为久大、永利两企业提供技术支持外，还从事理论研究和资源调查，对盐卤、轻金属、肥料、细菌学等方面的研究皆有成就。范旭东于 1924 年在青岛创办永裕盐业公司，于 1933 年在江苏大浦建立久大分厂。随着国内工业、文教事业及其他建设事业的发展，对酸类产品的需求增加，1934 年范旭东将永利制碱公司改组为永利化学工业公司，并在南京筹建永利硫酸铵厂成功。这是当时远东第一流的大型化工厂，日产硫酸铵 120 吨，硝酸 40 吨。范旭东当时曾自豪地宣布："中国基本化工的两翼——酸和碱已经成长，听凭中国化工翱翔，不再怕基本原料的恐慌了。"[②]

（8）通孚丰工商金融企业集团，始于孙多森等于 1898 年在上海创办的阜丰面粉厂。第一次世界大战期间阜丰厂盈利率达到高峰，同时也将势力扩展到山东济宁、河南新乡等地，创办了济丰、通丰两个

---

① 《永安纺织印染公司》，中华书局，1964 年（内部发行），第 134—139 页。

② 孔令仁主编：《中国近代企业的开拓者》（下），山东人民出版社，1990 年，第 12—13 页。

分厂。1922 年后，洋粉输入大增，国产粉销路锐减，不少中小面粉厂相继倒闭，而阜丰面粉工业系统凭借稳固的基础和优质产品的信誉，仍然获得较好的盈利，并多次吞并其他厂，到 1936 年已在上海、济宁、新乡、无锡等地拥有 8 家厂，和日产 5.15 万包的生产能力，已占全国华商粉厂的 11.4%。①阜丰厂还抽资创办通惠实业公司、中孚银行、通益精盐公司等其他企业，发展为跨行业的通孚丰企业集团。

这些企业集团发展方式多种多样，无论是通过同业的横向联合以求规模利益和以优汰劣的经营效益，还是实行供产销的垂直联合以节省交易费用及超额利润②，抑或实行跨部门多角化经营以规避风险，它们的兴起都不同程度地提高了中国民族工业的规模经营水平、技术水平和经营管理水平③，对于抵制外国经济侵略发挥了一定的作用，都反映了中国民族工业产业组织调整的内在要求，有着积极的历史意义。

六、企业管理体制的改革与行业管理机制的更新

美国经济学家哈维·莱宾斯坦（H.Leibenstein）提出著名的 X－非效率理论，使之成为产业组织理论中的重要内容。X－非效率理论认为企业不是由一个单纯的群体构成的，随着生产集中程度的提高，企业规模的扩大，企业内部各个利益集团的分野也日益明显，一些集团的行为就会偏离利润最大化这一企业本来目标，而在组织内部追求各集团自身利益，致使企业效率下降，这种情况被称之为 X－非效率（X－inefficiency）。④在近代中国民族工业企业中，现代公司制度形式上是建立起来了，但是在企业内部 X－非效率普遍存在，严重影响了企业的竞争力。因而在中国民族工业"白银时代"，实行经营

---

① 上海市粮食局等编：《中国近代面粉工业史》，第 109、201 页。

② 详见马俊亚：《中国近代企业集团形成的经济因素》，《福建论坛》文史哲版，1998 年 2 期。

③ 详见吴承明、江泰新主编：《中国企业史》（近代卷），企业管理出版社，2004 年，第 539—542 页。

④ 泰勒尔著，张维迎等译：《产业组织理论》，中国人民大学出版社，1997 年，第 93、95 页；杨治：《产业经济学导论》，中国人民大学出版社，1985 年，第 167 页。

管理改革也成为产业组织调整的重要内容。

当时在多数民族工业企业中，内部管理仍旧沿袭和采用传统工头制、包工制式的管理模式，以纱厂为例，"在经营管理方面普遍实行着文、武两场：文场相当于现在的科室，武场相当于车间。文场中保留着相当浓厚的封建衙门的传统和积习，亲族、帮派等封建关系充塞于企业中。武场由各级工头组成，工头多是由封建帮会安插进来的人物。文场管财务的人甚至不懂新式簿记，武场更是为一群无知识、无技术、不知现代工业生产为何物的封建把头及其爪牙。工头把持生产大权，不仅不容技术人员置喙，连企业经理也管不了。工头还利用封建关系对工人进行着人身控制。"①这种管理体制有着种种弊病，同社会化生产严重不适应，因此在产业组织调整中成为改革的对象。

1914年，曾赴美留学，获农学硕士学位的穆藕初回国，相继创办德大、厚生、豫丰等纱厂。他认为中国经济落后的原因之一是"无管理方术"，主张结合实际，推广运用西方先进的管理方法，"引伸触类变通，化裁而妙用之"。他与人合作翻译出版了美国管理学家泰勒的《工厂适用的学理学的管理法》，编译印行《中国花纱布业指南》，并开始在国内改革企业管理体制，取得一定成效。

20世纪20—30年代，企业管理体制改革在国内渐成风气。从1924年起，荣家企业从申新三厂开始，尝试改革工头制。荣德生先后聘请一批原在日商纱厂工作过或从杭州甲种工业学校等专业学校毕业的技术人员到申新三厂担任技术工作，在遭到武场工头的强烈反对后。荣德生采取了新老两派分头管理的办法，将生产效率较高的英制纱机交由工头按原来的体制进行管理，而将生产效率较低的美制纱机交由新进厂的工程师、技术员管理，并从行政到技术管理采取了一系列改进措施，其结果是生产效率大大赶上并超过工头管理的先进设备的效率。荣德生遂推广改革，取消了过去封建式的手工工场管理方式，把过去设的总管、文场、武场，由头脑（工头）、领班直接管理生产，监督工人的组织形式一律取消，建立了由技术人员负责的保全部、考工

---

① 赵靖主编：《中国近代民族实业家的经济管理思想》，云南人民出版社，1988年，第21、22页。

部和试验室等新的管理机构，实行行政、技术统一领导。各厂以至车间都实行了由工程师、技术员负责组织生产、管理工人。对原来的领班、工头用辞、歇、降、调等办法予以处理，统一了全厂的行政、技术管理。时人对此举的评论是："厂内工程管理，多由工程师、工务主任、公务员等任之，已无文场武场之别。权责既一，纠纷自少，虽尚未达科学管理及工作合理化之阶段。而于论工论货工资之厘订（并条、粗纱论亨司，细纱论木棍及重量计算工资），以及工人之训练考核（招募生手工，由教师就指定机台，专事训练按期考试），均有相当改进。"①

取消工头制，改为以职业经理以及工程技术人员为主体的管理体制也同样发生在其他纺织企业和其他行业，上海等工商业较发达的城市有相当一批公司企业逐渐建立起一些合理的企业管理制度和管理组织机构。新式会计制度开始在公司企业中逐步得到推广应用，同时现代会计师制度也在中国应运而生。但是，对于那些规模较小的公司企业来说，传统的、家族式的管理还是具有较大的市场；而且即使是在大中型的工业公司中，科学管理的推行也并不一帆风顺，而是遇有很大的阻力。②

与企业管理体制改革相呼应，新的民族工商业行业管理机制逐渐形成，并逐渐强化。

当时这类行业管理职能主要是由各类工商社团充当。北洋政府时期曾颁布《商会法》和《工商同业公会规则》，饬令各地筹建同业公会。1929年，南京国民党政府又新订《商会法》和《工商同业公会法》，规定对原有的会馆公所在一年内完成改组更名，还规定一地同业行号在7家以上时均要依法组建同业公会。民国年间颁布的上述法规，使得原有的会馆公所等纷纷改组，新型工商社团在社会上的法律地位进一步提高，组织和运作更加规范，有助于这类组织在更广大地区城镇的推广。到1933年止，全国同业公会数已达6 000家。其中，以工商经济较为发达的江苏、浙江两省为最多。其后，随着南方各省

---

① 陈真编：《中国近代工业史资料》（第四辑），生活·读书·新知三联书店，1961年，第283—286、99、97页。转引自张忠民：《20世纪30年代上海企业的科学管理》，《上海经济研究》，2003年6期。
② 详见张忠民：《20世纪30年代上海企业的科学管理》，《上海经济研究》，2003年6期。

工商业的发展，到 1938 年全国工商同业公会数已超过 1.3 万家。

新式商会、同业公会等工商社团一般都以会员大会为最高权力机关，由会员大会选举会董或委员等，再由会董或委员等推举会长等领导干部，各级选举遵循"依格选举，宁缺毋滥"的原则，按照民主方式进行，可以说这是中国新兴资产阶级走上政治民主化的开端。商会、同业公会经费主要来自会员缴纳的会费和捐赠，开支一般都有明确的财务制度管理，也体现了一种民主化、规范化的精神。与旧式公所、会馆等相比，同业公会等在活动机制上更注重规范化和制度化建设，办事讲究公开性、效率性。因此有学者指出，从行会到同业公会的转化，标志着工商同业组织近代化过程的基本完成。①这一转化，也意味着近代中国工商业行业管理机制的更新。

这些工商社团"以维持增进同业之公共利益及矫正营业之弊害为宗旨"②，都在不同程度上参与制定业内企业经营规章，实行行业管理，并经常与价格欺诈、哄抬物价、虚假广告和冒牌假货等经营行为进行斗争。它们作为内行，在反对假冒伪劣方面往往能收到很好的效果。1920—1936 年间，这些新式工商社团的行业管理功能逐渐强化，为改良企业的外部环境条件，维护同业利益，加强同外货的竞争，促进民族经济的发展，发挥了一定的历史作用。③

七、结　　语

吴承明先生指出，过去有一种定型的看法是：中国半殖民地半封建社会是一个向下沉沦的社会，直到 70 年代出版的近代经济史著述中仍"大都给人以一片凄凉、每况愈下的感觉"。他称这种历史观为"沉沦观"。他主张采用"发展观"，认为与政治和文化的进步相适应，中华民族的经济史是一部不断发展和进步的历史，其间有严重曲

---

①　彭南生：《近代工商同业公会制度的现代性刍论》，《当代史学评论》4 卷，4 期；樊卫国：《近代上海经济社会功能群体与社会控制》，《上海经济研究》，2001 年 10 期。
②　彭泽益主编：《中国工商行会史料集》（下），中华书局，1995 年，第 987、988 页；实业部参事厅编：《实业法规》，1933 年刊印，第 369 页。
③　例见黄汉民、陆兴龙：《近代上海工业企业发展史论》，上海财经大学出版社，2000年，第六章，第三节。

折，但即使在这种时代也有其发展和进步的一面。①本文是用吴老提倡的"发展观"重新考察1920—1936年间中国民族工业发展史的一个尝试。

本文对以往学术界有关1920—1936年间中国民族工业的观点提出了不同意见，认为从棉纺织、机制面粉、机器缫丝等民族工业主要行业的资本增长、生产能力增长、年产量、年利润率，整个工业资本年均增长率及工农业总产值等指标的比较研究来看，1920—1936年间并非如有些学者所说是"不断陷于危机和萧条"，而是可以称之为中国民族工业继"黄金时代"之后的"白银时代"。这一时代比"黄金时代"亦有明显进步之处，主要是在市场因素作用下，进行了主要包括生产和资本的集中、企业联合与企业集团的发展、企业管理体制改革和行业管理功能更新等方面的产业组织调整。

按照规模经济理论，生产的集中，规模的扩大，将有利于采用更先进的工艺，使用更大型的或专用的高效率设备，有利于实现标准化、专业化和简单化，有利于原材料的节约和充分利用，这些都将降低单位产品生产成本。企业规模的扩大，也有利于管理人员和技术人员的集中使用，更便于各司其职，发挥其专长，还有利于通过大量销售降低单位产品流通费用。这一理论在近代中国也完全适用，而且由于当时中国民族工业尚属于"幼稚工业"时期，工厂大多规模很小，所以加强生产和资本集中的内在要求更为迫切。荣氏兄弟能较早地认识到这一点，通过负债经营方式极力扩大企业规模，抢占先机以获取更多的规模经济利益，因而在棉纺织和机制面粉两大行业都成为近代全国首屈一指的"大王"。

近代中国还有一个显著特点，就是民族工业企业之间经营管理水平差异特别大，因此笔者认为经营效益好的企业通过兼并同业，不仅可获得上述诸方面规模利益，还可以把优秀的经营管理经验推广、移植到效益差的企业中，收到以优汰劣的经营效益。这一点也被许多史料所证明。

有关当时中国的企业联合与企业集团的发展、企业管理体制改革

---

① 吴承明：《中国近代经济史若干问题的思考》，《中国经济史研究》，1988年2期。

等的历史意义，近年来已有不少论著进行讨论。本文另提出行业管理功能更新问题，认为这也属于近代中国产业组织调整的重要内容。总的来讲，这几方面的调整都符合产业组织合理化的内在要求，都有助于提高中国民族工业企业的竞争力，使中国民族工业能与强大的外资进行抗争，在逆境中仍能生存并有所发展；而且当时的产业组织调整在有关规模经济的探讨、企业制度的建设及行业管理机制建设等多方面为后人积累了宝贵的历史经验，有着积极的历史意义。

新世纪农业现代化新路径探讨

　　农业是人类的衣食之源和生存之本，是人们从事其他活动的先决条件。农业的长期发展中，外部性因素作用不断加强，促使"三农"问题成为一个十分复杂而重大的经济、社会和政治问题；新世纪农业发展又面临资源紧约束的严峻挑战，仅靠老办法已经难以应对，我们需要在更广阔的视野上提出战略性思路。本文拟在新世纪农业现代化新路径方面做一些战略性思考，以求大家批评。

一、外部性因素及国家在农业发展中的作用

　　邓小平提出"农业的发展一靠政策，二靠科学"。笔者认为，这里所说的"科学"不仅包括以农学为中心的自然科学体系，也包括经济学等社会科学体系。自19世纪后期英国经济学家H.西奇威克[①]和A.马歇尔在其名著《经济学原理》中提出"外部经济"（External Economies）概念以来[②]，外部性（Externalities）理论经过一代又一代经济学家的发展，已成为现代经济学理论体系的一个重要组成部分。笔者认为，可以将外部性理论与农业长期发展趋向研究结合起来，有

---

① Henry Sidgwick, The principles of political economy, 2nd ed, London, Macmillan and Co.1887.在这部著作中亨利·西奇威克虽然没有提出"外部性"或"外部经济"这样的名词，但是他认为"个人对财富所拥有的权利并非在所有情况下都是他对社会贡献的等价物"，并用"灯塔"的例子加以说明。这是实际上是提出了个人收益和社会收益不相等的问题。

② 马歇尔：《经济学原理》，商务印书馆，1965年，第324—331页英文版出版于1890年。

利于为"三农"问题研究提供新的视角和新的分析工具。

在现代经济学理论体系中，所谓"外部性"也称外在效应或溢出效应，主要是指一个经济主体的活动对旁观者福利的影响，这种影响并不是在有关各方以价格为基础的交换中发生的，因此其影响是外在的；如果给旁观者带来的是福利损失（成本），可称之为"负外部性"；反之，如果给旁观者带来的是福利增加（收益），则可称之为"正外部性"。全体社会成员都可以无偿享受的公共物品，可以说是正外部性的特例。个体经济活动付出的成本和得到的收益可谓个体（私人）成本和个体（私人）收益，而这一活动带给旁观者的额外成本和额外收益就是社会成本和社会收益。"外部性"是市场失灵的主要原因之一。

我们以往在经济史研究中较多地谈论市场机制对资源配置的作用，而实际上外部性的存在也会对资源配置产生重要影响。如果一个经济主体的行为能够增进社会福利，而他自己却不能因此得到相应的收益，那么他就难以持久采取这类行为；反之，当一个经济主体的行为能够使其自身受益而又不需要支付由此带来的额外支出，那么他就会无所顾忌地扩大这种行为以至于遭到社会上的反对。上述经济主体的两种不同行为因其产生不同外部性而对资源长期配置产生重要影响。为了合理配置资源，增进社会福利，保持社会和经济可持续发展，必须解决外部性问题。同时外部性问题在经济制度的演进中也扮演重要角色，新制度学派的经济史理论认为"如果一个组织是有效率的，那么它必然通过一系列制度和产权，激励个人设法使自己的私人收益率接近社会收益率"①。也就是说，通过特别的制度安排，消

---

① Douglass Cecil North and Robert P. Thomas, *The Rise of The Western World: A New Economic History*, Cambridge University Press, 1973, p.1.英文原文为：Efficient organization entails the establishment of institutional arrangements and property rights that create an incentive to channel individual economic effort into activities that bring the private rate of return close to the social rate of return.注释：The private rate of return is the sum of the net receipts which the economic unit receives from undertaking an activity. The social rate of return is the total net benefit (position or negative) that society gains from the same activity. It is the private rate of return plus the net effect of the activity upon everyone else in the society.

除"搭便车"之类问题所造成的外部性，使作出贡献的个人获得的个人收益与其贡献所带来的社会收益相当，将形成激励，并提高整个社会的经济效率，使社会获得因外部性存在而损失了的潜在收益，因此经济制度的改进应该以消除外部性为目标。

经济生活中的外部性是广泛存在的。生产中养蜂人放蜂使果农收成增加，企业的技术发明被其他企业无偿引用等，都会产生正外部性，而化工厂向江河排放污水就会有负外部性，私人消费也会产生外部性，如吸烟、开车对空气造成的局部污染，半夜放音响给邻居带来的噪声等，都产生负外部性。实际上，经济主体之间存在着如此广泛的联系，任何一个经济主体的行动总不免给周边的第三方施加额外的利益或成本。

外部性问题在经济中如此重要，而又如此普遍存在，以至于有学者认为"广义地说，经济学曾经面临和正在面临的问题都是外部性问题"①。

农业生产周期长，资金周转慢，技术进步滞后，较强地依赖于土、水等自然资源，农业发展反过来又影响或改变自然、生态环境。农业经营往往以农户及小农场为主，单位规模较小，因此农业私人成本（或收益）与社会成本（或收益）的差距较其他产业为大；再加上农产品一般来说量大值低易腐，相对运费高，储存损耗大，农产品价值实现的难度大，使农业在交换中往往处于极为不利的地位，农产品市场供求波动所造成的危害远远超过其他商品。这些特征使农业在生产经营过程中容易被迫接受外部成本或流失外部收益，农业与外部性因素关系十分密切。

由于农业生产较强地依赖于自然环境的特点，在全人类农业文明曙光初现时，外部性因素就在发挥作用。古巴比伦、古埃及、古印度及古华夏四大文明都在大河流域兴起，都为了治水，不得不把水利工程作为公共物品，由规模更大的组织乃至于国家，来举办大型工程。此后，各种各样的水利工程，如中国古代的郑国渠、都江堰等，一直发挥着明显的正外部性作用，它们不仅有利于当时的农民，也惠及后

---

① 盛洪：《外部性问题和制度创新》，《管理世界》，1995年2期。

代子孙。历史上，负外部性在农业中发挥作用的例子也相当多。例如，谭其骧先生曾经指出，唐代及其后人们在黄土高原与黄土丘陵地带扩大垦种面积，扩大粗放农业经营，引起严重的水土流失，使得黄河下游的河床越填越高，洪水越来越集中，黄河流域陷于千余年水旱频仍、贫穷落后的境地。[①]谭其骧先生从历史上论证黄河中游的土地合理利用是消弭下游水害的决定性因素，他虽然没有用"外部性"概念，但是实际上指出了历史上不合理的农业开发所造成的巨大负外部性影响。

在农业大历史发展过程中，由于以下三大主要趋向，使得外部性因素在农业发展中作用呈不断加强趋势。

第一个趋向是由于社会商品经济的发展，农村自然经济逐渐解体，商品经济不断发展，城乡经济联系不断加强。在这一过程中农业专业化不断发展，以种植经济作物为主的棉农、菜农、果农等增多，他们的产品要大量出售，他们所需的粮食等要从市场上购买，农民与市场联系加强。这一过程不仅加强了农业内部的专业分工和相互依存，同时也促进了农业与工业、交通运输业和商业的密切联系，促进了农业生产的社会化。农业生产社会化程度不断提高，必然体现为农业生产同农产品的加工、销售以及同农业生产资料的制造、供应之间的联系日趋紧密，使得农民的当年收益及来年生产规划等更加容易受到千里以外其他地区有关农产品的交易或与农业相关产业市场变动的外部性（经济学家们较多地称之为"金钱外部性"）影响。

第二个趋向是随着人口的不断增长，人多地少的矛盾日益突出，使得农业适度规模经营困难加大。这一趋向不仅使得农业劳动生产率难以提高，而且也由于农业经营规模的缩小（例如农民大家庭分家后兄弟各自经营等，中国改革初期由原先的生产队经营分成农户各自经营也可以作为特例），使得田界纠纷、沟洫排灌矛盾等等增加，使原来同一经营单位的内部问题成为外部问题，必然加大了外部性因素的作用。

---

① 谭其骧：《何以黄河在东汉以后会出现一个长期安流的局面》，《学术月刊》，1962 年 2 期。

第三个趋向是生态环境趋于恶化，公害增多（从人类社会发展大历史看），这也必然加大了负外部性因素对农民生活、对农村经济的作用。古代的滥砍滥伐造成水土流失，洪水泛滥，使下游的众多小农遭遇飞来横祸。近现代这种情况就更多，例如，我国工业"三废"对农业环境的污染正在由局部向整体蔓延。2000 年全国因固体废弃物堆存而被占用和毁损的农田面积已达 200 万亩以上，8 000 万亩以上耕地遭受不同程度的大气污染，仅淮河流域农田因大气污染造成的损失就达 1.7 亿元。全国利用污水灌溉的面积占总灌溉面积的 7.3%，比上世纪 80 年代增长了 1.6 倍。

有学者主张解决"三农"问题必须推进市场化改革。而笔者认为，由于外部性因素在农业发展中作用呈不断加强趋势，必然加大市场失灵可能性；因此我们必须强调统筹城乡发展及统筹工农业发展，这又必然要强化国家的调控作用。国家与农民关系研究一直是政治学和经济学都要关注的重大问题。这方面如果结合外部性理论的有关分析，可以进一步突破"左"或"右"的路线斗争思维，超越姓"资"姓"社"的意识形态论争，使我们的研究更加理性。例如结合外部性理论的分析，关于国家给予大河流域上游"退耕还林"农民的补助，是对"退耕还林"正外部性的补贴，是合理的。再如，我们现在讲国家财政对农民要"多予少取"，笔者认为这对目前国家与农民关系来讲是很有必要的，但是仅这样讲不够，这不应仅停留在多与少的问题上，还应当加上"取之合理，予之有道"才行，才能可持续发展。而要做到"取之合理，予之有道"，结合外部性理论的有关分析。

《全国现代农业发展规划（2011 — 2015）》指出生产经营规模小，农业社会化服务体系不健全，组织化程度较低是制约我国现代农业发展的重要因素，提出要优化农业组织方式。[1]对贫困农民的帮助，不能光"输血"，还要帮助他们建立"造血"机制，在这一方面也要结合外部性理论及有关公共物品的理论。现代经济学体系中有关外部性理论仍有不完善之处，仍有待发展。笔者认为，应当进一步研

---

[1] 《全国现代农业发展规划（2011 — 2015）》，http：//www.gov.cn/zwgk/2012－02/13/content_2062487.htm。

究各类社会组织在解决外部性问题中所起的作用，在研究有关"三农"外部性问题的解决时，也要考虑农民的组织化，发展多种多样的农民组织有助于"三农"的发展。

二、资源紧约束——新世纪农业发展面临的严峻局势

当前中国关于国家与农民关系的讨论，往往涉及资源紧约束与耕地保护红线问题。《中国现代化报告2012——农业现代化研究》用确凿数据揭示世界农业资源紧约束实情。常言道：一方水土养一方人。中国在淡水和耕地等农业资源人均占有量方面都远远低于世界平均水平。中国农业发展面临的资源约束局势更为严峻。在中国这样人多地少的国家，土地更是日益成为制约经济社会发展的重要因素。

另一方面，工业化和城镇化加速发展，是实现中国现代化"三步走"宏伟蓝图的必要环节，亦是21世纪上半叶中国经济社会发展的强大推动力。但是中国现代化的进一步发展与工业化、城镇化用地日益紧张的矛盾无法避免，并且越来越尖锐。退耕还林等生态建设也减少了一部分耕地。仅1997—2003年7年间，我国耕地就净减少1亿多亩。就城镇化水平静态来看，中国目前略低于发展中国家平均水平，与全世界平均水平相差较大，与发达国家和地区相差更大。据动态发展趋势来看，国家《2006—2020年全国土地利用总体规划纲要》预测：到2020年中国的城镇化水平达58%，这将超过全世界平均水平。《纲要》提出，目前中国面临人均耕地少、优质耕地少、后备耕地资源少等突出问题，同时又提出至2020年应坚守18.05亿亩耕地红线的目标。2011年国土资源部下达全国城市新增建设用地指标只有600万亩，而各地上报国务院的用地计划高达1500万亩。2011年6月公布的《全国主体功能区规划》把"耕地减少过多过快"列为必须高度重视和着力解决的首要突出问题。

我国东部人多地少矛盾更为尖锐，过去10年北京常住人口以6.6倍于全国增速的速度扩大，天津、上海、浙江、福建、广东等省（市）人均耕地已不足0.7亩，东部沿海地带土地利用形势特别严峻。

关于中央坚守耕地红线的决定，北京天则经济研究所理事长茅于

轼教授有不同意见。他认为，用红线来确保 18 亿亩耕地是不必要，而且是有害的。[①]他认为粮食安全可以靠国际市场来保证。海尔地产集团董事长卢铿认为，中国不妨去学学新加坡，新加坡根本没有农业，周边都是敌人，但也在生存。[②]

我们对茅于轼和卢铿的意见有疑问：国际市场是多变的，易被操纵的；如果中国这样的人口大国没有农业，依靠国际市场能保证食品安全吗？资源紧约束、食品供给趋紧，是当今世界所面临的重要问题，中国更突出。如果说世界资源紧约束已发黄色警报的话，则可以说中国已发橙色警报；而如果中国没有农业，食品安全完全依赖国际市场，则世界市场就会改为橙色警报，甚至是红色警报。这样的话不仅会极大地冲击国际市场，恶化中国与其他粮食进口国关系，也将严重影响中国国家安全。确保耕地红线，确保足够的农业产出，应作为我国基本国策。

我国工业化、城镇化发展必然占地，死守 18 亿亩红线会使地价和房价暴涨，必须实行动态平衡。但是现在有不少地方搞的"占补平衡"，实际上是用差地代好地，大大降低了农业产出，这只是一种消极的动态平衡。我们仅靠老办法已难以应对新的挑战。在我国人口增长、城镇化快速发展的同时，我们应当实行增加农业产出的积极的动态平衡，而这又需要加快探索农业现代化的新路。

三、发展耐盐农业，迎接"万年变局"

确保 18 亿亩耕地红线，第一目的是要确保国家粮食安全，其次也要保证经济作物的产出。随着我国人民生活水平提高及人口的增长，纺织品的大众消费增速将会高于国民收入增速，确保耕地红线就难以避免粮棉争地的矛盾。因此，我们建议调整国民纺织品消费结构，少用棉花多用麻，相应的在耕地播种面积方面也应当少种棉花多种麻。

袁隆平院士担心 18 亿亩的耕地红线难保，他认为唯一的办法就

---

① http：//www.chinavalue.net/Group/Topic/27822.

② http：//www.news.winshang.com/news −91240.html 2011−7 −2.

是提高单产。2011 年 9 月 20 日央视《新闻 1 + 1》节目中袁隆平提出良种、良田、良法、良人是增加农业产出的基本条件，他认为良种是核心。

袁隆平院士的意见很有参考价值，宋代占城稻大面积引种，明代玉米、甘薯等美洲作物的引进，都较大幅度地增加了中国农业产出，证明了品种改良在农业增产中的核心地位。当代实行增加农业产出的动态平衡仍然要把品种改良（包括引进和培育新品种）放在核心地位。

考虑到中国一方面人多地少，很多地方淡水资源又将短缺，另一方面又有广阔的沙漠、盐碱地和滩涂，面临辽阔的海洋，所以我们在引进和培育新品种要有更开阔的视野，要参考著名未来学家约翰·托夫勒的观点。托夫勒认为 21 世纪将崛起海水灌溉的陆上耐盐植物和现代盐土农业，这些耐盐农作物将为人类创造巨额财富。他还预言现代盐土农业这类"以知识为基础资源"的农业"可能发展成为明天在经济发展中占最大优势的部门"。①

陆地动植物的祖先来自于海洋，现代陆地动植物多有耐盐基因，有极大的开发潜力。以此为基础的盐土农业不占农田，不争淡水，不施农药化肥，却能大大增加农业产出，造福中国人民。央视《新闻联播》曾以《巧用盐碱滩，种出新产业》为题，报道了江苏盐城市利用沿海滩涂发展种植海蓬子、海芦笋、海芹菜、耐盐甘薯、红柳、竹柳等盐土农业的情况。我国在海带、紫菜、对虾、扇贝、鲍鱼等养殖方面也已取得很大成就。海带、紫菜、对虾养殖可以说是盐水农业②。盐土农业和盐水农业可以合称为耐盐农业，发展耐盐农业可谓新世纪农业现代化的新路径。

中国耐盐农业刚起步，急需国家扶持。但是《全国现代农业发展

---

① 约翰·托夫勒编著：《第四次浪潮》，华龄出版社，1996 年，第 71 页。
② 《中国现代化报告 2012——农业现代化研究》称之为"蓝色农业工程"。我们认为未来 30 年中国仍将主要在黄、渤海黄水海域发展海带、紫菜、对虾、扇贝等养殖，因此还是叫"盐水农业"较好。

规划（2011—2015）》没有将其列入规划之内。①《"十二五"国家战略性新兴产业发展规划》列有"完善育种科学设施体系，加强生物育种技术研发和产业化，加快高产、优质、多抗、高效动植物新品种培育及应用，推动育繁推一体化的现代育种企业发展"等内容，但是在其生物农业产业发展路线图里也没有引进和培育耐盐农业新品种等。②因此我们有必要呼吁在总结以往成就的基础上，以更高的战略眼光，设立利用现代基因技术培育耐盐农业新品种的专门研究机构及有关实验基地，在引进和培育耐盐农业新品种、发展耐盐农业新组织上下大工夫，努力使耐盐农业向规模化、产业化发展，并结合海水灌溉近海沙漠的设想，使盐土农业在我国沙漠和盐碱地上取得丰硕成果。"十七大"报告号召"用现代科学技术改造农业"，利用现代基因技术的耐盐农业应是其中一重要方面，建议把发展耐盐农业补入有关规划之中。

发展耐盐农业，还有一个更大意义——迎接"万年变局"。晚清重臣李鸿章曾提出"千年变局"观点，他所说的"千年变局"实质上是指工业文明在全球的扩展。在这里，我们要提出"万年变局"的观点：

我们可在现代生物学的界、门、纲、目、科、属、种分类方法之外，另按生物生活方式作一分类，即A类——海洋生物，B类——海陆两栖生物，C类——陆地生物。1万多年前，人类社会由向大自然索取现成食物的采集、渔猎经济过渡到农业经济，由单纯的捕杀活动过渡到真正的生产，即通过培育动植物，使其大量"生"，而获得满足人类需要的产出，以此建立了农业文明。这1万年来农业所培育的动植物基本上是C类生物，人类对于A、B两大类生物仍然是沿用捕杀方式。《中国现代化报告2012——农业现代化研究》指出，1763年至1970年为世界农业现代化第一阶段。③我们认为，在这一

---

① 《全国现代农业发展规划（2011—2015）》，http：//www.gov.cn/zwgk/2012-02/13/content_2062487.htm。
② 《"十二五"国家战略性新兴产业发展规划》，http：//www.gov.cn/zwgk/2012-07/20/content_2187770.htm。
③ 何传启主编：《中国现代化报告2012——农业现代化研究》，2012年，第74页。

阶段，以捕杀方式为主的渔猎经济也在"现代化"，导致地球上不少物种灭绝，渔猎经济"现代化"不能持续。

现在新的"万年变局"正在来临。一方面世界人口不断增长，培育 C 类生物的传统农业因受土、水等限制已越来越难以满足人们需要（主张依靠进口解决中国人农产品消费问题者没有考虑到世界市场在这一方面的未来走向）；另一方面随着生态文明理念日益深入人心，捕杀鲸（A 类生物）、海豹（B 类生物）等活动日益受到国际舆论谴责。人类在新的"万年变局"中要逐步对 A、B 两大类生物进行农业生产，以海为田，变捕杀为牧养，变渔民为牧民，并培育耐盐 C 类生物，发展耐盐农业。发展利用现代基因技术的耐盐农业，还将为人类未来发展太空农业奠定坚实基础。

未来学家约翰·托夫勒将 21 世纪称之为"太平洋世纪"[1]，又认为 21 世纪耐盐农作物将为人类创造巨额财富。中国发展耐盐农业，可以说是托夫勒所说这两大趋势的一个交汇点。21 世纪正越来越受土地和淡水资源紧约束困扰的中国人，应当在发展耐盐农业、迎接"万年变局"方面走在世界前列。

---

① 约翰·托夫勒编著：《第四次浪潮》，1996 年，第一章。

天津与南通：近代中国港城发展的两类典型

在近代中国，一些港口城市的发展变化引人注目，这些港城的近代发展道路大致可分为"口岸模式"与"南通模式"两类。属于口岸模式的有上海、天津等。天津是近代中国仅次于上海的第二大口岸城市，其"工不如商"的程度及港口建设受外来影响的程度比上海更甚，所以选择天津作为口岸模式的代表。自古以来，天津与南通一个"地当河海之要冲"，一个"据江海之会"，早期城市聚落的兴起都与所据水路要道位置密切相关，这从两城命名上也可看出。它们不仅在当代同属中国对外开放前沿城市之列，在近代，也都是中国发展较快的港口城市。但在近代中国半殖民地半封建社会条件影响下，分别走上两条不同发展道路。如果将这两个近代城市经济发展、港口建设与腹地间的交通等方面有关史实比较研究，会得到有益启示。

一、关于城市经济发展

天津港口水域、气候等自然条件不如南通，天津港冬季结冰封航，海河泥沙淤积十分严重，船只出入港非常困难。但"地当河海之要冲，为京帅之门户"的特殊地理位置被外国侵略者看中，他们发动第二次鸦片战争，迫使清政府签订了包括开放天津口岸在内的不平等条约，从此天津逐步沦为列强胁迫北京、侵略华北的基地。在经济上，外国势力首先组成洋行——买办商业网，发展和垄断了天津的进出口贸易，天津进口以生活消费资料为主，出口以工业原料及农产品为主，是典型的"殖民贸易"性质。从 1873—1913 年间，天津洋货年进口值增长了626%，土货年出口值增长了近30倍，成为中国仅次于上海的第二大口岸。一些外商银行也纷纷在津设分行，为进出口贸易服务。甲午战争后经营中国政府的赔款、贷款，控制中国财政，并在中国发行纸币，操纵金银与外汇，极大地控制了中国贸易和金融。由于贸易、金融、交通发展，使天津逐渐增添了提供生产资料、销售市场、资金周转等便利，天津工业也很快发展起来，主要有外贸加工、面粉、纺织、地毯等工业。这些又促进了天津国内贸易与华商金融组织的发展，由进出口贸易带动了整个近代城市经济发展，逐步成为华北经济中心。

天津近代城市经济发展虽快，但这是在外国资本侵略和控制下的畸形发展。外国资本把天津作为向华北倾销工业品和掠夺农牧矿原料的基地，在津投资偏集于进出口工业及进出口服务的金融、航运等业。即使在1936年天津工业已有极大发展时，各国在津投资总额中工业只占17.2%，而进出口业及金融业比重占73.8%，加上航运业则近80%。这种工商业比例严重失调的投资构成，对天津城市经济结构产生很大影响，天津民族资本也是工不如商，据统计1932年天津本国银行存款总额4亿多元，贷款总额2.78亿元，而1933年全市工业总产值才为0.97亿元，天津本国银行对商业贷款总额超过工业总产值1倍多。这是天津民族工业已有较大发展后的情况。另据日本工商会议所调查，1935—1936年纺织、卷烟两业合占天津工业生产总值的63%，而其中天津六大纱厂中有4个已被日资吞并，天津卷烟生产长期为英美烟公司天津烟厂垄断。外国资本还垄断了天津工业用煤的供应，独占了电力，至于机器设备和一些重要工业原料也都依赖外国进口，天津近代民族工业比重小，有很大的对外依附性。

南通经济近代化起步较迟，约始于甲午战争后张謇创办大生纱厂之时，大生纱厂就地购棉，就地销纱，与周围乡村植棉业、手织土布业紧密结合，获得甚丰。这使张謇得以将所获利润不断转化为资本，创办新企业，至1923年，已由原大生纱厂一个厂42.8万两（规元）的资本，发展为棉纺织业四个厂共708.4万两资本，食品工业四个厂共85.9万两资本，机器等工业40.2万两资本，交通运输业100.6万两资本，金融、海外航业与贸易业共234.1万两资本，还有其他诸如电话、电灯、房地产等企业，多集中在南通，总共大生企业集团城市经济部分（不包括盐垦投资）总资本达 1 244 万多两，其中棉纺织业比重占一半以上，其他如交通运输、机器工业等也是为适应棉纺织业需要而建立的。油厂、面粉厂是为了综合利用纱厂的下脚和剩余动力而设，染织、印刷、房地产等业也是为纱厂服务的。

大生纱厂的开办，加速了南通手织业原料用机纱取代土纱的过程，使南通土布质地更好，产销量大增，促进了手织迅速发展。大生开办不到四年，南通仅关庄布全年运往东北的总数就突破了 15 万件大关。棉纺织业的发展带动了南通其他相关各业的发展。20 世纪 20 年代南通仅城区就有专业纱店、纱号 40 多家，有一些钱庄亦兼营棉纱，在乡区集镇还有 60—70 家纱店。布庄、染坊、颜料行、钱庄等在本世纪初发展也很快。近代城市经济发展必须伴有较发达的社会文化设施，张謇以私人名义或由大生等企业资助、垫款等形式，创办了南通师范学校、博物苑、纺织专门学校、农学校、气象台等，"张謇创立了大生企业系统，大生企业系统造就了一个近代工业城市——南通"。

张謇创办大生之时，就欲开垦通海沿岸荒地以兴植棉。保障纺纱原料的供给，1901 年他创办通海垦牧公司，以此为起点，20 年间陆续发展到 40 余家盐垦公司（其中约有一半属大生系统，资本总额 1 644 万元），开垦了约 2 000 万亩海涂滩地，年产棉花 60 万余担。后来大生纱厂又花了约 15 万元推广改良棉种。这些都促进了南通附近农村植棉业的发展。

南通近代民族工业的成功，在于利用农村植棉业和手织业这两个传统经济中的能动因素，而近代民族工业的兴起又推动农村植棉业和手织业的发展，形成城乡经济互相促进、一荣俱荣的密切关系。著名经济史学家吴承明先生称之为"南通模式"，认为"这种以大工业为中心，以农村为基地的区域或乡土经济发展路线，不失为中国式的近代化途径式之一。它比之那种以洋行为中心、以租界为基地、脱离农村以至于对立于农村的口岸经济发展路线，应当有更广阔的前途"。

但是经济发展经常受政治、社会等条件所制约。在当时中国半殖民地半封建社会条件下，天津作为外国资本伸向华北的"吸血管"管口，能够更多地分享外国资本从广大内地农村所吸"血液"的滋润及得到国内外数以亿计的投资。而南通经济发展、城乡建设等主要靠相对弱小的地方民族资本推动，大生企业系统最兴盛时总资本额也仅3 000多万元，距天津相去甚远，资本不足一直是张謇等实业家极为苦恼的问题。1931年日军侵占东北，又使南通土布失去东北市场，给整个南通经济以沉重打击。南通近代经济发展在规模上就比天津小了很多。

二、关于港口建设

两个港城近代经济发展的特点，势必对各自港口建设产生深刻影响。近代港口建设需要较多的投资，天津在这方面就比南通优越得多。天津港早期码头集中在三岔口一带。开埠后不久英、法、美等国抢先在海河西岸紫竹林一带占租界、筑码头，使外国轮船可以直接进入海河停泊。据海关关册记载，1861年5—12月就已有94艘轮船在此停靠，1863年全年已增至134艘、3.6万多吨位，1895年达688艘、61.7万多吨位。资本雄厚的英商怡和和太古两个洋行在英租界设有专用码头和大型仓库，垄断了天津港的航运。1872年后中国轮船招商局也在紫竹林一带设置码头，用轮船海运漕粮至津。租界码头的兴起，使天津航运中心由三岔口转移到紫竹林租界，使轮船逐步排挤木船，使外国人垄断了河坝收入。同时，天津海关实权被英国人把持，清廷又授权海关兼管各港港务，使得天津等港的港政、航权被外人篡夺。

19世纪末西方列强开始进入帝国主义阶段，它们在经济上更加依赖国外市场和原料，要求迅速扩大天津口岸贸易，改善天津港原有条件。天津港口建设在这一时期有了较大发展，其一为随着天津外国租界猛烈扩张而来的租界码头大扩建，其二为塘沽新港区的建设和发展；其三是海河航道淤浅问题的解决。这也是当时天津港进一步发展的关键。

19世纪末海河淤浅问题日益严重，以至1898年"没有一艘轮船能驶抵租界河坝"，1899年只有两艘轮船开抵租界河岸。治理海河成为天津外商急于解决的大问题。不久八国联军侵华，把"整治海河"

订入《辛丑条约》，规定中国政府每年拨银 6 万两作为整治海河经费，并组织洋人把持的"海河工程局"负责整治，治河经费除中国政府拨款外，主要来自天津海关加征的河捐、桥捐、船税等，工程急需时也发行过几次公债，公债本息由以后加征的捐税偿付，这实际上就是列强用暴力迫使中国政府和商民拿出大量金钱来克服天津港自然条件差的弱点，以适应天津口岸贸易的需要。

整治海河工程取得了较好的成就。1902 年秋季"远洋轮船可以自由航行到租界河坝"，1903 年有 333 艘远洋商船开到租界河坝，海河工程局持续工作了几十年，不断改善天津港条件，在它成立之前天津港航运记录年总吨位没有超过 80 万吨的，而工程开工不久，至 1906 年已超过 100 万吨，1924 年达 202.5 万吨，使天津港基本适应天津口岸贸易不断发展的需要。

南通港接近长江入海口，是江海河直达中转的枢纽，深水岸线长 20 公里，航道微冲不淤，无须疏浚，万吨级海轮可终年直驶靠泊，蕴藏着巨大的运输潜力，但是过去长久未被开发。19 世纪后期外商轮船途经南通时，因没有码头停靠，只得停泊在南通芦径港江面上，在当地组建"代理行"，用木船将客货送上轮船，1900 年大生纱厂曾租一只小轮运货，后来张謇又成立轮船公司经营南通与上海等地之间的水运业务。由于当时没有新式长江码头，轮船只能停泊江心，客货由木船过驳，效率低，危险大。新式长江码头的缺乏，成为当时南通经济发展的严重障碍。张謇等一再向清政府提出建造码头、自开商埠等申请，清政府议定南通天生港为"起卸货物不通商之口岸"。1906 年张謇招股集资，从大生纱厂公积金中借拨 10.5 万两资金在天生港建造新式码头。原计划集资 40 万两，实际只集得 2.52 万两，鉴于股金严重不足，港口建设规模不得不缩小。当时建成石码头三座，其中东、中两码头有栈桥、趸船等附属设备，设立天生港大达轮步公司经营管理，以后又添筑仓库等设施。结束了南通沿江近海港口无码头的历史，标志着南通港已进入近代。

天生港码头建成投入使用后，客货运输量不断增长，促进了南通 20 世纪初期的经济繁荣。大达轮步自身也能从盈利中还清借款，积累资金扩大生产规模，形成南通近代经济发展与港口建设相互促进的好局面。而当第一次世界大战后帝国主义势力卷土重来，南通地方实业深受其害时，港口基本建设也不得不随之停顿。

天津近代港口建设能得到国内外大量投资，仅 1898—1905 年 7 年间用于海河工程的款项就达 130 万余两。至于历年用于建造码头、仓库等设施的资金更难以统计。相比之下，南通近代港口建设的投资就少得可怜，而且主要来自于地方民族资本，当江岸遭受江流冲刷，威胁沿江各港时，官府也不理睬民众的多次恳请，仍然要靠张謇等带领地方民众自筹资金保坍。南通港的大规模建设、运输潜力的进一步开发等，无人过问。

三、关于港口与腹地之间的交通

天津和南通近代经济的发展、港口建设，都与港口—腹地之间交通条件的改善密切相关。过去天津港与华北腹地之间的交通，除海河水系中下游一些航道外，大部分地区货运靠牛马车、骆驼等，既慢又贵，运量小，还易受气候影响。外商急于扩大华北内地及中国其他边远地区市场，认为对华贸易的真正障碍在于缺乏铁路，"公使们、领事们以及一切能够有机会跟中国任何种官员说话的外国人总是这样或那样地吹嘘铁路在军事上和经济上的优越性"。1894 年前清政府修筑了由天津至山海关的津榆铁路。甲午战争后西方列强争先恐后掀起了掠夺中国路权以扩大势力范围的高潮，由天津向东北、华东、经北京往西北、中原的铁路网很快建成。这些铁路多由外国资本控制。铁路运输安全、迅速、量大、价廉，受气候影响小，所到之处原来依靠畜运的货流及一部分水运货流都被铁路吸引过来，很快就担负了天津—内地运输的主要部分，1906 年天津—内地货运比重铁路占 48%，至 1913 年上升为 55%，而水路、大路（畜运）比重都在下降。通过西北羊毛等土产出口要先花几天至几十天从各路集中到归化（今呼和浩特）、张家口，再运至通县，然后水运至天津，通县以上陆运主要靠骆驼，往往因缺骆驼，货物滞留归化长达半年之久。在这期间市场行情可能发生很大变化，而且存放日久，货物也易受损。铁路发展后，西北土产用骆驼运至最近的火车站即可铁运至津，使过去驼运紧张状况缓解，西北土产出口大大增加。铁路的出现，适应了列强扩大中国内地市场的需要。在华北铁路发展较快的 1893 — 1913 年间天津港洋货年进口总值增长了约 290% ，土货年出口总值增长了 424.5% 。20 世纪初华北内河小轮运输、公路运输也都发展起来，使天津至华北腹地间的交通条件进一步改善。

工商业的兴旺，使南通港与苏北腹地之间的交通也日益繁忙起来。张謇认识到要发展经济与文化，交通必须先行，"交通为文明发达之母"。他利用南通腹地河道纵横之优势，于 1903 年创办大达内河小轮公司，用小火轮运送客货于南通与江淮平原各地之间。因一些河道久失疏浚，航行不便，张謇又创设泽生水利公司，用民办企业形式办理疏浚河道、建闸造桥等事宜，不仅使航道通畅，还兴修了水利。内河小轮比木船迅速而稳妥，大达内河小轮公司因而能适应地方经济发展的需要而不断发展，至 1918 年已拥有 30 — 40 匹马力的小轮 20 艘，拖船 15 艘，开辟了南通连接苏北各地的 10 条航线，对天生港进出口货物的集散提供了有力的保证。南通很快成为苏北内河航运中心。

张謇等还从 1905 年起筑成天生港至唐闸（大生纱厂所在地）、天生港至南通城、唐闸至南通城等几条公路，这在全省是个创举。1920 年由张謇首倡、县政府组织的群众性集资筑路高潮在南通兴起。为保证筑路工程顺利进行，张謇带头捐洋 500 元，并从大生企业中拨巨款相助，两年间筑成公路 500 余里，占当时江苏全省公路的 66.8% 。这些公路又不断向苏北其他地区延伸，与水道交织成苏北水陆交通网络，对繁荣经济作出了必不可少的贡献。水路、公路的畅通，使苏北各地客商纷纷前往天生港进出货物，港口各报关行、转运行、鸡鸭行等亦应运而生，天生港成为苏北水陆交通枢纽。

当时政府曾拟将陇海铁路向东南延伸至南通，但终未成。南通地方民族资本也无力修筑铁路，致使南通一直缺乏这一更为先进的交通手段。第一次世界大战后，国内外资本在本来就十分狭窄的中国市场上展开激烈竞争，中国棉纺织品处于十分不利的地位。此时上海、无锡等地纱厂尚可得铁路之便，缩短产品流通和信息反馈周期，挣扎图存，而南通因无铁路更处劣势，这也"加速了大生企业系统的中衰过程"。

四、结　语

从上述史实比较中我们可以看出：

港口及港口城市的发展，不仅受其地理位置、水域、气候、地形等自然条件的制约，还要受政治、经济等社会条件的制约。天津和南通在近代之所以走上两条不同发展道路，与当时中国正逐渐加深半殖民地化的社会条件有关（联系大连、青岛等港城发展史实，天津与南通进入近代时的起点差异不是重要因素）。当时西方资本主义正在加紧侵略和掠夺包括中国在内的落后国家，它们不能一口把偌大的中国吞掉，只能选择一些沿海口岸作为据点，逐步扩大侵略。天津因其独特地理位置被选为这样的据点之一，在经济上必然以殖民性外贸为龙头，"走上以洋行为中心，以租界为基地，脱离农村以至于对立于农村的口岸经济发展路线"，这种经济发展路线对天津港口建设与腹地交通等产生深刻影响，成为"口岸模式"的典型。南通因附近的上海已成为列强侵华据点，对南通这样的"外围"就暂以洋纱等商品侵入为主。洋纱对土纱的排挤，由上海传来的西方先进技术，甲午战争失败后民族救亡运动高涨，清政府被迫放宽对近代民族工业限制并转而采取某些鼓励工商业的措施等，为南通发展近代民族工业创造了一定条件。南通近代民族工业与农村植棉业、手织业密切结合，带动了整个南通经济、港口建设、腹地交通等各方面的发展变化，形成"南通模式"。张謇这样的有远见卓识的爱国实业家，对"南通模式"形成和发展起了积极作用。在当时半殖民地半封建社会条件下，天津那种"口岸模式"虽是一种严重失调的畸形发展，但受帝国主义的庇护，规模不断扩大。天津港尽管自然条件较差，因能得到大量投资，用大量金钱筑成近代大港。而"南通模式"虽然有其内在合理性，一度发展较快，终因帝国主义压迫的加重而衰落，南通港优越自然条件所蕴藏的巨大运输潜力受当时社会条件制约不能得到较好的发挥。

近代天津和南通这两港城，虽然走上两条不同道路，但也有一重要共性：城市经济、港口建设、港口—腹地交通这三者密切相关。经济发展增加了对后两者的需求，也给予后者发展以必不可少的投资。南通目前运输结构仍然缺乏铁路。铁路运输是我国货运主要方式，有其他运输方式暂时还不能完全替代的长处。修建铁路，使南通与苏北腹地、与全国铁路网点的联系更加紧密，对于南通的繁荣、苏北的开发、南通港运输潜力进一步发挥十分重要。

近代中国货币、物价与 GDP 估算

20 世纪 80 年代以来，吴承明先生曾多次强调经济史研究中计量方法的重要性，他希望在有关经济史的研究中"凡是能够计量的，尽可能作些定量分析"①。计量方法的运用，可以帮助我们在经济史研究中更好地展开横向的国际比较和区际比较，也可以帮助我们更好地进行纵向的异时段比较，可以使我们对经济史中许多问题的认识不断深化。经济史研究中计量分析有多种，其中 GDP（Gross Domestic Product，国内生产总值）是衡量历史上国民经济发展情况的重要指标，能更好地进行纵向及横向的比较研究，有关 GDP 的估算及相关研究最能考验研究者的综合能力。《中国经济史研究》编辑部召开"中国经济史中 GDP 估算的资料来源与理论方法研讨会"很有意义，希望通过这次会议加强学术交流，促进经济史研究中计量分析的运用。

一

GDP（国内生产总值）是指在一定时期内一个国家或地区的经济中所生产出的全部最终产品和劳务的价值，GDP 估算要求在收集整理较为系统全面的一定时期内经济统计资料基础上进行综合估算，难度较大，尤其是历史上的 GDP 估算。一般来讲，历史越久远，进行 GDP 估算收集经济统计资料的难度越大。所以关于中国现代 GDP 估

---

① 吴承明：《市场·近代化·经济史论》，云南大学出版社，1996 年，有关章节。

算，既有中国国家统计局的一整套数据，又有世界银行的估算，还有联合国有关机构的估算，可以多方参照，而关于中国古代、近代的GDP估算则相形见绌。

国际经合组织发展中心前首席经济学家安古斯·麦迪森曾运用实际购买力的计算方法，对中国从汉代以来的GDP作了估算。从1995年夏季开始，日本政府文部省以一桥大学的研究团队为核心，组织有关亚洲（包括中国）长期经济统计的研究（简称"COE"项目），按其计划最终成果将包括近现代中国GDP估算。

近年来从事古代经济史研究的中国学者知难而上，获得了一系列重要成果：管汉晖估算了明代GDP[1]；刘光临测算了宋明间国民收入的长期变动[2]；2010年7、8月有刘逖的《前近代中国总量经济研究》和李伯重的《中国的早期近代经济——19世纪20年代华亭—娄县地区GDP研究》两部重量级专著问世。刘逖通过对1600—1840年中国人口、耕地、农业产出、第二产业和第三产业的产出等经济总量进行较为细致的考量，认为麦迪森的宏观数据存在较大随意性和误差。刘逖估算结果和以往麦迪森等人的乐观估算不同：1600—1840年这240年中国实际GDP的增长十分有限，年均增长率只有0.18%；中国经济发展水平显著低于欧洲国家，中国GDP占世界GDP的比重，1600年为1/4，19世纪20年代降为1/5，1840年不到1/5。中国人均GDP在1600年时大约为英国的40%；1820年不到英国的1/5，略超过美国的1/4；1840年为英国的16%，美国的1/5。从整体上看，从1600年至1840年，中国和欧美国家人均收入差距在不断扩大。[3]李伯重对19世纪20年代华亭—娄县地区农业、工业和服务产业进行计量分析，在此基础上展开华娄地区GDP估算和HDI评估及与19世纪初荷兰进行国际比较。李伯重估算结果：19世纪20年代华娄地区GDP大致为1 350万两，人均GDP为24两；19世纪初期的华娄城市化水平很高，"过去那种把19世纪初期的华娄视为农业社会的看法，确实是不符合事实的"；华娄的国民财富分配比荷兰更为公平，华娄

① 管汉晖：《明代GDP试探》，清华大学经济管理学院博士后报告，2007年。
② 刘光临：《宋明间国民收入长期变动之蠡测》，《清华大学学报》哲社版，2009年3期。
③ 刘逖：《前近代中国总量经济研究》，上海人民出版社，2010年，第131、149—150页。

经济比严重依赖投机性的海外投资和海外掠夺的荷兰经济更为健康；而 1820 年以前华娄的 GDP 比 19 世纪 20 年代华娄的 GDP 要高出近 30%，"对于华娄经济而言，19 世纪 20 年代确实是一个大衰退的时期"[①]。

从事古代经济史研究的中国学者所作上述重要成果，可为从事近代经济史研究的中国学者提供可贵借鉴，同时也是对近代经济史研究者的鞭策。

二

进行长期经济统计研究及 GDP 估算，以便为更深入地进行经济史的定量分析，更好地考察中国经济长期增长情况及发展趋势打好基础，这已是中国经济史研究迫切需要解决的前沿课题之一。与现代和古代史研究状况相比，中国近代经济统计研究及 GDP 估算已成为薄弱环节。近代上接古代、下连现代，考察中国经济长期增长情况及发展趋势必须加强近代史研究薄弱环节，为此笔者建议立即开展《近代中国经济统计研究》项目工作。这一项目成果应当包括"两库一丛书"。

以往有关中国近代经济统计资料虽然十分零散，但是只要我们认真去搜集，还是能收集到不少有用的资料。前辈学者巫宝三、梁方仲、严中平、刘大钧、吴承明等在中国历史统计方面所作的努力，可以为我们提供较好的基础条件，尤其是巫宝三、刘大中、叶孔嘉等关于 1933 年中国国民所得的研究，及 1955 年出版的严中平等编《中国近代经济史统计资料选辑》，为研究者提供了便利。但是刘大中、叶孔嘉和巫宝三作出的结果差别颇大，且时间较短；《选辑》数据多为五年平均数，过简，系统性不够，且当时没有电子计算器或计算机这类高速运算工具，难免有计算失误等。我们在重建历史数据方面仍然需要做大量工作。

至于如何重建历史数据，笔者认为应当建立两套数据库，缺一

---

① 李伯重：《中国的早期近代经济——1820 年代华亭—娄县地区 GDP 研究》，中华书局，2010 年，第 251、271、276、278 页。

不可。

我们首先需要广泛收集近代历届政府、科研人员及其他组织编制的各类经济统计，以及各类官书、方志、笔记等所记载的经济数据信息，保留原数据并注明来源（以便今人及后人考查），进行适当分类，整理成一整套近代中国经济统计数据 A 库。例如，对于近代历年海关关册中的进出口贸易统计，我们可以分类汇编起来，但是要保留原关册贸易统计数据。

我们再在这一套数据 A 库基础上，通过对近代政府机构及其他组织编制各类经济统计时所用方法、资料来源等进行审慎考证。日本 COE 项目在统计资料甄别和整理方面的一些经验和方法，例如其国民经济核算组在推算近代中国国民生产总值时所用的相关法、趋势法、综合法、指数法和比例法等估计推算方法等，可以为我们提供宝贵借鉴。我们应当尽最大可能收集以往有关近代内外贸易、财税、货币金融、交通物流、工农业和国际收支等统计资料，查寻资料来源，辨析统计方法，参照其他史料，进行认真细致地考证，去伪存真，并根据新搜集的其他资料，用科学插值法进行补充和修正，整理编制成一系列新统计表。例如，在对外贸易方面通过对 A 库里的进出口贸易统计用科学方法进行修正补充，编制成一系列新统计表，其中既有历年各大口岸进出口贸易量值统计、历年对主要国家进出口贸易量值统计、主要进口商品量值统计、主要出口商品量值统计等，又有全国进出口贸易总表等。其他部门有关统计数据的修正亦应认真细致考证，去伪存真，并用科学插值法进行补充和修正，整理编制成各部门系列新统计表。

我们还应当再作进一步分析，例如在对外贸易方面进行贸易平衡分析、贸易增长分析、进出口商品结构分析等；又如在近代交通物流方面既有历年各通商口岸进出轮船只数吨位统计、历年内河轮船帆船只数吨位统计、历年中国轮船吨级分类统计、历年铁路建成里程统计、历年铁路车辆增加情况统计、历年铁路各主要干线货车利用状况统计、历年铁路客货运输量统计、历年铁路客货运输成本与收入统计、历年公路客货运输量统计等，可进一步作各类运输方式的比较、中外交通业资本比较、交通运输业新旧更替分析、新式交通运输业发展与工业化关系分析等。在各行业各部门统计集成基础上再进行各阶段资本形成、经济增长与结构演变等分析，并进一步讨论所研究行业或部门在整个国民经济发展中的地位，诸如分析铁路和公路两大近代陆运方式与水运方式的互补及替代关系，其对中国现代化进程的作用等。因为近代中国自然经济仍占很大比重，从事古代经济史研究的学者在关于自然经济部分估值的方法，可为我们从事近代经济史研究者提供可贵借鉴，我们必须对自然经济部分作适当估值。我们再将这些经过甄别、修正、插值、估值形成的新统计表，以及进一步的计量分析等，汇集成另一整套近代中国经济统计数据库 B 库。

在两套数据库建设的同时，建议分部门将定量分析与定性分析很好地结合起来，进一步进行综合研究和国际比较，讨论所研究行业或部门在整个国民经济发展中的地位，例如在交通物流方面，分析铁路和公路两大近代陆运方式与水运方式的互补及替代关系，其对中国现代化进程的作用等。这一系列研究成果汇集为《近代中国经济统计研究》丛书。

这是一项规模较大、多学科结合、填补学术空白的基础性研究工作，所建设的两套数据库及系列分析等将有较大创新意义，将为学界在经济学、历史学、统计学等方面后续系列研究提供坚实的基石。

三

《近代中国经济统计研究》丛书，拟分《对外贸易和国际收支》、《财税》、《通货与金融业》、《矿冶业》、《重化工业》、《轻纺工业》、《建材、建筑业》、《农业》[①]、《交通物流业》、《商业及其他服务业》、《物价》、《人口和劳动》、《综合》等卷，其中有些卷将视篇幅大小分为上、下卷或上、中、下卷。受李伯重对 19 世纪 20 年代华娄地区工业计量分析的启发，再对照巫宝三等关于 1933 年国民所得的研究，笔者初步认为以往关于近代中国工业产值的估算很可能低估了建

---

① 指大农业，包括林业、牧业、渔业和养殖业。

材、建筑业产值，应当将《建材、建筑业》单列成卷，要广泛收集资料，花较大篇幅探讨乡镇及农村建筑实情。

《综合》卷是在前面讨论基础上，使用 SNA（国民账户体系）进行综合计量研究，以利于横向国际比较及纵向历史比较，为此《综合》卷将以生产法为主，辅之以收入法和支出法，估算中国近代历年 GDP、人均 GDP 等综合性指标，并进行分历史阶段、分地区的考察；还将进行各阶段资本形成、经济增长与结构演变等分析，再作国际比较研究。《综合》卷将是整个项目收口的关键，应具有画龙点睛功效。

四

GDP 是一个市场价值的概念，各部门最终产品的市场价值又都要用货币来衡量，GDP 估算与货币、物价研究有着极为密切的关系。近代中国各阶段各地区各类物价变动极为复杂，特别是 20 世纪 40 年代恶性通货膨胀时期物价飞涨，名义 GDP 与实际 GDP 变化轨迹相差极大，所以进行中国近代 GDP 估算一定要特别重视物价的实际变动，否则将会有很大误差。上述"两库一丛书"要重视物价资料的收集、考证和相关分析。王玉茹曾编制了 1867—1937 年中国批发物价总指数表，作出了重要贡献，其成果为刘逖等学者所引用。但是王编 1867—1937 年中国批发物价总指数前一段系唐启宇指数，后一段系沃尔赛姆指数，[1]而对这两段指数的追踪考察发现问题很多，尤其是唐启宇指数实际上是唐编晚清海关进出口物价指数，仅进出口物价而言这一指数就存在较多问题。20 世纪 30 年代，由何廉领导的南开大学研究团队在历年海关关册统计数据基础上，经过繁杂的计算，编制了 1867—1936 年中国进出口物价指数。[2]南开这一套指数以后几经修改，前后发表的数据有较大出入。南开指数发表 20 多年后，姚贤镐另行编制了 1867—1894 年进口物价和出口物价指数，并据此对

---

① 　王玉茹：《增长、发展与变迁——中国近代经济发展研究》，中国物资出版社，2004年，第 154 页。
② 　孔敏主编：《南开经济指数资料汇编》，1988 年，第 375—376 页。

1873—1894 年中国进出口价格变动的剪刀差作了分析。[①]70 年代又有海外学者侯继明根据 1904 年后海关实行的进口起岸价和出口离岸价，对南开指数进行了部分的调整。[②]后来台湾学者王良行在进行近代上海贸易条件研究时就根据侯氏指数计算。[③]我们应当博采众长，经过更加细密计算，编制出更加合理的近代中国进出口物价指数。另一方面，虽然晚清进出口物价对全国批发物价有很大影响，但是直接用其代替批发物价总指数也是不妥的。因此，我们仍然须花大力气多方收集资料。清代粮价资料弥足珍贵，可资利用。刘逖在估算 1600—1840 年综合物价指数时，取米价权重为 75%，金价权重为 25%。[④]笔者认为，这一思路可供我们参考，清后期粮价应当比进出口物价在综合物价指数中占有更大的权重，民国时期进出口物价的权重应当增大。此外，近代北平社会调查所、南开大学、金陵大学等学术机构，很多政府机构等都有关于各类物价的统计调查，近代很多方志、笔记、经济期刊、有关年鉴等都有物价资料，彭凯翔认为"民国时贤已在估测整理一般物价指数方面做了不少有成效的工作"[⑤]，我们应当好好利用这些工作成果，应将多方收集的近代物价资料列入 A 库，再将经过考证、插值、初步分析得出的有关物价统计表（包括重新编制的近代中国综合物价总指数表）列入 B库，丛书《物价》卷则开展定量分析与定性分析结合研究。

物价变动受货币供求关系制约，近代中国货币运动也是十分复杂的，为此《通货与金融业》卷将花大力气进行这方面研究。笔者认为，刘巍、燕红忠等在近代中国货币供求方面作出了重要贡献[⑥]，但是狭义货币理论难以很好地分析复杂的近代货币运动，应当用广义货币理论分析，由于篇幅有限，对此将另文阐述。

① 姚贤镐：《中国近代对外贸易史资料》（第三册），1962 年，第 1641 页；姚贤镐：《19世纪 70 年代至 90 年代中国对外贸易发展趋势》，《中国社会经济史研究》，1987 年 1 期。
② Chi-ming Hou, *Foreign Investment and Economic Development in China*, 1973, 第 198 页。
③ 王良行：《上海贸易条件研究，1867—1931》，《近代史研究》，1996 年 3 期。
④ 刘逖：《前近代中国总量经济研究》，上海人民出版社，2010 年，第 130 页。
⑤ 彭凯翔：《清代以来的粮价》，上海人民出版社，2006 年，第 154 页。
⑥ 例见刘巍：《经济发展中的货币需求》，黑龙江人民出版社，2000 年。

东方尼德兰

——中国现代化新增长点

中国现代化的进一步发展与工业化城镇化用地紧张的矛盾日益尖锐,中国早期现代化前驱张謇开创苏北盐垦事业的探索为解决上述矛盾提供了一个可行的方案。张謇开创苏北盐垦事业可谓江苏沿海现代化的先声,而现代的人们应当学习张謇组织大公司围海造田的经验,打造东方"尼德兰",江苏沿海将成为21世纪上半叶中国现代化事业发展的新增长点。

一、工业化城镇化发展的一大矛盾

21世纪头30年,是中国经济社会发展的重要机遇期,是中国现代化"三步走"战略的冲刺期,也是资源环境约束加剧的矛盾凸显期。经济史研究表明,在人类社会长期经济发展中,土地日益成为诸生产要素中的"短板";在中国这样人多地少的国家,土地更是日益成为制约经济社会发展的重要因素。工业化和城镇化的加速发展,是21世纪上半叶中国经济社会发展的强大推动力。但是中国现代化的进一步发展与工业化城镇化用地日益紧张的矛盾无法避免,并且越来越尖锐。据第一次全国土地调查显示,1996年10月31日,我国耕地面积为19.5亿亩;至2006年10月31日,耕地面积已锐减为18.27亿亩,平均每年净减少1 240万亩。中国人均耕地面积只有1.38亩,其中有9个省区人均耕地面积低于1亩。从2005年的18.27亿亩,到2020年的18.05亿亩,只有2 600万亩余地,而这期间中国将新增建设用地 1 亿多亩，如果再有生态退耕和灾害损毁等，必然要突破耕地红线。2011 年 6 月公布的《全国主体功能区规划》把"耕地减少过多过快"列为必须高度重视和着力解决的首要突出问题。国土资源部网站发表的《中国土地利用本世纪前 20 年面临严峻挑战》一文指出：我国人均耕地仅有 1.4 亩，不到世界人均水平的 40%；又存在局部地区土地退化和破坏严重，违规违法用地现象屡禁不止等问题。"城镇工矿用地需求量将在相当长时期内保持较高水平。推进城乡统筹和区域一体化发展，将拉动区域性基础设施用地进一步增长。建设社会主义新农村，还需要一定规模的新增建设用地周转支撑"，中国正在面临"耕地保护的形势日趋严峻、建设用地供需矛盾更加突出等"形势。①

根据 20 世纪末国家制定的《1997—2010 年全国土地利用总体规划纲要》，要求我国 2010 年耕地总面积保持在 12 801 万公顷（19.20 亿亩）以上，但是这一红线很快突破，实际上到 2003 年底我国耕地面积已经降到 18.5 亿亩。仅 1997—2003 年 7 年间，我国耕地就净减少 1 亿多亩。另据专家分析测算，按照目前城镇化和基础设施建设的速度，我国今后每年建设用地需要 250 万亩到 300 万亩，这意味着今后我国的耕地每年将减少 250 万亩到 300 万亩。②这必然使得更多农民从土地上分离出来，沦为失地农民。现在看来 18 亿亩红线能否守住，很难说。这个问题如果解决不好，有可能会危害社会稳定和经济发展，将极大地制约工业化城镇化的进一步发展。

中国人多地少矛盾在 19 世纪时就已经凸现。19 世纪末，中华民族面临深重的民族危机，张謇竭力鼓吹"实业救国"。他创办大生纱厂时常到上海，了解到有很多苏北农民在上海打工，他们当时到上海谋生的原因"即是无田可种"③ 张謇本着"大德曰生"的理念，努力设法解决人多地少矛盾，设法为失地农民谋一生路，进行了江苏沿海农业现代化新路径的探索。20 世纪初张謇的探索，也为解决 21 世纪上半叶中国现代化的进一步发展与工业化城镇化用地紧张的矛盾提

① http://www.mlr.gov.cn/xwdt/jrxw/200810/t20081024_111052.htm。
② 张启良：《值得关注的城市化浪潮与失地农民现象》，《统计研究》，2005 年 1 期。
③ 刘厚生：《张謇传记》，龙门联合书局，1958 年，第 250 页。

供了一个可借鉴的方案。

二、围海造田创新路

张謇想到，通州范公堤之外中古时期人民以"煮海为盐"谋生，及至近代由于海岸线不断东移，产盐条件恶化，盐产日衰，留下茫茫一片盐碱荒滩。张謇决心开办盐垦事业，化害为利，变沧海为棉田，既可为苏北人民扩大耕地面积，缓解人多地少就业矛盾，又可为纱厂提供棉产基地。

万事开头难，张謇开办盐垦事业困难很多，其中有三大难：一是筑防海大堤、建闸控水、进行大规模水利工程等急需巨额资金；二是原先的盐碱荒滩一旦要开垦，竟有众多地产纠纷一齐涌来；三是在盐碱地上建设优良棉产基地，需要调动广大农民的积极性，也需要提高农民的文化素质和生产技术水平。

张謇首先要解决第一大难题，只能采用股份公司制集资，于是1901年他创建了通海垦牧公司。由于以农垦公司形式进行大规模的沿海滩地围垦，在中国是开天辟地从未有过之事，风险极大，而获得回报的时间则很晚，有钱人一般不愿投资，直至1910年公司才多方设法收足30.9万两。

清末控制淮南盐场的两淮盐运使赵某从自身利益出发，以维护曾国藩所订盐法为借口，一再阻挠在这一带实行改"盐"为"农"的举措。当地还有不少被称之为"沙棍"的地痞，相互纠集，借地权纠纷经常闹事。这些都给张謇开办盐垦事业设置了种种人为障碍。张謇曾请两江总督刘坤一来通海垦牧公司视察，利用总督之威震慑盐场场官及"沙棍"等地方恶势力。总督视察公司之后，又派一批装备着炮船的官兵驻扎公司附近港口，实际上对公司起到了保卫作用。[1]张謇尽管得到两江总督的支持，在解决繁杂的地权问题上仍然要花费大力气。通海垦牧公司时而用官场斗争方式，时而用赎买手段（包括上缴清政府的"地价"），花了8年时间和大量资金，终于使这里原来繁

---

[1] 姚谦：《张謇农垦事业调查》，2000年，第29页。

杂的地权变为公司所有①，解决了第二大难题。

公司不仅能将社会闲散资金集聚为巨额资本，也能比小农经济更为科学、合理地构建巨大的水利工程和农田基本建设。公司花巨资修筑了高标准钢筋混凝结构堤坝，其围海挡潮的大堤称为"外堤"，通海河港沿岸的防潮大堤称为"内堤"，在大堤内又筑十字形格堤，即使被强潮破了大堤，格堤还可起作用。除修筑拦海大堤外，还要进行排涝、蓄淡、洗盐等农田基本建设工程，同样需要发挥大农业的规模生产优势，才能做到科学、合理。进行这些规模宏大的水利工程和农田基本建设工程，既需要耗费极大的资金，又需要有较高的科技知识水平，当时的个体农户是不可能具备的，所以公司努力推广传统小农经济所缺乏的先进农业科学技术等。在这些方面，充分体现了农垦公司这一先进经济组织，其所代表的先进生产关系，对提高农业生产力所起到的历史进步作用。

公司在已围滩地进一步改良、开发方面，实行了"公司"加"农户"的组织方式，公司与农户之间的权益关系以吸收永佃制的合理成分为基本纽带。海门等地农民纷纷前来公司承佃土地。为了得以承佃公司土地，一次曾有"数百农民怀揣银元，数夜在堤岸边守候"②。后来当第五堤筑堤工程缺少人工时，公司乃定"非作工不得承佃"之法，"佃乃踵之"。③承佃公司土地，成为吸引农民不避艰苦参加水利工程的"法宝"。

这种垦牧公司负责兴建基本农田水利设施，将土地租给无地的农民生产，农民有一定土地处置权的经营体制，看起来比"西法"落后，实际上更符合佃户的切身利益，从而有利于调动广大佃农垦殖的积极性，为解决第三大难题创造了条件。

在解决三大难题的过程中，张謇的通海垦牧公司在江海平原扎下根，并形成了一整套独特的新型农村社会组织模式。张謇所创通海垦牧公司组织对后来的其他苏北盐垦公司有重要影响，可称之为"通海垦牧模式"。

---

① 详见《大生系统企业史》，1990 年，第 46 页。
② 《近代改革家张謇——第二届张謇国际学术研讨会论文集》，第 664 页。
③ 张謇：《垦牧乡志》，《张謇全集》（卷三），第 395 页。

通海垦牧公司在短短的十年期间取得海内外公认的巨大成绩，在其影响下一些官僚和商人也相继在苏北开设垦殖公司。民国年间先后有 40 多家垦殖公司加入开垦苏北盐碱地的行列，这些垦殖公司投资数千万元，吸收了数十万移民，在大片荒漠盐滩上筑堤围圩，挖沟排盐，开荒种棉。这些公司的棉田面积和棉花产量都超过了全省的一半。[①]这些公司已拥有南起南通，经如皋、东台、盐城、阜宁，北至灌云的沿海土地 2 000 余万亩，植棉 400 余万亩，年产棉花 60 余万担。这些棉花质量优良，在上海和国际市场上都是著名的棉纺织原料，为中国工业化早期发展作出了重要贡献。

三、从围海造田到围海建"金宽带"

110 年前张謇当年关于江苏沿海农业现代化新路径的探索是新世纪江苏沿海现代化的先声，其组织大公司围海造田的思路亦为解决新世纪中国现代化发展与工业化城镇化用地日益紧张的矛盾提供了可行的历史经验。

昔日"范公堤外张公垦"为中国增加了 1 000 万亩耕地。现在又过了 100 年，江苏沿海泥沙继续在沉积，每年新增滩涂数万亩，这为我们学习张謇堤外建堤化害为利，将江苏沿海建设成为东方"尼德兰"奠定了土地基础。

濒临大西洋的荷兰又名"尼德兰"，意译为"低地"。荷兰全国有四分之一的土地低于海平面，主要靠"围海造田"，与大海争地。这里却成为荷兰全国人口最集中的地方，也是最富的地方。在西部低地，荷兰人堤外建堤，先后筑堤约相当于荷兰海岸线长度的两倍以上，今日荷兰最繁荣的国土就是通过长期修堤筑坝而成。荷兰人在与大海争地过程中也积极利用了沿海的风能资源，用风车排水。荷兰人利用不适于耕种的土地因地制宜发展畜牧业，跻身于世界畜牧业最发达国家的行列；荷兰有 1.1 亿平方米的温室用于种植鲜花和蔬菜，因而又享有"欧洲花园"的美称。荷兰人创出了具有荷兰特色的现代化路径。我们可以借鉴荷兰经验，建设东方"尼德兰"。

---

① 胡焕庸：《两淮水利盐垦实录》，台湾"中央大学"地理学系，1934 年，第 260 页。

近年来我国沿海地区出现"填海建房热",为地方政府带来丰厚的土地收益,但也存在无序、低效占用国家后备土地资源等问题。中共江苏省委、省政府高度重视江苏沿海开发这一问题,作出了江苏省沿海开发规划,总目标是到 2020 年围垦 270 万亩滩涂。不过我们认为这一规划目光还是小了点。江苏沿海滩涂仅潮间带就有 750 多万亩,加上潮上带及辐射沙洲,可开发土地资源数以千万亩计。这里有通吕运河、苏北灌溉总渠等提供必要的淡水资源,还有全中国最好的风能资源,生态资源匹配度非常好。这里还有一区位优势,即毗邻长江三角洲——中国的"金三角"。长三角都市圈的 16 市土地面积约占全国的 1% ,人口占全国的 5.8% ,创造了国内生产总值的 18.7% ,贡献了全国财政收入的 22% 和全国出口总额的 28.4% 。上述百分比数据既反映了长三角地区经济实力强大现状,也透露了长三角土地紧张的态势,这一态势将极大地制约长三角地区的进一步发展。长三角东北有着广阔滩涂资源,如能与长三角地区强大经济实力很好地结合起来,则将使中国"金三角"边上出现一个"金宽带","金三角"本身也会更加闪亮,出现"双赢"局势。江苏沿海这样得天独厚的条件应当为缓解中国工业化城镇化用地紧张矛盾,为保障我国 18 亿亩耕地动态平衡,作出更大贡献。

如果重新规划江苏沿海围海大堤线路,比江苏规划的大堤线路投资增加一倍,所获土地收益将会增加三倍,规模效益更高,可为中国再增加数以千万亩计的土地。同时,长江所携带泥沙将集中在大堤南段外沉积,加速这里的后备土地资源形成,为后人造福。我们可以借鉴荷兰经验,以国家行为进行更大的规划及更好的开发,把江苏规划的"窄带"拓宽为"金宽带",以此建设东方"尼德兰"。

日本 3·11 大地震后有些人对围海造田的风险疑惧重重,对此需要作理智的分析:从历史经验来看,江苏沿海发生像日本 3·11 那样的大地震概率极小,而 21 世纪上半叶中国现代化的进一步发展与东部工业化城镇化用地紧张矛盾发生概率极大,可以说是百分百的,我们可以在吸收张謇等人筑堤经验基础上提高海堤标准,但不能因"震"废食。江苏规划以外的千万亩滩涂,以后的政府为了解决用地紧张矛盾,一定还是会设法围海开发利用它们的,到那时还是要再筑海堤。那时回头看，现在江苏一些县所筑海堤，以及按江苏规划所筑海堤，都是一种重复建设，是某种浪费。不如现在就做更大规划，避免重复建设。此外，这一带有关港口建设也需要在大规划下斟酌其得失，否则有些港口费巨大财力和人力建设又因淤塞、附近港竞争而吞吐量不够等原因造成某种浪费。况且，根据我国国情，为了促进民生幸福和国家稳定，本届和下届政府仍然要把充分就业作为宏观经济调控的重要目标，围海建东方"尼德兰"能创造大量就业机会，并能吸收大量社会游资减轻通胀压力。所以还是及早做大规划大开发较好。

把江苏规划的"窄带"拓宽为"金宽带"，为建设东方"尼德兰"提供了土地基础。相应的，我们在规划弧形围海大堤线路时除了将潮间带、潮上带都圈入之外，如能结合着在射阳、盐城以东圈入一片潮间带外海滩，并据此新建一海港，则不仅使东方"尼德兰"有一良好的出海口（可建铁路通盐城），还将使青岛至上海航线之间有一中继港，有利于我国海运事业的发展。圈入之沙洲中，因筑堤取土等造成的洼地应建成可控海水带（为适应不同海洋生物生长还可分不同水温的海水带），发展中国最大规模的海洋生物养殖科研基地、海洋世界观光园地等。堤外发展红柳、竹柳等海涂林带，既固堤，又可增加海滨旅游观光风景，增加林带产生的纸浆等其他经济收入。北段堤外也可以发展新的淮盐生产基地。

在东方"尼德兰"新围垦的数以千万亩计土地上，我们可以在引进海蓬子、海芦笋、海芹菜、番杏、碱蓬等基础上，进一步将基因技术应用于耐盐植物，努力发展盐土农业基地，并向全国 2 亿亩有农业利用潜力的盐碱荒地、盐碱障碍耕地贡献良好的溢出效应。

我们可在大力发展江苏沿海耐盐农业基础上，进一步开展海藻发电事业，并与风能发电、潮汐发电、发展新的耐盐能源植物——海滨锦葵和菊芋等结合，与南黄海油田开发相结合，把东方"尼德兰"建成中国新能源基地，在世界大油荒来临时为保障中国能源安全作出重要贡献。

在东方"尼德兰"，我们可以借鉴张謇等人采用股份公司方式办大实业的经验，吸收江苏规划中"建立多元化投融资机制，以政府资金为引导，以社会资金为主体，采取市场化经营模式"的方针，建设亲海经济①特区。我们应当吸引和培养"亲海经济"人才，因地制宜地发展"亲海经济"。其中，尤其要利用东方"尼德兰"毗邻"金三角"的区位优势，突出临海港口城市和先进制造业基地的发展。东方"尼德兰"将成为21世纪上半叶中国现代化事业发展的新增长点，这里的"亲海经济"发展将造福于中国人民。

① 我们可以把海洋经济与滨海经济（包括耐盐农业、能源工业、相关加工业、滨海生态旅游和其他第三产业）合称为"亲海经济"。

近代中国手织业的三次抗争

男耕女织是清代中国社会分工的主要标志，农民家庭手织业是当时中国工业经济的基础，也是当时农村经济的主要成分。而棉纺织业是近代世界工业革命的先导产业，棉纺织品亦是西方工业国入侵19世纪东方市场的主要商品。19世纪30年代英国机制纱布大量销入印度，使印度棉织工人大批失业饿死，印度总督曾说："棉织工人的白骨把印度平原都漂白了。"[①]鸦片战争后英国机制纱布也大量运入中国市场，中国原有的手织业为了生存不得不抗争。本文论述近代中国手织业对机器棉纺织业的三次大抗争。

一、19世纪40年代的抗争

第一次鸦片战争后中国被迫开放五口通商，亲手签订19世纪40年代中英各项条约的英国全权代表璞鼎查曾公开向英国纺织业资本家宣称，他已经打开了中国的大门，任凭他们进出，而"这个国家异常庞大，倾所有兰开夏纺织厂的出产，都不足供给他一省消费之用"。英国资产阶级一度"兴奋若狂"，他们"一想到和三万万、四万万人开放贸易，大家好像全都发了疯似的"。有人更夸口说："所有英国兰开夏纺织厂的出品都供应中国一省的制袜的需要，犹恐不足。"美国总统泰勒（J.Tyler）在给国会的咨文中对于美国产品在中国的销

---

① 严中平：《英国资产阶级纺织利益集团与两次鸦片战争的史料》，《经济研究》，1955年1、2期。

路，也满怀乐观的情绪。①

于是，狂热引起投机。西方资本家把他们的机制纱布拼命地向中国倾销。但是，好景不长。在外国商品连续三年"发了疯似的"涌向中国之后，紧接着的就是广州、厦门、上海等口岸仓库里的大量洋货积压和滞销，只得贱价销售。以致在中国市场上，"英国棉布是可能找到的最无价值的东西，比寻常的包装材料——杭州粗棉布——还要便宜和无用"。②大批的美国棉纺织品也"发生积压，卖不出合适的价格"。1846 年英国制造品对华输出值跌至 120 万镑，"降到 1836 年的水平以下"。③

这一时期中国手织布占全国棉布总消费量比重虽然受到机制洋布倾销而略有下降，从 1840 年的 99.5% 降至 1860 年的 96.8%，但是中国手织布仍然保住了国内市场的绝大部分；手织布的生产略有上升，1840—1860 年从 5.97 亿匹升至 6.05 亿匹（见表 1）。

表 1   中国手织布的生产④

年份	1840	1860	1894	1913	1920	1936
手织布产量（百万匹）	597	605	589	507	602	393
占棉布总消费量（%）	99.5	96.8	85.9	65.2	71.5	43.2
进口布（百万匹）	3	20	92	254	204	108
国内机制布（百万匹）	—	—	5	18	37	410
手织布用纱量（万担）	751	760	741	638	757	494
机制纱（万担）	3	4	174	465	415	387
手纺纱（万担）	748	756	567	173	342	107

对于造成西方工业资产阶级扩大中国市场幻想破灭的原因，马克思曾作了精辟的分析。他指出，中国"因农业和手工制造业的直接结合而造成的巨大的节约和时间的节省，在这里对大工业产品进行了最

---

① 严中平主编：《中国近代经济史，1840—1894》，人民出版社，1989 年，第 329—330 页。
② 姚贤镐：《中国近代对外贸易史资料》（第三册），1962 年，第 1350 页；
③ 《马克思恩格斯论中国》，人民出版社，1963 年，第 89 页。
④ 据许涤新、吴承明主编：《中国资本主义发展史》（第二卷），1990 年，第 319、320、325 页，有关数据改编。手织布每匹约合 3.634 平方米。

顽强的抵抗"，以小农业与家庭手工业紧密结合为基础的中国社会经济结构，是外国工业品对华输出迅速扩大的"主要障碍"。①19世纪40年代中国手织业对大工业产品进行的"最顽强的抵抗"，可以说是一种自在的抗争，是一种以其和农业的直接结合而造成的"巨大的节约和时间的节省"对机器棉纺织业的抗争。

二、第二次工业革命后的抗争

19世纪中叶以后中国手织业仍然大体在原有水平上挣扎，而西方国家却开始了第二次工业革命，工业品劳动生产率有了更大提高。英国棉纺织业的技术改革，使19世纪70年代初与60年代初相比，棉纱的劳动生产率提高了60%，棉布劳动生产率提高了90%。②劳动生产率的提高，使生产成本降低，输入中国的西方工业品价格因而也出现了较大幅度的下降。另一方面，1870年苏伊士运河的开通，使欧洲到中国的航程大大缩短；1875年钢制轮船进入航运后，很快取代帆船，使运输时间减少一半以上，这些都加快了贸易周转，降低了运输成本。70年代以后，由于电报的广泛使用和汇率的波动，上海洋行逐渐推行新的"订货制度"，即由华商先与洋行签订合约，预先订购，再由洋行按照合同规定，打电报到国外订购，这使得外国工业品在中国市场的销售活动更加对路，可以大幅度削减存货，加速了资金周转，节省了流通费用。所有这些，使西方工业品在中国市场上的价格连年下降。以输入中国的英国棉纺织品为例，1867年至1877年这10年间，本色市布由每匹2.47两降至1.26两（到岸价格，下同），标布由每匹2.17两降至0.96两，斜纹布由每匹3.49两降至0.96两。③

机制洋纱布价格的大幅度下降，加强了洋货对中国手工业的冲击力。从表1可以看出，1860—1913年每年进口洋布2 000万匹增加到

---

① 马克思：《资本论》（第三卷），人民出版社，1975年，第373页；《马克思恩格斯论中国》，人民出版社，1963年，第125页；

② 严中平：《中国棉纺织史稿》，1963年，第54页。

③ 姚贤镐：《中国近代对外贸易史资料》（第三册），第1642页。

2.54 亿匹，增长了 10 多倍。洋纱条干均匀，不易断头，价格又廉，进口增长更快。19 世纪 90 年代初中国年均洋纱进口量比 70 年代初增长了约 20 倍；进口洋纱价格指数如以 1873 年为 100，则 1883 年为 43.96，1893 年为 34.44，价格下降幅度很大。[①]另一方面，由于日本、英国等对中国棉花需要的增加，华棉大量出超，引起国内棉花价格上涨。两方面结合，形成了对中国手工棉纺业的"钳形攻势"。由于机器织布的劳动生产率与土布的对比，远不如机纱与土纱的对比那样悬殊，购棉纺纱或植棉纺纱，都不如购买进口机纱来织布合算了。因此，中国原有手工织户在残酷的市场竞争中为了得以生存，纷纷改用价廉质优的洋纱织布，以此增强对洋布的抵抗力。在中国城乡洋（机）纱排挤土纱，纺与织分离的过程加速。结果使得原来自己植棉、自纺、自织、自用（也有部分供应市场）的农户，现在不得不从市场上购买洋（机）纱，农村耕织结合体中的"手纺"这一环节在很大程度上被破坏。"手纺"环节被破坏后中国广大农民家庭织布所需的棉纱市场，对中国国内纱厂提供了有利的生长环境。

在被迫改用机纱织布后，中国土布获得明显改进。例如，南通土布正是得利于机纱，规格、质量、产量大为提高，"自有机纱后，小牌、群牌与提牌改为洋经本纬，规格又有提高，加宽加长，为大尺布奠定了基础"；"全用机纱，乃大发展"。[②]

从表 1 可以看出，1860—1913 年全国手织布年产量从 6.05 亿匹下降为 5.07 亿匹，手织布占全国棉布总消费量比重从 96.8% 下降为 65.2%，手织布年用机制纱从 4 万担增至 465 万担，已占手织布总用纱量的 72.9%。由此可见，西方国家第二次工业革命后机制洋纱布对中国手工业的冲击力非常强大，但是中国土布织户利用质优价廉的机制纱以改进织布，从而大大扩展了织土布的能力，以此来抵抗洋布，仍然保住了近 2/3 的国内市场。这次中国手织业的被迫利用改进原料所进行的抗争，可以说是一种半自在半自为的抗争。

---

① 姚贤镐：《中国近代对外贸易史资料》（第三册），第 1046 页。
② 林举百：《近代南通土布史》，南京大学出版社，第 34 页。

三、民国初年的抗争

清末民初除了英美等国机制布涌入中国之外，新兴的日本机器棉纺织业也把其产品打入中国市场，并有后来居上之势（见表2）。

表2　津海关主要棉布品种进口值（按国别）[①]

（单位：千关两）

品名\国别\年份	粗斜纹布				原色粗布				细斜纹布			
	英	美	荷	日	英	美	荷	日	英	美	荷	日
1893	208	524	81	—	499	1 677	48	—	127	79	50	—
1903	47	1 421	233	244	89	3 382	—	184	79	166	9	—
1913	5	422	0	3 225	45	2 291	—	3 279	485	19	20	15

中国手织业面临的市场竞争日益激烈，为了生存不得不在改用机制纱做原料之后，进一步改良织布设备。长江三角洲一带的农村传统织布原来使用的是古老的投梭机，所织之布一匹一般宽不足一尺，长不过二丈，一日可织一匹。清末江南开始试行一种改良布机，即手拉机。手拉机民初开始在江北南通推广。南通手拉机"用手拉动，与脚上下适应配合，既快且匀，布阔可放至二尺外，不再用双手投梭而受阔度的限制"[②]，工效比投梭机提高一倍。继手拉机之后又出现了铁轮机，"双足踏动，飞轮蓄能，使送经、开口、投梭、打纬、卷布连续运动"[③]，工效较手拉机又提高一倍以上，织布每匹长可达十丈开外，宽达二尺五外。江阴的铁轮机约在20年代后逐步推行，南通约在30年代推行。南通土布仅每年运销关外者当在十万件以外，"尤其是在光绪三十年至民国十年（1904—1921年）的17年中，有好几次突破15万大关。全年用纱量常在5万5 000至6万6 000大包"[④]。

---

①　历年《关册》。
②　林举百：《近代南通土布史》，第255页。
③　吴承明：《论工场手工业》，《中国经济史研究》，1993年4期。
④　徐新吾主编：《江南土布史》，上海社会科学院出版社，1992年，第628页。

铁轮机在华北布区也得到推广，老式木机已被淘汰。潍县布区于民国初引进铁轮机，1915 年前后全县约有新式布机 500 台，到 20 世纪 30 年代，全县有铁机 5 万台以上，加上邻近县，全布区有铁轮机近 10 万台。①

中国手工棉纺织业原来大多是农民家庭独立生产。清末民初，随着机制纱做原料的广泛使用及织布设备的改良，手织业生产关系上也相应发生了若干变化，较大者有以下两个方面：

一是在江南、华北等地"放纱收布"方式得到推广。"放纱收布"一般又称为"放机"或"撒机"，即由土布商从纱号批量购买机纱，分发给农民，要求按一定规格织成布匹，农民用自己的布机在家中生产完工后领取一定报酬。这种"放纱收布"方式可以使土布商掌握更多的货源，同时又可避免直接插手管理农民织布造成的诸多困难和麻烦。在市场竞争激烈形势下，信息较灵的商人为了打开销路、占领市场，往往主动要求农民"定织"某种新规格、新质量的产品。"放纱收布"有效地推动农村织布生产的扩大和改良。华北布区的"放纱收布"又称"撒机"，于 20 世纪 20、30 年代达于极盛。除高阳、宝坻、潍县三大布区普遍采用外，其他一些地区也间有存在。高阳撒机制的出现有一点值得注意，其最初出现时并不只是商人的赢利工具，它同时是政府和地方士绅、实业界人士推广新技术以发展实业的方式之一。为了在农村贫苦农民中推广织布，"高阳商会又联合各布庄筹集资金，向天津购买大批织机，规定贷机并领纱布之办法。凡熟悉织布新法而无资本者，均可托其村中素有信用之殷实住户，向布庄担保，先交机价之一半，从事织布下余之一半机价，候织出布后，以其所应得之手工扣抵"②。

二是农村出现手工织布工场。商人涉足农村织布业后，有人为了生产农村土布尚无的新花色品种，自行筹集一定资本，购买织机，雇用农村中的织布里手，用人力生产，当时称为"布厂"，这在江南、

① 从翰香主编：《近代冀鲁豫乡村》，中国社会科学出版社，1995 年，第 359 页。
② 彭泽益：《中国近代手工业史资料》（二），中华书局，1962 年，第 412 页。

华北织区都出现过。布厂所织布称"改良土布"或"爱国布",以手拉机为多,用铁轮机所织幅宽达 22 寸,与机制布同,可与洋布竞争。为了在激烈竞争中生存与发展,手织厂很看重"改良土布"的花色品种,民初条纹、格子布流行一时,并有线呢、哔叽等新品种,1925 年以后并流行丝棉夹织品麻葛、明葛、华丝布等。1913 年,据有记载的 142 家估算,共有织机 12 911 台,户均 91 台,雇 1 142 人,盖所记皆规模较大者。又据 1930 年左右的记载估算,43 个城市有织布厂 6 814 家,织机 56 256 台,户均 8.3 台;地区分布以江苏、四川、河北为多。①

民国初年中国手织业的抗争,可以说是在当时中国资本紧缺、劳力较多情况下一种自为的抗争。这种抗争取得了一定的成效。河北高阳布区在 19 世纪末期用土纱织布时年商品布约 36 万匹,使用机纱及新式布机后,1916 年产量达 400 多万匹,1928 年更达 550 万匹。宝坻布区在盛时年产量亦达 480 万匹。山东的机纱用量远远超过河北,其中潍县产布量最高达年产 1 000 万匹,原料全用机纱。②从表 1 可以看出,中国手织业通过这次抗争,并利用第一次世界大战期间及其后欧洲机制布输华减少的机会,使得全国手织布 1920 年产量达到 6.02 亿匹,比 1894 年和 1913 年都有所上升,还高于鸦片战争前。此后中国手织业继续发展,推动了织区商品经济的发展,并提高了织区农民家庭收入。手织业较发达的高阳地区,手织业收益为农业的 2.5 倍到 10 倍左右;手织业收益较低的河北临城地区,一般农家妇女织布所得,除购买油盐外,一年尚可有二三十元结余,相当于四五亩地的总产值。③

四、余 论

过去流行的西方二元经济理论认为,一切现代化的东西都是先进的、能动的,而一切传统的东西都是落后的,只能起历史惰性作用

---

① 吴承明:《论工场手工业》,《中国经济史研究》,1993 年 4 期。
② 从翰香主编:《近代冀鲁豫乡村》,1995 年,第 354 页。
③ 史建云:《农村工业在近世中国乡村经济中的历史作用》,《中国经济史研究》,1996 年 1 期。

的。吴承明先生反对套用洋"本本"，针对一时流行的"冲击—反应"模式和"传统—现代完全对立"理论，提出中国"内部能动因素"的论点，并力图用实证来探讨这种因素的功效。他认为传统经济与早期现代化并非绝对对立，像传统文化有糟粕也有精华一样，传统经济中也有它能动的、积极的因素。发现、利用这些因素，就会形成一条适合中国国情的现代化道路。他提出了近代手工业与大工业存在互补关系的论点。①林刚在批判"二元经济理论"基础上，通过对近代经济的深入考察，提出了"近代三元经济论"。他认为，近代长江三角洲地区存在过一条在经济互利基础上的传统经济与现代经济协调发展道路，形成近代中国三元经济结构——由大工业为代表的现代经济、自给性粮食种植业为代表的传统部门以及新型农村商品性工副业为代表的"中元"部门这三元相互联系的结构。三元结构的出现表明中国的现代化是在与西方国家极不同的背景和内部机能下发生的，使中国现代化必须考虑在农村劳动力极为庞大、被现代经济吸收极为有限等条件，必须考虑在消除传统经济消极因素的同时充分利用其积极因素。②

通过对近代手织业抗争史的研究，笔者赞同上述吴承明、林刚的观点。中国近代大工业虽有发展，但是手工业一直在整个工业生产中占有压倒优势，直至抗战前在工业总产值中工厂只占25%，手工业却占75%。手织业又长期占据旧中国手工业的主导地位。在鸦片战争后英国机制纱布大量入侵中国市场形势下，中国手织业者并没有像用自己的尸骨漂白印度平原的印度织工那样坐以待毙，而是为生存一再进行抗争，并且从自在的抗争发展为自为的抗争，说明近代中国在手织业这样的传统经济行业中也有能动的、积极的因素。这种传统经济中的积极因素，也是近代中国社会经济发展的推动力。

但是到1931年日本帝国主义侵占中国东北后，土布的东北市场

① 吴承明：《中国近代经济史若干问题的思考》，《中国经济史研究》，1988年2期；《近代中国工业化的道路》，《文史哲》，1991年2期；《论二元经济》，《历史研究》，1994年2期。
② 林刚：《关于中国经济的二元结构与三元结构》，《中国经济史研究》，2000年3期。

丧失，这给中国手织业以沉重打击。到 1936 年，全国手织布产量下降到 3.93 亿匹，中国手织布占全国棉布总消费量比重降至 43.2%，国内市场丧失一半多。中国农村手工业在日本帝国主义扩大对华侵略的炮火声中走向衰退。

近代中国铁路建设对北方市场的影响

市场流通依赖于商流和物流这两大体系，近代中国市场物流体系仍以交通运输业为主体。美国经济史学家费维恺曾经指出"束缚中国本国商业发展的市场结构主要不是沉重的官方勒索，而是近代以前的交通运输的各种限制"①。所幸的是，中国交通运输方式在近代经历了较大的变革，至抗战前已形成以水运（轮船为主）、铁路运输、公路运输、空运等四大体系为主的近代方式，基本上取代了传统的"南船北马"方式。近代中国铁路、公路（汽车）两大陆运方式中，铁路出现较早，运输费用较低②，对国内市场影响较大。笔者的进一步研究表明，铁路运输对于中国北方市场的影响比对南方市场更大。

一、抗战前中国铁路建设及营运发展概况

1880 年洋务企业开平煤矿从唐山到胥各庄修建一条小铁路，标志着中国铁路运输业的开端。1889 年清政府成立中国铁路总公司，向比利时银公司借款兴建卢汉铁路（北京卢沟桥至汉口）。这条铁路主要由湖广总督张之洞主持修建。1895 年 12 月，清政府颁发上谕强调"铁路为通商惠工要务"，并准各省商人招集股本，设立铁路公

---

① 费正清（Fairbank, John King）、刘广京编：《剑桥中国晚清史，1800—1911》（下卷），中国社会科学出版社，1985 年，第 57 页。
② 据 1934 年国民政府铁道部关于货物每吨公里运输费用的调查，铁路一等货为 0.17 元，二等货为 0.11 元；汽车一等货为 0.521 元，二等货为 0.384 元。转见宓汝成：《帝国主义与中国铁路》，上海人民出版社，1980 年，第 594 页。

司。1903 年 12 月，清政府又颁布《铁路简明章程》，是为中国第一个有关铁路建设的法规，在《章程》中明确宣布开放铁路修筑权，于是出现了中国铁路建设的第一次高潮。甲午战争后，作为对中国领土要求的先导，帝国主义列强在中国很快掀起了抢夺铁路权益的狂潮。清末由外国人筑成和直接经营的铁路共 3 700 多公里，主要有俄国修筑的东清铁路暨北满支路，共长 1 700 多公里；日本修筑的南满铁路，长 1 100 多公里；德国修筑的胶济铁路，长 446 公里；法国修筑的滇越铁路，长 464 公里；广九铁路英国段 36 公里。由清中央政府主持筑成的国有铁路共 4 300 多公里。其中只有京张铁路（北京至张家口，1909 年修成，长 199 公里）是完全由中国工程师主持修筑，且未借外债。其他各路都是借用外债，聘用外国工程师筑成的。在 20 世纪初中国"收回利权"运动推动下，至 1907 年有 15 个省份先后创设了 18 个铁路公司，开始了民间兴办铁路的高潮。清末全国共修筑 9 000 多公里铁路，其中商办铁路只有 900 多公里。1911 年，清政府将商办铁路强行收归国有，因而激起民愤，引发辛亥革命。

　　民国建立后，孙中山曾提出 10 年内筑路 10 万公里的宏大设想，但因政权很快被袁世凯窃取，未能付诸实施。北洋政府取缔了清末设立的绝大多数省级商办铁路公司，又将修建满蒙五条铁路的特权给予日本人。1912 年到 1927 年北洋政府统治年间，东北由日本人和奉系军阀修建了一些铁路，关内修建的大半是延续前一时期的未完工程，如粤汉路的湘鄂段；汴洛路从开封和洛阳分别向东、西延展，改名为陇海铁路；京张路展筑到归绥（今内蒙古呼和浩特），改名京绥铁路；新设的线路只有云南锡务局以官商合办方式修建的碧石铁路。全国合计新增铁路只有 3 400 多公里，铁路的建设速度远低于清末。原因在于军阀混战，北洋政府财政困难和国家政令不统一等。

　　北洋军阀混战期间，由于财产破坏、设备受损、运送免费的军人乘客和铁路收益移作军事用途等，使中国铁路遭受了极大损失。不过，相对于清末中国各线路各自为政，货物经两路以上的，每路都需重新托运，另起货票，既增加费用，又拖延运输时间的状况，北洋政府在铁路国有化的基础上，开始发展铁路联运。这一时期铁路的载运能力增长较快，机车由 1912 年的 600 台增至 1925 年的 1 131 台；机车牵引力由 5 340 吨增至 11 966 吨；客车由 1 067 辆增至 1 803 辆，客车容量（座位）则由 45 177 个增至 101 101 个；货车由 8 335 辆增至 16 718 辆，载重量则由 183 224 吨增至 452 272 吨。1917 年全国铁路运输量为 489 517 万吨公里，1925 年增至 787 244 万吨公里，增长幅度为 60.8%，发展也是比较快的。①

国民党在南京建立政府后，于 1928 年分设交通、铁道两部，铁道部主管铁道和公路，采取国家资本与外国资本联合投资的方式新建铁路。国民党政府在 1929 年 1 月作出了限期完成粤汉、陇海等铁路的计划。与国民党政府建都南京相适应，国民党政府把铁路建设的重点放在长江以南，准备建成一个以南京为中心的铁路线网。1932 — 1937 年间平均每年筑成铁路 1 300 多公里，遂出现近代铁路建设的第二次高潮。从表 1 可以看出，1932 — 1937 这 6 年中新建的铁路超过了前 20 年的总和。这 6 年中除去日本在东北修筑的铁路 4 200 余公里外，关内铁路每年新增 590.5 公里，高于清末的速度。

表 1　抗日战争前铁路兴建情况统计表②

（单位：公里）

年份	全国累计	各时期增筑	平均每年兴建里程
1881 — 1894	447	447	31.93
1895 — 1911	9 292	8 845	520.29
1912 — 1926	12 728	3 436	229.07
1927 — 1931	13 960	1 232	246.40
1932 — 1937	21 761	7 801	1 300.17

1932 年南京政府铁道部力图恢复并发展因内战而中断的铁路联运，还试行了水陆联运，开行定期联运直达货车，上海汉口间包裹联运等工作。1932 年，全国铁路货运收入为 80 321 289 元，其中联运收入的比重仅为 0.84%，到 1934 年，铁路货运收入为 99 294 533 元，联运收入占到了货运收入的 17.28%。同时期客运收入中，联运收入

① 严中平等：《中国近代经济史统计资料选辑》，1955 年，第 198 页。
② 据宓汝成：《帝国主义与中国铁路》，1980 年，第 670、671 页，有关数据计算。

的比重也从 9.82% 上升到了 14.19%。显然，铁路联运能够有效地提高铁路的运输效率。这一时期铁路运载能力继续扩大。1925 年到 1935 年的十年间，机车由 1131 辆增至 1935 年的 1 243 辆，牵引力由 11 966 吨增至 13 535 吨；客车由 1 803 辆增至 2 047 辆，客车座位由 101 101 个增至 108 602 个；货车则由 16 718 辆减至了 15 482 辆，载重量也由 452 272 吨降到 443 667 吨。货车载重量虽然有所下降，实际运输量却有较大增长，1925 年全国铁路运输总量为 787 244 万吨公里，1935 年达到 1 083 765 万吨公里，增长了 37.7%。其中客运增长 15.62%，货运增长了 57.83%。在货车车辆数和载重量减少的情况下，货物运输量却增加，说明货车利用率有了一定的提高。①

二、铁路使陆运方式发生质变

铁路这一近代先进交通工具出现在中国，使中国旧有陆路运输方式发生了质的变革。以北方外贸物流为例，过去西北羊毛出口要先花几天至几十天从各路集中到归化（今呼和浩特）或张家口，在那里抖沙，重新包装，再运至通州，然后水运至天津。通州以上陆运主要靠骆驼，往往因缺骆驼，货物停留归化候运长达半年之久。在这期间，市场供求、物价涨落等情况可能会发生很大变化，而且存放日久，货物也易受损。铁路由天津向西逐渐延伸以后，西北各路的皮毛、药材等大宗土产用骆驼等运至最近的火车站即可，这使过去驼运紧张状况得以缓解。华北的棉花、皮毛、煤炭、草帽缏等土产也多改从铁路运往沿海口岸。同样，从口岸进口的各色洋货也通过铁路运往内地城乡市场。铁路运输安全、迅速、量大、价廉、受气候影响小，比起畜运、水运等旧运输方式来有明显的优越性，因此铁路发展以后，很快就成为天津等通商口岸至内地货运的主要承担者。表 2 显示，1906 年铁路占天津口岸至内地货运比重为 48%，民国初年这一比重已达 55%，至 1924 年这一比重已上升为 74%；1914 年（四郑铁路通车前）郑家屯货运主要靠水运，其次是马车，1919 年（四郑铁路通车

---

① 宁可主编：《中国经济发展史》（第四册），中国经济出版社，1999 年，第 2256 — 2258 页。

后第二年）郑家屯货运已主要靠铁路，水运所占比重已很小，马车所占比重则更是微不足道。

表2　A 天津—内地货运比重①

（单位：%）

年份	铁路	水路	土路	合计
1906	48	45	7	100
1913	55	41	4	100
1916	60	36	4	100
1920	71	25	4	100
1924	74	23	3	100

B 四郑铁路通车前后郑家屯货运概况②

（单位：吨）

年份	外运总量	水运	铁路	马车	运入总量	水运	铁路	马车
1914	70 000	50 000	—	20 000	17 100	9 600	—	7 500
1919	91 500	3 300	88 200	—	24 284	1 971	22 313	—

　　表3用计量方式显示了1920、1936年全国交通运输业产值结构及增长情况。从表中可以看出，1920至1936年全国交通运输业产值成倍增长，其中汽车运输、航空运输可谓从无到有，表明民国年间近代交通运输结构进一步完善；在1920、1936年全国交通运输业产值结构中，铁路运输都约占1/3，仅次于木帆船运输，1936年铁路运输产值与木帆船运输产值相对差距比1920年缩小；在陆运三类方式中，铁路始终高居首位，1936年铁路运输产值是汽车运输与人畜力运输之和的2.7倍。这一系列统计数据反映了抗战前铁路在陆路运输方式中的重要地位。

---

① 数据来自历年《关册》。
② 据宓汝成：《帝国主义与中国铁路》，1980年，第596页表格改制。

表3　全国交通运输业产值估计①

(单位：万元)

	1920 年	1936 年
铁路运输	22 374	48 342
汽车运输		7 102
轮船运输	6 003	19 140
木帆船运输	25 594	48 800
人畜力运输*	4 332	10 822
航空运输		514
邮政	1 523	4 278
电信	1 111	2 661
合计	60 937	141 659

注：＊含车站码头搬运。

三、铁路运输发展对农产品市场的影响

著名经济学家约翰·希克斯（John R. Hicks）提出，在由习俗经济、指令经济向市场经济转型过程中，"市场渗透"起着关键作用，农产品商品化是"市场渗透"中的主要内容之一。②直到 20 世纪 30 年代，中国基本上还是个农业国，并正处于希克斯所说的这种转型过程中，农产品商品化对于当时中国市场经济发展亦起着重要作用，而铁路运输的发展极大地推动了中国农产品的商品化。

首先，铁路运输的发展大大缩短了内地农村到港口及通商口岸的运输距离和时间，降低了运输费用，在一定程度上减少了因旧式驼运等陆路货运带来的种种限制，扩大了农产品市场。过去有一种说法："十里不贩樵，百里不贩粜"，量大价贱的农产品难以进入长途贩运。近代铁路运输使得那些量大价贱、易于破损腐烂的农牧渔产品之长途运输和大规模集散成为可能，许多过去无法远销和出口的农产品获得了有利的发展机遇，例如河北唐山、昌黎一带捕捞的鱼鲜直到 19 世纪 80 年代末时都难得运销到天津出售，自津榆铁路通车后那里的鱼

①　据许涤新、吴承明主编《中国资本主义发展史》（第二卷），第 1088 页，及《中国资本主义发展史》（第三卷），第 791 页的表改编。
②　详见 [英] 约翰·希克斯（John R. Hicks）：《经济史理论》，商务印书馆，1987 年，第七章。

鲜即可迅速进入天津销售[1]；张绥铁路延长至山西北部后，天津"遂一跃而为亚麻之重要输出港"[2]；昌黎一带特产水果"在铁路未通之前，果价极贱，多任其自行脱落，自通车以后销路大畅，山间农家恒于农地之内竞植果树"[3]；河南新乡的西瓜，自"火车通行，销路益远"，奉天北镇"昔年多种菜蔬，仅销境内，近年交通便利，远销外县者甚多"[4]。

铁路运输也使得原已进入长途贩运的豆麦、芝麻、棉花等农产商品交换范围更广，流通更加便捷。例如，东北在铁路未建筑之时，大豆及豆制品之输出"为数极微"，随着"铁路之建筑逐年增加，豆及豆制品之输出亦逐年增加"，1890 年至 1920 年仅 30 年间"豆及豆制品之输出剧增至 187 倍有奇"；河南芝麻"由于京汉铁路运输的方便，输出大增"[5]。表 4 反映了近代中国铁路运输推动农产商品流转幅度扩大的情况。[6]

表 4　A 全国铁路运输中农产品平均运输距离统计

年份	吨数	延吨公里	平均每吨行程（公里）
1916	3 110 000	809 240 000	260
1919	4 010 000	1 094 520 000	273
1920	5 180 000	1 649 950 000	319

B　中东铁路粮食运输统计

年份	年均运粮总量（千吨）	年均输往境外量（千吨）	输出占总量（%）
1903 —1905	70.3	10.3	14.7
1911 —1915	661.0	561.8	85.0
1921 —1925	1 769.6	1 585.6	89.6

---

[1]《申报》光绪十四年九月十四日。

[2] 李文治编：《中国近代农业史资料》（第一辑），生活·读书·新知三联书店，1957年，第 415 页。

[3] 章有义编：《中国近代农业史资料》（第二辑），生活·读书·新知三联书店，1957年，第 134 页。

[4] 刘克祥：《1895—1927 年通商口岸附近和铁路沿线地区的农产品商品化》，载于《中国社会科学院经济研究所集刊》，第 11 辑。

[5] 章有义编：《中国近代农业史资料》（第二辑），生活·读书·新知三联书店，1957年，第 133、134 页。

[6] 资料来源见章有义编：《中国近代农业史资料》（第二辑），生活·读书·新知三联书店，1957年，第 233、234 页。

其次，经济作物和园艺作物的产品大多为商品，其推广种植是农产品商品化发展的重要标志之一，铁路运输的发展促进了近代中国经济作物和园艺作物的推广。以棉花为例，河南安阳的棉花在火车未通时，仅由小车或马车运销到邻近的卫辉、怀庆以及开封、许昌一带，此后由于铁路的修建和机器棉纺织业的发展，安阳棉花除部分供应该地广益纱厂外，其余北销天津、石家庄，东至青岛、济南，南运郑州、汉口，转销上海。其流通范围之广，"已非往昔之局促于本省者可比"。20 世纪初以汉口、沙市为中心的京汉、粤汉路沿线和长江、汉水流域地区，棉花种植的推广是十分明显的。湖北棉花从 1902 年开始，除自给外，已有相当数量的棉花出口。20 年代以后，植棉面积进一步扩大。京汉路沿线的黄陂、孝感，汉水两岸的汉川、天门、潜江等地，大量的稻田改种棉花，并由东向西不断扩展。1924 年前后，鄂西农民也将相当一部分土地用于种棉。沙市—宜昌间的长江两岸地区发展为湖北重要的产棉中心。湖北成为仅次于江苏的第二大产棉省份。[1]正定一带棉花在京汉铁路未通之前"每斤价格不过七分之谱，迨京汉铁路告成以后，不特生花价格之腾高，即产棉之额数亦随之而增加"[2]。另一重要经济作物花生的种植在 19 世纪时为数不多。"自京汉、汴洛两铁道开通后，外国花生种子纷纷输入，产数顿增。（河南花生）主要集散地在开封、中牟、郑州等处"[3]；胶济、津浦铁路通车后，山东花生种植有明显推广，铁路沿线的寿光、博山、德县、泰安、高密等花生种植面积都有不同程度的扩大，至 1924 年铁路沿线的章丘、济阳花生种植面积已占到耕地的 40%—50%。在通商口岸和铁路沿线的农村，水果、蔬菜等园艺作物的种植，也有了明显的发展，例如山东福山等地所产白菜，素胜于他省，"近日业此者甚多"；奉天辽阳，城厢市镇中专以种蔬菜为业者，"不可胜计"；滦县大白菜，被加工腌作冬菜后，"分销全国各省"；察哈尔万

---

① 刘克祥：《1895—1927 年通商口岸附近和铁路沿线地区的农产品商品化》，载于《中国社会科学院经济研究所集刊》，第 11 辑。

②③ 章有义编：《中国近代农业史资料》（第二辑），1957 年，第 133 页。

全县，所产蔬菜除售卖各乡外，并行销张家口、宣化、怀安等地。①

近代铁路运输的发展也有助于开拓农村手工业市场。例如，1899年，京汉铁路修到定县，此后定县的土布输出年年上升，1911年与1900年比较，增加175万匹，价值增加143.3万元。地理位置与京汉铁路和原料产地天津均靠近的高阳县，土布业也迅速发展，很快成为凌驾定县之上的土布织造中心，还出现了专业化分工的明显趋势。显然，定县与高阳土布业迅速增长，"与京汉铁路通车后原料输入和产品输出更方便，市场更加扩大分不开"。②

近代铁路运输的发展还促进了沿线商业性农业区的形成。民国年间，这些商业性农业区主要有：华南以广州为中心的珠江三角洲和广三、广九两路以及粤汉路南段沿线地区，以汕头为中心的沿海和韩江中下游地区；华东以上海、苏州、无锡、镇江、南京等为中心的长江下游三角洲和沪宁路、沪杭路北段沿线地区，以杭州、宁波为中心的钱塘江三角洲和沪杭路南段以及杭甬沿线地区，温州、福州、厦门等口岸附近地区，以芜湖为中心的长江两岸地区，皖北津浦沿线部分地区；华中以汉口为中心的江汉平原和京汉路南段、粤汉路北段沿线，以岳阳、长沙为中心的洞庭湖流域和粤汉沿线地区，九江附近的鄱阳湖和南浔铁路沿线地区；中原和华北以郑州为中心的京汉铁路沿线地区，陇海铁路中段沿线地区，以石家庄为中心的京汉路北段和正太路沿线地区，以天津、秦皇岛为中心的津浦路北段和京奉路线地区，以济南为中心的津浦路和胶济路西段沿线地区，青岛附近和胶济东段沿线地区，烟台附近地区，以张家口为中心的京绥路沿线地区；东北有营口、大连、安东附近和沈大、安沈铁路沿线地区，京奉路沿线地区，沈海、吉海铁沿线地区，南满支路北段、四洮铁路沿线地区，中东铁路沿线地区，爱晖附近地区；西南有万县、重庆、成都附近地区，云南滇越铁路沿线地区。这些商业性农业区明显不同于自给自足的农业区，大部分农民的生产主要是面向市场，对市场的联系和依赖

① 刘克祥：《1895—1927年通商口岸附近和铁路沿线地区的农产品商品化》，载于《中国社会科学院经济研究所集刊》，第11辑。
② 朱荫贵：《近代交通运输与晚清商业的演变》，载于《近代史学刊》，第1辑。

明显加深。①

四、近代铁路运输与新式工矿业市场联系

在物流理论中，铁路运输可以为煤、铁矿及其他矿产品提供的是最低廉的运输成本。②因此，几乎所有中国近代大矿都位于中国主要的铁路干线（京奉路、京汉路、京绥路、津浦路、陇海路）及其支线附近，再用矿山铁路将两者联结起来。③采煤业既是近代中国矿业的重要部分，又为新式工业发展提供必要的能源，我们在此以采煤业为主要案例。

因为煤炭体积大，单位重量价值又低，除了煤矿附近市场之外，运费在决定煤的最终价格时占有很大的比重。一个名叫格那士的英国工程师曾报告：近代山西煤矿"浅井所出之煤每吨成本不足六便士"，而运价无论是牲驮、手车或骡车，"每吨每英里，约需二便士半"，若道路不便"每吨每英里银五便士"，不出三英里煤价便倍增④。

中国的煤矿藏大都集中在以陆运为主的北方地区，近代以前陆路运输费用昂贵，例如在山东，用大车运煤的运费大约是每公里6分一吨，用独轮车运煤一般约为每公里10分一吨，用牲畜驮运则高达每公里15—20分一吨⑤。这一状况极大地限制了采煤业市场拓展。

铁路的引进将煤炭运输费用减低至原先陆上运输的1/5。尽管铁路运价因路线、运输数量以及季节等各不相同，但大多数情况下每吨公里的运费均小于1分。⑥开平煤矿离天津较近，但是过去用畜力拉大车运煤至天津运费是采煤成本的十几倍，所以1880年前津海关每

① 刘克祥：《1895—1927年通商口岸附近和铁路沿线地区的农产品商品化》，载于《中国社会科学院经济研究所集刊》，第11辑。

② Ann M.Brewer, Kenneth J.Button and David A.Hensher, *Handbook of Logistics and Supply-chain Management*, Elsevier Science, 2001, p.445.

③ 张伟保：《华北煤炭运输体系的建立，1870—1937》，《新亚学报》第18卷，香港，新亚研究所图书馆，1997年，第151、152页。

④ 张伟保：《华北煤炭运输体系的建立，1870—1937》，《新亚学报》第18卷，香港，新亚研究所图书馆，1997年，第154页。

⑤ Albert Feuerwerker, *The Chinese economy, 1870–1949*, (Ann Arbor, 1977), p.68.

⑥ 蒂姆·赖特（Tim Wright），丁长清译：《中国经济和社会中的煤矿业，1895—1937》，东方出版社，1991年，第58页。

年要进口大量洋煤。唐胥铁路通车后第二年，因运输条件改善，津海关出口开平煤 8 000 吨，津唐线通车后 1889 年津海关出口煤已达 50 000 多吨①，此后至秦皇岛开关前天津开平煤出口不断上升。又如，在胶济铁路连接济南和博山煤田的一段完成之后，济南的煤价前后降低了 60%。②20 世纪 20 年代东北地区的煤出口海外几乎占一半，"是与铁路运输紧密相关的"③。

铁路运输大大降低了煤炭运费，使煤炭市场在地域上有较大拓展，并增加了原有市场对煤炭的需求。从 1912—1936 年中国新式煤矿业的年平均增长率达到 5.6%，煤产量由 1912 年的 900 万吨增加到 1936 年的 4 000 万吨。中国这一时期的煤产量增长率超过了英国、法国迅速工业化时期的煤产量增长率。④

铁矿及冶铁业情况也与此相似。表 5 显示了 1920—1929 年鞍山铁厂出铁量及其输往日本量。著名经济学家宓汝成教授曾总结说："鞍山铁厂所以能够投入生产，没有铁路为之准备条件，是不可能的。它出产的铁，如果缺乏铁路运输，也将难以运往港口。"⑤

表 5　1920—1929 年鞍山铁厂出铁量及输日量

年份	出铁量（万吨）	输日量（万吨）	输日量占出铁量（%）
1920	75.3	47.4	63.0
1923	73.4	57.1	77.7
1925	89.7	87.0	96.9
1927	192.9	175.4	85.7
1929	217.8	159.9	73.4

五、铁路运输对于中国北方市场的影响更大

传统中国长途贩运以"南船北马"方式为主，近代铁路运输发展

---

① 见历年《关册》。
② 蒂姆·赖特（Tim Wright），丁长清译：《中国经济和社会中的煤矿业，1895—1937》，1991 年，第 60—62 页。
③⑤ 宓汝成：《帝国主义与中国铁路》，1980 年，第 628 页。
④ 蒂姆·赖特（Tim Wright），丁长清译：《中国经济和社会中的煤矿业，1895—1937》，1991 年，第 15—17 页。

后对全国陆运方式都有极大改善，对一向以畜运为主的北方市场影响更为明显。对此，我们除了进行上述案例分析外，还可以结合回归与相关分析方法试行定量分析。我们选用 1901—1912 年铁路建成里程累积作自变量，用次年进（出）口物量变动作因变量（因缺乏华北进出口物量资料，而自 1902 年修订税则后至 1913 年税率基本上无变化，且绝大多数商品实际上采用从量税，税额的变率可以近似地代表进出口物量变率，我们选择 1902—1913 年实收进出口税额来代用），将相关数据用二元线性回归分析方法计算，得出表 6。

表 6　清末铁路与进出口贸易相关分析表

		二元线性回归方程式	复相关系数	检验统计量
华北	进口	$Ya = 112.7976 + 0.0563\, Xa - 0.0252\, T$	$Ra_1 = 0.8448$	$Fa_1 = 9.9696$
	出口	$Ya = 14.9272 + 0.0417\, Xa + 0.0002\, T$	$Ra_2 = 0.9611$	$Fa_2 = 48.3900$
全国	进口	$Yb = 646.0873 + 0.0978\, Xb + 0.0448\, T$	$Rb_1 = 0.7868$	$Fb_1 = 6.4908$
	出口	$Yb = 652.2385 + 0.0879\, Xb - 0.0404\, T$	$Rb_2 = 0.9252$	$Fb_2 = 23.7715$

据表 6，检验统计量 F 在分子自由度为 8，分母自由度为 2，显著性水准为 0.05 时，临界值为 4.46，Fa_1、Fa_2、Fb_1、Fb_2 的值均大于 4.46，说明铁路与进出口贸易的关系是显著的（Fa_1、Fa_2、Fb_2 的值均大于显著性水准为 0.01 时的临界值 8.65）。再进一步，从 Ra_1 小于 Ra_2，从 Rb_1 小于 Rb_2 的比较中，可以说明铁路运输与出口贸易的关系比与进口贸易更密切，这是由于当时中国出口以农矿产品为主，大多是笨重而价低，且大部分产地距口岸较远，出口贸易比进口贸易更依赖于运输条件的改善，与铁路关系更为密切。近代中国铁路"凡发往沿海沿江港埠的车辆，每每要比反向行驶的车辆拥挤"等现象[1]也证实出口贸易对铁路运输的需求更强。而从 Ra_1 大于 Rb_1，从 Ra_2 大于 Rb_2 的比较中，可以说明华北铁路与进出口贸易密切程度高于全国平均水平。由此，可以证明近代铁路运输对于中国北方市场的影响更大。

---

[1]　宓汝成：《帝国主义与中国铁路》，1980 年，第 481 页。